세상을
변화시킨
독일인들

세상을 변화시킨 독일인들

초판 인쇄 · 2022년 7월 25일
초판 발행 · 2022년 8월 5일

지은이 · 안정오
펴낸이 · 한봉숙
펴낸곳 · 푸른사상사

주간 · 맹문재 | 편집 · 지순이 | 교정 · 김수란, 노현정 | 마케팅 · 한정규
등록 · 1999년 7월 8일 제2-2876호
주소 · 경기도 파주시 회동길 337-16(서패동 470-6)
대표전화 · 031) 955-9111(2) | 팩시밀리 · 031) 955-9114
이메일 · prun21c@hanmail.net
홈페이지 · http://www.prun21c.com

ⓒ 안정오, 2022

ISBN 979-11-308-1935-8   03920
값 24,000원

교·양·총·서 18

세상을 변화시킨 독일인들

안정오

THE GERMANS WHO CHANGED THE WORLD

Martin Luther Albrecht Dürer Immanuel Kant Wilhelm von Humboldt Richard Wagner Friedrich Engels Otto von Bismarck

푸른사상
PRUNSASANG

이 도서는 고려대학교 글로벌비즈니스대학
2021년 특성화 연구비 지원을 받았다.

    독일 역사를 살펴보면 독일은 11세기에 오토 대제에 의하여 '신성로마제국'이라는 이름으로 가톨릭 국가들의 수장국가가 된 적이 있었다. 그러나 이 국가는 많은 이질적 요소와 이민족들이 종교라는 이름으로 하나가 된 국가였다. 독일 가문에서 대제가 나왔지만 가톨릭의 본산인 로마의 그늘은 지워지지 않았다. 그러던 중 교황 레오 10세의 면죄부 판매가 독일의 수도사 마르틴 루터의 반발에 부딪히면서 독일에서는 민족주의 사상이 봉기했다. 중세 후기에는 오스트리아에 근거를 둔 합스부르크 가문으로 주도권이 옮겨 가면서 현재 독일의 전신이었던 프로이센이 북방에서 새로이 발흥했다. 그리고 그 프로이센이라는 나라는 독일 땅의 분열된 여러 왕국 중 하나로 발전하게 되었다.

    이러한 역사적인 배경으로 인해 16세기부터 분열된 독일을 순수한 독일로 만들려는 노력들이 여러 분야에서 있었다. 예를 들어 신성로마제국의 종교인 로마가톨릭으로부터의 독립을 위한 종교개혁, 기존의 형이상학적 접근방식을 재고하고 영국이나 프랑스의 이념들로부터 탈피하려는 노력 등을 단초로 해서 크고 작은 소독일주의의 노력들이 시작되었다.

19세기 초 프랑스 나폴레옹의 침략을 받으며 프로이센이 수도 베를린을 내주고 북방으로 후퇴한 것을 계기로 이러한 노력들은 더욱 강한 동력을 받았다. 예를 들어 빌헬름 폰 훔볼트는 프로이센이 처한 당시의 불행한 상황에서 교육의 개혁을 통하여 프로이센의 국가 정체성을 확보하고자 노력하였다. 리하르트 바그너는 독일의 민족정신을 발견하고 독립적인 음악세계를 구축하기 위해 새로운 음악이론을 토대로 독일 오페라의 신세계를 열었다. 프리드리히 엥겔스는 당시의 산업화 시대에 비참한 노동자들의 삶에 관심을 갖고 그들의 복지와 안녕을 위해 노력하였다. 오토 폰 비스마르크는 덴마크, 오스트리아 그리고 프랑스와의 전쟁에서 승리를 통하여 소독일주의를 완성하였다.

신성로마제국, 프로이센, 그리고 독일제국의 역사적 흐름에서 소독일주의의 주도적인 역할을 한 인물들은 당연히 정치적인 지도자인 왕이었다. 그래서 기존의 인물론들은 대부분 왕과 지배계층을 중심으로 서술되어 있다. 예를 들어 크노프(G. Knopp), 브라우부르거(S. Brauburger), 아렌스(P. Arens)가 공동 저술한 『독일인들(Die Deutschen)』(2008)을 보면 오토 대제, 하인리히 4세, 바르바로사 대왕, 프리드리히 왕, 빌헬름 황제 등이 주요 독일 인물로 등장한다. 그리고 독일의 유수한 방송국 ZDF의 역사적 인물 소개 시리즈를 보아도 카를 대제, 오토 대제, 바르바로사 대왕, 프리드리히 4세, 프로이센의 프리드리히 왕 그리고 루트비히 2세가 주로 소개되고 있으며, 그 외에 루터, 뮌처, 마르크스, 발렌슈타인, 룩셈부르크 등이 소개되고 있다.

이 책에서는 황제나 교황이 아닌 평범한 사람으로서 독일적인 생각을 가지고 각자의 분야에서 활약하며 주어진 세상을 변화시키려 했던 독일인에 주목하였다. 우리는 이들의 활동과 업적을 통하여 독일의 역사, 독일의 형성 과정, 독일의 사회적 변화 등을 살펴보려고 한다.

　이 책에서는 각 인물별로 연보, 활동 지역, 성장과 활동, 업적, 영향, 요약, 참고문헌 순으로 전개해 나가는데, 특히 '요약' 부분을 자세하게 먼저 읽고 다시 앞부분으로 돌아가서 읽으면 보다 효과적으로 인물들을 이해할 수 있을 것이다.

2022년 7월
안정오

차례

제1장 마르틴 루터, 가톨릭에 저항하다

제2장 알브레히트 뒤러, 독일 미술의 진수를 보여주다

제3장 임마누엘 칸트, 이성을 비판하다

제4장 빌헬름 폰 훔볼트, 독일 교육제도를 개혁하다

제5장 리하르트 바그너, 독일 오페라를 완성하다

제6장 프리드리히 엥겔스, 노동자 계급을 발견하다

제7장 오토 폰 비스마르크, 프로이센을 독일제국으로

게르만족의 출현

게르만족은 타키투스(Publius Cornelius Tacitus)의 『게르마니아(*Germania*)』[1]에 처음으로 등장한다. 이들은 기원전 4~3세기경에 형성되었고, 바이에른족, 알레마니족, 프랑크족, 튀링겐족, 작센족, 프리젠족 등으로 부족을 이루어 살았다. 하지만 대부분의 게르만족들은 아리우스파의 그리스도교를 받아들여, 삼위일체설을 주장하는 정통 가톨릭인 아타나시우스파를 받아들인 로마인들과 적대관계에 있었다. 그러나 프랑크족의 왕 클로드비히는 498년에 정통 가톨릭으로 개종하면서 로마 교

---

* 이 부분은 본인이 공동 저술한 고등학교 『독일문화』 교과서의 역사 부분을 수정 보완하였다.

1 로마의 역사가인 타키투스가 AD 98년에 저술한 『게르마니아』는 1497년 독일에서 출판되었다. 타키투스는 이 책에서 게르만족의 기원과 환경에 대해서 기술했는데, 게르만족의 원시성과 소박한 미덕을 이야기하면서도 그들이 로마의 속주국인 갈리아를 위협할 수 있다고 강조했다. 이 저서는 게르만족의 상황을 자세하게 묘사하고 있으며, 게르만족의 역사 입문서 구실을 하고 있어서 독일 민족이 정체성을 형성하기 시작한 시대에 그들에게 많은 영향을 미쳤다.

오토 대제 시대에 작센인, 프랑켄인, 바이에른인 그리고 슈바벤인들은 오늘날 우리가 알고 있는 독일어가 아닌, 독일어와 유사하지만 매우 상이한 방언들을 사용했다. 사람들은 이러한 방언들을 "thiudisc"라고 했는데, 이러한 모든 방언들을 통틀어서 사람들은 '독일 민족어'라고 했다. 이들의 방언들 사이에는 상당한 언어적인 차이가 있었음에도 불구하고 "thiudisc"는 다른 민족들에게 게르만족들이 사용하는 공통어처럼 들렸다. 그래서 게르만 부족들의 민족어는 언어적으로 야만인(Barbaren)을 나타내거나 부르는 표시가 되었으며, 이탈리아인들은 이 "thiudisc"를 근거로 나중에 게르만 부족들을 "tedeschi"로, 즉 "Deutschen"(독일인)으로 불렀다.

회의 지지를 얻게 되었다.

이후에 교황은 프랑크족의 피핀(Pippin)을 지원하여 751년에 왕이 되게 하였고, 그의 아들 카를(Karl)은 768년에 프랑크 왕국의 대제가 된다. 카를 대제(Karl der Grosse)는 밖으로 바이에른족, 작센족을 정복하여 국력을 키웠을 뿐만 아니라 안으로는 성문법을 만들고 게르만어 문법을 정리하기도 했다. 카를 대제가 죽은 뒤 프랑크 왕국은 대제의 세 손자에 의해 843년에 베르됭 조약을 통해 삼등분되었다. 서프랑크는 오늘날의 프랑스, 중프랑크는 이탈리아, 동프랑크는 독일의 기원이 되었다. 그러므로 진정한 독일의 역사는 프랑크 왕국이 삼분된 이후부터 시작된다고 보아야 한다.

중세 독일

오토는 부친 하인리히에 이어 936년에 왕이 되었다. 그는 권력 강화를 위해 국가교회 제도를 도입하였다. 그래서 그는 수도원에 토지를 기증하고 성직자들에게 세속적인 관직을 수여하면서 주교령에 대한 왕의 보호를 약속하였다. 왕과 성직자의 결탁은 봉건영주들을 견제하여 정치적 균형을 이룰 수 있었다. 이러한 내부 정치의 안정을 토대로 오토는 북이탈리아를 점령했으며 교황으로부터 신성로마제국(Das heilige römische Reich Deutscher Nation)의 황제 칭호를 받았다. 황제는 로마 교회를 보호하며 교황은 황제가 보유한 이탈리아 내의 영토를 인정한다는 약속을 하였다. 이로써 교황은 신의 대리자로서, 황제는 독일 국가 내의 주교들에 대한 서임권자로서 서로 경쟁적이며 보완적인 관계를 유지하게 되었다.

그러나 11세기 무렵에 교황들이 성직자의 서임권을 세속군주가 가지면 안 된다고 주장하고 주교 서임권을 행사하려고 하자 서임권 분쟁이 일어났다. 결국 하인리히 4세와 교황 그레고리오 7세가 1077년에 충돌하였고, 하인리히가 지지를 얻지 못하고 교황에게 패배하는 '카노사의 굴욕'을 당하면서 황제는 서임권을 반환하였다. 하지만 이 사건은 황제 중심 중앙집권과 귀족 중심 지방분권의 대립으로 이어지고 신정정치 체제와 세속군주정 간의 권력쟁탈전으로까지 발전하였다.

도시의 성립과 한자동맹

11세기에 국왕 프리드리히 바르바로사(Frederick Barbarossa)는 십자군 전쟁에 참가하게 되었다. 이 전쟁은 유럽을 동방과 접촉하게 하였고, 외부 문화에 개방된 기사들은 문화의 주체로 그리고 교역의 중심세력으로 발전하였다. 독일에서는 수공업과 함께 시장이 생겨나고, 11세기 초에는 라인강과 엘베강 근처에 교역 장소가 200~300여 개로 늘어나면서 도시들이 생겼다. 왕과 귀족의 지속적인 갈등 속에서 새로운 도시는 제3의 세력으로 등장하게 되었다. 물물교환이 이루어지면서 도시는 영주들에 의해 장악되었고 시민적 도시공동체로 발전했다. 13세기 말 북부 뤼베크 지역을 중심으로 한자동맹(Hanse, 브레멘, 함부르크, 뤼베크 등의 독일 북부 도시들과 외국에 있는 독일의 상업 집단이 상호 교역의 이익을 지키기 위해 창설한 조합)이 결성되면서 도시공동체가 꽃을 피우게 된다. 도시들은 진보적인 성격으로 발전하여 자본주의 발전에 지대한 역할을 했다. 하지만 도시공동체는 한자동맹이 쇠약해짐과 러시아 상업권의 잠식으로 1669년 해산되고 말았다.

종교개혁

로마 교황 레오 10세는 성 베드로 사원의 건축을 위해 은행가 푸거에게 엄청난 돈을 빌렸다. 이 경제적인 난국을 해결하기 위해 교황청은 면죄부 판매를 생각해냈고, 이 면죄부를 독일에 집중적으로 팔았는데 이로 인해 수많은 비리들이 생겨났다. 마르틴 루터(Martin Luther)가 이러한 비리를 고발하고자 1517년 비텐베르크(Wittenberg) 성당 문 앞에 '95개 조항 반박문'을 붙이면서 종교개혁이 시작되었다.

루터의 종교개혁으로 종교적으로 여러 분파가 생겨나고(가톨릭, 개신교, 개혁파) 사회적으로도 가톨릭 보수 집단, 시민 개혁 집단, 혁명적 집단 등으로 분화되었다. 결국은 보수와 개혁 간의 갈등, 농민과 자본가 간의 갈등, 구교와 신교 간의 갈등이 종교 분쟁으로 이어졌다. 다행히도 분쟁은 1555년에 아우크스부르크 종교 화의(和議)로 종결되었다. 하지만 신앙의 자유는 개인이 아니라 제후의 결정에 따르도록 결정되었다. 즉, 어떤 지역의 종교는 그 지역을 다스리는 제후가 가톨릭과 개신교 중 하나를 선택하여 결정할 수 있게 하였고 그곳에 사는 거주민은 제후의 종교를 따라야 했다.

루터의 종교개혁 이후에 농민들은 영주와 교회로부터 착취를 당하였다. 그러자 농민군이 일어나 교회와 수도원을 파괴했다. 농민군은 독일의 1/3 이상을 장악하고 뮌스터(Münster)를 점령하고는 농민왕국을 선포하면서 12개의 요구조항을 제시하였다. 그것은 "농민들 스스로 목사 선출권을 갖도록 해달라" "십일조를 폐지하라" "부역과 지대를 감면하라" "영주의 사냥을 금지하라" 등이었다. 하지만 가톨릭과 신교파 제후들이 제후연맹을 구성하여 농민들에 대한 무력진압에 나섰고, 뮌스터의 농민왕국은 무너졌다.

30년전쟁

구교와 신교 간의 대립은 이후에도 지속되다가 결국 외세의 힘을 빌려 해결하려는 과정에서 30년전쟁(1618~1648)이라는 종교전쟁이 시작되었다. 그러나 이 전쟁은 종교전쟁으로 시작했으나 점차 국가 간의 패권 투쟁 양상으로 변질되면서, 유럽에서 패권을 가진 합스부르크 왕가와 이를 제지하려는 세력 간의 국제전쟁으로 발전하게 되었다. 합스부르크 왕가인 오스트리아와 이를 지지하는 가톨릭 연합 세력에 맞서서 프랑스와 영국, 스웨덴, 덴마크가 힘을 합해 싸웠다. 그러나 이로 인해 독일 민족은 말할 수 없는 고통을 겪었다. 전쟁의 주요 무대였던 독일 전체의 땅이 황폐해졌고, 독일 인구의 1/3이 죽었다. 이 전쟁은 1648년에 베스트팔렌 조약(Westfälischer Friede)으로 마감되었는데, 스위스와 네덜란드는 독립국 지위를 승인받았고, 프랑스는 알자스-로렌을 차지했으며, 프로이센은 영토가 확장되었다.

프로이센에서 독일제국으로

프로이센은 1701년부터 1918년까지 독일 북부에서 제국의 중심적 역할을 하였다. 프리드리히 빌헬름 1세(재위 1713~1740)와 그의 아들 프리드리히 2세(재위 1740~1786) 때 드디어 유럽의 강대국으로 도약하였는데, 프리드리히 2세 때 오스트리아 제국의 합스부르크 왕가와의 7년 전쟁을 통해 석탄과 철이 풍부한 슐레지엔 지방을 차지함으로써 유럽 강대국으로서의 지위를 굳히게 되었다. 하지만 그 후 군대가 약해져서 1806년, 나폴레옹이 이끄는 프랑스군에게 예나 전투와 아우어슈테트 전투 등에서 패한 뒤, 영토의 반을 잃었다. 나폴레옹은 1806년에 탈취한 독일 남부 일부의 영토들을 라인 연방이라고 불렀다. 바바리아, 뷔르템베르크, 바덴을 포함한 16개 국가들이 제국에서 탈퇴하고 나폴레옹의 보호 아래 연방을 구성했다. 하지만 위성국인 라인 연방은 정체성과 애국심의 결여로 제3의 독일은 되지 못했다.[2]

---

2 신성로마제국(Das heilige römische Reich Deutscher Nation) : 18세기의 신성로마제국은 대략 300개의 작은 나라로 이루어져 있었다. 북쪽은 북해와 발트해까지, 서쪽은 라인과 마이아스까지, 동쪽은 폴란드와 바이크셀까지 접했으며 남쪽은 알프스산맥을 넘어 이탈리아까지 이어졌다. 그중에 강성한 나라가 오스트리아와 브란덴부르크-프로이센이었다. 영국이나 프랑스와 달리 프로이센에는 중심 수도가 없었다. 대신에 여러 개의 기능적인 도시들이 있었다. 레겐스부르크(Regensburg)-제국의회 회의 장소, 베츨라르(Wetzlar)-제국재판소, 빈(Wien)-황제의 거주지와 제국의 행정부 소재지, 마인츠(Mainz)-주교 주재 도시.

세상을 변화시킨 **독일인들**

베를린이 점령당한 참혹한 결과로 프로이센은 1807년부터 1812년까지 개혁을 단행했다. 그리고 프로이센은 워털루 전투에서 나폴레옹의 프랑스군을 물리치면서 다시 강대국이 되었다. 1815년 빈 회의에서 프로이센은 베스트팔렌 지역을 획득하였고, 독일 연방에도 가입하여 오스트리아 제국과 세력을 양분하였다. 1834년 프로이센을 중심으로 독일 내의 39개 군소국가 사이에 관세동맹이 결성됨으로써 경제통일이 시작되었다. 정치적 통일은 자유주의적 통일을 주장했던 프랑크푸르트 국민회의가 실패한 이후 프로이센을 중심으로 전개되었다. 비스마르크가 1862년에 프로이센의 수상이 되고 나서 의회와 자유주의 세력의 반대를 억누르고 '철혈정책'을 추진하였다. 그래서 그는 1866년 오스트리아-헝가리 제국과 쾨니히그레츠 전투를 치르면서 '북독일 연방'을 성립시켰고, 1871년에 프랑스와의 전쟁에서 승리하면서 베르사유 조약으로 알자스 로렌 지방을 수복하고 독일제국을 이루었다.

1871년에 빌헬름 1세가 프로이센 국왕이 되었고, 아들 빌헬름 2세는 1888년에 독일제국의 황제로 즉위하였다. 그는 3B(베를린, 비잔티움, 바그다드) 정책을 통하여 독일을 팽창시키려 했다. 하지만 카이로, 케이프와 콜카타를 연결하는 3C 정책을 내세웠던 영국과 충돌하였고, 부동항을 확보하려는 러시아 제국의 남하정책과 마찰을 빚었으며, 프랑스와도 대립하게 되었다.[3] 이리하여 비스마르크를 중심으로 한 독일제

---

3 독일제국은 이때부터 여러 지역에 식민지를 개척하였다. 아프리카 지역 : 나미비아, 탄자니아, 르완다, 부룬디, 카메룬, 토고 / 태평양 지역 : 뉴기니, 비스마르크 제도, 솔로몬 제도, 마셜 제도 / 아시아 지역 : 중국의 산둥 반도(조차지)

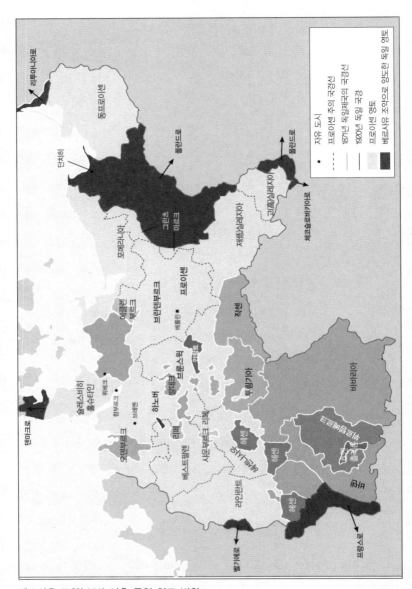

베르사유 조약(1920) 이후 독일 영토 변화

세상을 변화시킨 **독일인들**

국은 위기에 봉착하게 되고 제1차 세계대전의 중심에 서게 된다.

세르비아의 한 민족주의자 청년이 사라예보를 방문한 오스트리아 황태자 부부를 암살하는 사건으로, 1914년 오스트리아는 세르비아에 선전포고를 하였다. 세르비아를 지원하였던 러시아 제국은 오스트리아와 오스트리아 동맹국인 독일에 대항해 싸우도록 총동원령을 내렸으며, 독일은 러시아, 프랑스, 영국, 벨기에에 선전포고함으로써 제1차 세계대전이 발발하게 되었다. 한편, 1917년에 미국 상선이 독일 잠수함에 격침당하는 사건이 일어나 미국은 독일제국에 선전포고를 하고, 대규모 군대를 파견하여 서부 유럽 전선에 참전하였다. 전쟁 양상은 독일제국에 불리하게 되어갔다. 결국, 독일제국 황제 빌헬름 2세는 퇴위당하고 1918년 11월 독일 정부는 연합국에 항복하였다. 독일제국은 베르사유 조약으로 많은 식민지 상실, 막대한 배상금 지불, 군비 축소, 프랑스에 알자스 로렌 지방 반환 등을 이행해야 했고, 혹독한 조약 이행은 제2차 세계대전을 일으키게 하는 계기가 되었다.

제3제국

1933년 1월 30일, 아돌프 히틀러(Adolf Hitler)가 수상으로 임명되었고 1933년 3월 5일 총선거에서 나치는 43.9%의 표를 얻었다. 히틀러는 자신의 정부를, 신성로마제국과 독일제국을 이어받았다는 의미로 제3제국이라고 불렀다. 그는 아리아 인종의 우수함을 강조하였으며 사회의 모든 분야에 강한 정치적 지배를 실시하였는데, 집회와 출판의 자유를 포함한 국민의 기본권을 제한하고 추상미술 및 전위예술은 '퇴폐

예술'로 몰아 추방하였다. 또, 1935년에는 뉘른베르크법에 의해서 유대인들이 독일 시민권을 박탈당하고 공직으로부터 추방되었다. 1938년 11월 9일 밤, 나치 정권은 독일 전역의 유대인을 일제히 습격하여 유대인 상점과 교회를 유린하였다. 이날 유대인 91명이 살해되었고 수만 명의 유대인들이 수감되었다. 이 사건은 약탈 당시 파괴된 가옥과 상점의 유리 파편이 전등 빛에 반짝이는 수정 같았다고 해서 '수정의 밤(Kristallnacht)' 사건으로 불린다. 이 사건으로 1939년 9월까지 20만 명 이상의 유대인들이 네덜란드, 미국, 남아메리카 등으로 이민을 갔다.

제3제국은 독일의 팽창을 위해 정복사업을 시작하였다. 그러던 중, 1939년 9월 1일 선전포고도 없이 폴란드를 공격했고, 이틀 뒤 영국과 프랑스가 독일에 선전포고함으로써 제2차 세계대전이 시작되었다. 몇 년 동안의 전쟁으로 엄청난 희생자를 내면서도 히틀러는 전쟁을 계속하다가 마침내 스탈린그라드 전투와 노르망디 전투에서 대패한 후 연합국에 항복하였다. 결국 포츠담 회의에 의해 독일 본토는 분할 통치되어 독일의 국경은 옛 영토의 3분의 1을 잃고 서쪽으로 크게 이동하게 되었다. 동부의 영토 대부분은 폴란드령이 되었고, 동프로이센의 반은 소비에트 연방에 병합되었다. 이후에 뉘른베르크 전범재판에서 나치 핵심 인물 24명과 6개 기관의 전쟁 범죄가 규명되었다.[4]

---

4 나치의 전쟁일지 : 1938년 3월 오스트리아 진격, 1939년 9월 폴란드 침공, 1941년 6월 소비에트 연방 공격, 1943년 5월 스탈린그라드 전투 및 쿠르스크 전투, 1944년 9월 노르망디 전투 패배, 1945년 5월 연합국에 항복.

세상을 변화시킨 **독일인들**

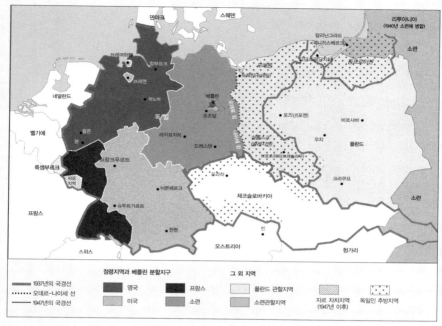

포츠담 협상 이후 독일 영토

재통일

독일은 제2차 세계대전에서 패배했고 영국, 미국, 프랑스, 소련이
독일에 들어오게 되었다. 미국이 서독 정부를 수립시키자, 소련도 동
독 지역에 있는 서베를린 지역을 봉쇄하고 동독 정부를 수립하였다.
또, 소련은 동독 주민들이 서독으로 탈출하자 1961년 8월 동서 베를린
사이에 장벽을 설치했다.

동서 냉전이 시작되었지만 1970년 빌리 브란트는 동독과 기본협정
을 맺었다. 1985년에 소련의 고르바초프가 개방과 개혁 정책을 추진
하여 동구권 유럽 공산국가에 간섭하지 않겠다고 하면서 해빙과 통일
의 바탕이 마련되었다. 1989년 11월 9일에는 베를린 장벽이 무너지고

미국, 영국, 프랑스, 소련 등 4개국과 유럽연합의 승인을 받아 1990년 10월 3일에 드디어 독일은 다시 통일되었고, 1999년에 수도를 베를린으로 이전했다.

참고한 책과 더 읽어야 할 책

Knopp, G., Brauburger, S., Arens, P., *Die Deutschen*, C. Bertelsmann, 2008.

Tatsachen über Deutschland, Press-und Informationsamt der Bundesregierung, 1999.

Wieland, E., Matthias, J., *Chronik Deutschland 1949-2009*, Fischer Tashenbuch Verlag, 2008.

교육과학기술부, 안정오 외 3인 공저, 『고등학교 독일어권 문화 1』, 천재교육, 2011.

기쿠치 요시오, 『결코 사라지지 않는 로마, 신성로마제국』, 이경덕 역, 다른세상, 2010.

닐 맥그리거, 『독일사 산책』, 김희주 역, 옥당, 2016.

마틴 키친, 『케임브리지 독일사』, 유정희 역, 시공사, 2001.

박래식, 『이야기 독일사』, 청아출판사, 2010.

오토 단, 『독일국민과 민족주의의 역사』, 오인석 역, 한울아카데미, 1996.

이민호, 『독일사』, 대한교과서주식회사, 1996.

장 셀리에 · 앙드레 셀리에, 『시간여행자의 유럽사』, 임영신 역, 청어람미디어, 2015.

타키투스, 『타키투스의 게르마니아』, 이광숙 편역, 서울대학교출판부, 1999.

제1장

마르틴 루터,
가톨릭에 저항하다

"오로지 말씀으로"

Martin Luther

출생과 성장

마르틴 루터의 아버지 한스 루더(Hans Luder, 1459~1530)는 부인 마가레테 린데만(Margarethe Lindemann, 1459~1531)과 함께 광산업에 종사하기 위해 1479년에 만스펠트 공작 영지인 아이스레벤으로 이사를 왔다. 이곳에서 마르틴 루터는 이들의 첫째 아들로 1483년 11월에 태어났다.

루터는 아버지의 뜻에 따라 만스펠트 라틴어 학교에 입학하였고, 거기서 문법, 논리학, 수사학, 음악을 1490년부터 1497년까지 배웠다. 그리고 1497년 봄부터 그는 1년 동안 마그데부르크 돔학교에 다녔다. 그 후에 루터는 대학 공부를 준비하기 위해 그의 어머니의 친척이 사는 작은 도시 아이제나흐로 이사했다. 튀링겐 지방의 수도였던 아이제나흐는 루터가 머무른 1500년 즈음에 인구가 4,000명 정도밖에 되지 않았다. 이곳에서 루터는 약 4년(1498~1501)을 보냈는데 지금도 루터가 살았던 곳은 '루터의 집'으로 잘 보존되어 있다. 루터는 당시에 코타

부부의 집에 기숙해 살았었다. 이곳에서 어린 루터는 교회에 다니면서 성가적인 노래와 합창을 배우게 되었는데 이를 계기로 찬송가를 여러 곡 작곡하고 작사하기도 했다. 또한 그는 이곳 성 게오르크 목사학교에서 라틴어도 배웠는데, 유창하게 말하고 쓸 수 있게 되었다.

1501년 여름에 루터는 에어푸르트대학교 문과대학에 등록하였다.[1] 그는 대학을 마치고 1502년 졸업시험에 합격했다. 하지만 그는 불의의 사고로 다리 부상을 당해 1년 동안 침대에 누워 있었으며, 그의 가까운 친구와 교수가 페스트로 사망하기도 했다. 이러한 내우외환으로 그는 실의에 빠지기도 했지만, 결국 1505년에 문학석사 학위를 취득했다.

광산의 사장이 된 루터의 아버지의 소원과 후원으로 루터는 1505년부터 에어푸르트대학에서 법학 공부를 시작했다. 그런데 그는 불행하게도 1505년 7월에 만스펠트에 있는 부모님을 방문하다가 가는 도중에 슈토텐하임에서 악천후를 만나서 번개를 맞게 되었다. 번개로 인하여 루터는 말에서 떨어지고 다리에 부상을 입었다. 그래서 그는 견딜 수 없는 다리 통증과 함께 두려움이 엄습하면서 죽음의 공포를 느꼈다. 이러한 극한의 상황에서 루터는 성 안나에게 자신을 구해주면 수도사가 되겠다고 서원하였다. 에어푸르트에서의 페스트와 악천후의

---

1 독일 지도를 보면 마치 감자 모양이 연상되는데, 에어푸르트는 감자의 상부 중심의 어느 한 점으로 나타나 있다. 1992년에 에어푸르트는 창립 1250번째 생일을 맞이하였고 제2의 부흥을 위해 "독일의 중심에 위치한 에어푸르트"라는 모토를 걸고 여러 가지 국제적인 행사를 치렀다. 그 일환으로 1945년 독일 패망 이후에 없어져버린 에어푸르트대학도 다시 창립되었다.

세상을 변화시킨 **독일인들**

경험이 그를 신에게 의지하게 했다. 그는 수도사로서의 헌신만이 그러한 두려움을 떨쳐버리는 탈출구라고 생각하게 되었다.

서원한 대로 그는 1505년 7월 17일에 에어푸르트 아우구스틴 수도원에 입단하였다. 그 수도원에서는 특별히 엄격한 금욕 생활과 더불어 인문학적인 접근 방식으로 신학을 공부할 수 있었다. 그래서 그는 나중에 인문 · 철학 · 신학을 융복합한 업적을 많이 내게 되었다.

루터는 이 수도원에서 1년간의 예비신부 과정을 거치면서 지나치게 규칙적인 생활과 엄격한 수도 생활로 건강을 해치게 되었고, 그때 생긴 불면증은 그를 평생 괴롭혔다. 그렇지만 그는 거기서 히브리어, 헬라어 그리고 라틴어를 배워서 엄청난 분량의 책을 읽을 수 있었으며 독일어 번역의 기초를 단단히 다질 수 있었다. 이러한 훈련을 통해 그는 성경을 매우 철저하게 고증하며 읽을 수 있었고, 성경에 나오는 정확한 뜻과 은유 그리고 비유들을 파악할 수 있었다. 그래서 그는 나중에 이것을 토대로 당시에 유행하던 면죄부나 부당한 종교제도들을 비판할 수 있었고 개혁의 단초를 펼칠 수 있게 되었다.

또 루터는 이곳에서 견습생으로 있으면서 중요한 인간관계를 맺을 수 있었는데, 바로 수련수사 훈련사인 팔츠(Johannes von Paltz)였다. 그는 루터를 매우 철저하게 교육시켰다. 그 덕분에 루터는 매우 경건하고 철저한 수사가 될 수 있었다. 루터는 당시에 아우구스틴 수도원 교구장 총대리인 요한 폰 슈타우피츠를 1506년 4월에 에어푸르트 수도원에서 만나게 되었는데, 그는 루터의 평생 멘토가 되었다. 그는 신앙적인 문제와 개인적인 문제가 생기면 항상 평생의 스승인 슈타우피츠에게 가서 상담하였다.

1506년에 루터는 수도사로 서원하여 신부가 되었고 이어서 신학을 보다 깊이 있게 공부했다. 그래서 그는 비엘(Gabriel Biel)의 주석서 (Sentenzenkommentar)를 공부했는데 이 주석서는 오캄(Wilhelm von Ockham)의 이론을 다른 스콜라 철학자들의 의견과 비교했고, '자유의지'에 대한 펠라기우스적 이해를 대표했다. 이는 토마스 아퀴나스(Thomas von Aquin)와 나중에 나온 트리엔트(Konzil von Trient)의 이론과는 반대되는 견해였다. 루터가 나중에 단행한 개혁적 신학은 비엘의 오캄주의에 대한 반대적인 생각이었다. 수도원 생활이 끝나고 루터는 1507년 4월 3일에 에어푸르트 대성당에서 사제 서품을 받았다. 신부 서품을 받은 후에도 그는 겸손하게 자신을 낮추고 수도사로서 말씀을 순종하고 수도원 규정에 충실하고자 부단히 노력했다.

1508년에 슈타우피츠의 추천으로 루터는 비텐베르크로 옮긴다. 그는 비텐베르크 문과대학에서 도덕철학을 강의하기도 했는데, 당시에 그는 대학에서 신학생으로 공부하면서 이 강의를 수행했다. 1509년에 루터는 강사 자격을 얻었지만 수도회는 슈타우피츠의 동의 없이 그를 에어푸르트로 다시 복귀시켰다. 그래서 그는 에어푸르트에서 1509년 겨울학기부터 1511년 여름학기까지 강의를 하고 완전히 비텐베르크 대학으로 옮겼다.

로마로 가다

1510년에는 그에게 매우 특별한 사건이 기다리고 있었다. 아우구스틴 수도회 안에서 일어난 분쟁을 해결하고 결말 지을 사람이 필요했다. 즉 수도원의 통합과 관련된 분쟁이 수도원 안에서 발생했는데, 작센 지방의 자유로운 아우구스틴 수도원과 엄격한 경건주의자들 사이의 통합을 루터는 반대해야 했다. 그래서 루터가 다른 한 사람과 함께 해결사로 선출되어 로마로 파송되었다. 이 로마 여행은 그가 평생 처음이자 마지막으로 한 해외여행이었다. 하지만 이 여행은 그의 인생관을 변화시키는 커다란 계기가 되었다. 로마의 휘황찬란한 문명과 엄청난 권위 그리고 종교적인 강한 힘을 느낀 반면에 로마 사제들의 무지와 불경은 그를 매우 실망시켰다. 로마에서의 경험은 나중에 루터가 종교개혁을 할 수 있는 계기를 마련해주었다.

비텐베르크에서

루터는 1511년에 로마에서 돌아와 에어푸르트에서 비텐베르크로 전속되었다. 이곳에는 선제후 프리드리히가 자랑하는 대학이 하나 있었는데 유명한 교수를 초빙하려고 노력한 결과 그해에 루터를 포함해서 두 명이 이 대학으로 초빙되었다.[2]

당시에 이 도시에는 루터를 도와주는 협력자가 살고 있었는데, 가

---

2 비텐베르크는 당시 인구 2,500명 정도의 작은 마을이었고 도시 길이도 1.4킬로미터밖에 되지 않았다. 비텐베르크 한쪽에는 엘베강이 흐르고 다른 한쪽은 호수로 둘러싸여 있다. 인터넷 검색창에 "Witternberg"라는 글자를 치면 루터의 도시 비텐베르크라고 나온다. 비텐베르크는 루터가 없었다면 전혀 세상에 알려지지 않았을 것이다. 루터와 비텐베르크는 종이의 앞뒷면처럼 나누어서 생각할 수 없는 관계이다.

장 친한 친구이며 동역자인 필리프 멜란히톤 교수(Philipp Melanch-thon, 1497~1560)와 작센 궁중화가였던 루카스 크라나흐(Lucas Cranach, 1472~1553)였다. 멜란히톤은 루터의 토론 상대였으며 크라나흐는 항상 루터의 모습과 그의 주변 사람들을 화폭에 옮겼다.

루터와 멜란히톤은 매우 가까운 곳에 살았으므로 그들은 서로의 주제를 토론하였다.[3] 루터가 멜란히톤과 동역자로 살게 된 것은 멜란히톤이 1518년에 이 대학교 어학 교수로 초빙되어 오면서부터였다. 멜란히톤은 루터의 종교개혁 사상에 심취하게 되었고, 그의 동역자로 평생을 살면서 루터의 독일어 성서 번역에도 적극적으로 도움을 주었다. 이러한 우정을 반영이라도 하듯이 비텐베르크 시내 한복판에는 지금도 루터와 멜란히톤의 동상이 나란히 서 있다.

비텐베르크 성 마리아 교회에서 루터는 설교를 하였는데, 크라나흐와 인연이 있다. 즉, 이 교회 안에는 최초로 개신교에 헌정한 교회예술품이 있는데, 크라나흐 부자(父子)가 그린 그림이 그것이고, 이를 사람들은 '크라나흐 제단'이라고 부른다. 이 그림은 개신교 예배를 상징적으로 나타내고 있다. 즉 세 가지의 새로운 방식의 성례인 '세례', '성만

---

3 아우구스틴 수도회가 당시에 수도원으로 사용하던 곳을 지금은 '루터의 집'이라고 명명하고 있으며 시내 입구에 위치하고 있다. 그곳에 약 40여 개의 수도사 독방이 있었으며 수도원 건물 우측에는 루터의 공부방이 있던 건물이 있었으나 지금은 없어졌다. 루터의 집은 이 도시의 초입에 있었고 멜란히톤의 집은 시내 쪽으로 2~3분 정도 떨어져 있었는데, 지금은 '멜란히톤의 집'이라고 불린다. 멜란히톤은 루터보다 늦게 태어나서 늦게 죽었으므로 그가 사용했던 실물들이 상당히 많이 그대로 보존되어 있다.

세상을 변화시킨 **독일인들**

찬'과 '고해'를 그린 부분과 십자가에 달리신 그리스도를 가리키며 설교하는 마르틴 루터를 묘사한 부분으로 이루어져 있다. 이 교회에서 최초의 개신교 목사인 요하네스 부겐하겐(1485~1558)이 목회를 하였는데 그도 멜란히톤이나 크라나흐처럼 루터의 동역자였다.[4]

루터는 1512년 10월 19일에 비텐베르크대학에서 신학박사 학위를 받았다. 그리고 나서 1512년부터 신학 교수직을 맡게 되었다. 그의 박사논문 주제는 성서와 신학적 해석이었다. 그래서 그는 나중에 신학적 해석의 문제로 로마가톨릭과 교황을 비판하고 서로 돌이킬 수 없는 종교개혁의 길로 가게 되었다. 루터는 비텐베르크대학에서 강의할 동안에 매학기 12시간 강의를 했는데 그의 「시편」 강의와 「로마서」 강의는 학생들에게 매우 인기 있었다고 한다.

의롭게 되는 것은 오직 하나님의 은혜라고 루터가 말한 것이 언제인지를 밝히는 것은 루터의 개혁을 이해하는 데 있어서 매우 중요하다. 루터는 나중에 자기의 진술에서 이 전환점을 비텐베르크의 아우구스틴 수도원 남쪽 탑에 있는 그의 작업실에서 시작했다고 했다. 많은 사람들은 이 탑에서 있었던 생각의 전환적 사건을 1511~1513년까지라고 추정하였다. 하지만 다른 학자들은 이 사고의 전환이 시작된 것은 점진적이었다고 주장하기도 한다. 하지만 루터는 나중에(1545) 그것을 회상하면서 1518년 초부터 가을 사이에 있었다고 고백했다.

---

4 이 도시에 마리아 교회 말고도 성(城) 교회가 있는데, 일설에 의하면 이곳에 루터가 95개 조항을 붙였다고 한다. 이 교회에 루터가 설교하던 강단이 있고 그 앞에 루터와 멜란히톤의 무덤이 있으며, 루터 당시에 여러 게시문을 붙이곤 하였던 교회 정문이 있다.

루터가 그의 스승 슈타우피츠에게 보낸 편지에 나타난 바대로 성찬식 문제는 그 당시에 있었던 내적 긴장의 원인이었다. 그는 수도사로서 흠 없는 삶에도 불구하고, 죄인으로, 하나님을 사랑할 수 없는 자로 느꼈다. 그는 「로마서」 1장 17절에 대한 묵상에서 갑자기 그가 수년 동안 쓸데없이 찾아 헤맸던 것을 찾았다. 하나님이 인정하는 의(義)는 믿음에서 나오고 의로운 자는 믿음으로 산다는 진리였다. 그가 이해한 이 성경 구절은 '영원한 의는 온전히 은혜의 선물'이라는 생각으로 발전하였다. 그 은혜란 예수 그리스도를 믿음으로써 인간에게 주어지고, 어떤 개인 역할을 통해서도 이 선물은 주어지지 않고 믿음도 인간이 스스로 해낼 수 없다는 것이었다.

루터는 1516년에 신비주의자 타울러(Johannes Tauler)가 이해한 「신학이론(Theologia deutsch)」을 해설하고 이해한 내용을 발표했다. 이 작품은 루터가 외적인 교회 관습을 강하게 거부하게 했다. 토마스 뮌처(Thomas Müntzer, 1489~1525)는 루터의 이 작품 해설에 영향을 많이 받았다.

루터의 혁명적인 생각이 작은 불꽃으로 피어나기 시작할 즈음인 1515년 3월 31일, 교황 레오 10세에 의해 발매된 면죄부는 로마의 베드로 성당 신축에 필요한 자금과 마인츠 주교였던 알브레히트가 은행가 푸거에게 진 빚을 변제하기 위한 자금을 모으는 데 이용되었다.

이 면죄부가 특히 독일의 브란덴부르크 지방에서 극성을 부린 것은 호엔촐레른 가문의 알브레히트의 욕심 때문이었다. 그는 독일의 세 지역에서 대주교 자리를 차지하려고 했다. 이미 알브레히트는 마그데부르크와 할베르슈타트의 대주교였는데 마인츠의 대주교까지 노렸다. 그는 이 자리를 차지하기 위해 금화 만 냥이 필요했다. 로마에서 교황 레오 10세가 그 돈을 요구하였기 때문이었다. 그래서 알브레히트는 당시 독일의 은행가인 푸거와 손을 잡고 교황청의 허락을 받아서 그 지역에서 8년 동안 면죄부를 판매하는 특권을 받게 된다. 알브레히트는 면죄부를 산 자는 유아세례 받을 때의 순수함으로 돌아갈 것이며 연옥의 모든 고통을 피할 수 있을 것이라고 선전했다. 더 나아가서 후손이 죽은 자를 위해 면죄부를 사게 되면 연옥에 있는 죽은 사람도 천국으로 바로 직행한다고 선전했다. 당시에 가장 유명한 면죄부 장사꾼인 수도사 요한 테첼은 우민들 앞에서 다음과 같이 설교하였다.

> 사랑하는 친척들과 친구들이 죽어서 여러분에게 외치는 소리를 들어보십시오. '우릴 좀 살려줘, 제발 좀 살려다오, 이 지긋지긋한 고문, 너희들의 잔돈 몇 푼이면 거뜬히 면할 수 있을 텐데'라는 음성을 여러분 들으십시오. 죽은 아버지가 아들에게 죽은 어머니가 딸에게 애원하는 소리를 들어보십시오. '널 낳아준 우리잖니, 네게 유산까지 남겨주었는데 그렇게 박절하고 잔인하게 그 조그만 걸 아낀다고 뭐가 달라지겠니, 우리를 풀어주지 않겠니? 여기 이 불 속에 그냥 누워 있게 내버려두겠나? 여러분은 그들을 구원할 수 있습니다. 동전이 궤짝 속에 짤랑하고 떨어지는 순간 그 영혼은 연옥에서 튀어오르게 됩니다. 신령하고 불멸하는 한 사람의 영혼을 고향 낙원으로 보내는 데 단돈 금화 4분의 1입니다.

테첼은 비텐베르크에서는 감히 이러한 말들을 하지 못했지만 인근지역에서 들은 이야기가 비텐베르크에 퍼지게 되었고 비텐베르크 주민들은 인근 지역으로 나가서 면죄부를 사 오기도 했다. 이러한 면죄부를 판 돈은 알브레히트의 금고를 일부 채웠으며 나머지는 로마로 들어가서 로마의 교회 보수를 위해 사용되었다.

면죄부는 8년 동안 마인츠, 마그데부르크, 브란덴부르크 지방에 널리 판매되었다. 하지만 성유물 수집광인 선제후 프리드리히는 그의 지방에서 면죄부를 선전하는 것을 반대했다. 왜냐하면 면죄부가 판매되어 많은 사람들이 죄를 사함 받게 되면, 그가 수집하는 성유물 보관 장소인 비텐베르크[5]의 방문객 숫자에 타격을 받기 때문이었다. 당시에 성유물을 보거나 만지면 죄를 사함 받게 된다는 신앙이 널리 퍼져 있었다.[6]

루터는 1516년의 어떤 설교에서 이런 면죄 행위는 있을 수 없다고 세 번이나 비판했다고 한다. 이는 선제후 프리드리히를 비판한 것이 아니라 그런 제도를 비판한 것이었다. 당시의 제도인 면죄부에 관하여 볼 때 만일 교황이 면죄부를 통하여 연옥에서 사람을 구출한다고 한

---

5 비텐베르크는 당시에 독일의 7선제후 중 한 사람인 프리드리히가 지배하고 있었는데 그는 신앙심이 깊어서 비텐베르크를 독일의 로마에 버금가는 도시로 만들려고 노력하였다.

6 선제후 프리드리히는 여러 가지 성유물들을 수집하는 것이 취미였으며 그의 소장품은 5,005개나 되었다고 한다. 그의 소장품 중에는 그리스도가 골고다 언덕으로 올라갈 때 로마 병정이 씌워주었다는 가시면류관(그 가시 중 몇 개가 그리스도의 이마를 찔렀다고 한다)의 가시 중 하나, 성 아우구스틴의 치아 네 개, 성모님의 머리카락 네 가닥, 그리스도의 피가 뿌려진 베일, 그리스도의 어린 시절 옷 한 벌, 동방박사들이 가져온 금 한 조각과 몰약 세 조각, 예수님의 수염 한 가닥, 그의 손에 박힌 못 하나, 모세의 가시덤불 한 가지 등이 있다. 1520년 이 소장품 목록은 19,013개로 늘어난다. 정해진 날 이 소장품을 보고 약정헌금을 하는 사람은 연옥 생활을 1,902,022년 270일 감해주는 면죄를 받을 수 있었다고 한다.

다면 그것은 오만이고, 만일 그렇다면 그가 그곳에서 다른 모든 사람을 구하지 않고 면죄부를 산 사람만 구한 것은 잔인한 처사라고 생각했다. 더욱이 그런 일이 사실이라고 해도 면죄를 죽은 자에게 해당시켜야지 산 자에게 적용시키는 것은 무리가 있다는 말이다. 이런 논리는 교회의 겉사람 면죄는 사사로운 의무 이행일 뿐이고 속사람의 참회는 간과될 수 있었다. 속사람의 참회는 참된 뉘우침, 참된 고해로 이루어진다. 이 면죄제도는 원래 십자군전쟁을 통해서 발전되었다. 처음에는 이단자와 싸우면서 목숨을 바치거나 목숨을 내건 사람에게만 면죄가 허용되었지만 나중에는 성지에까지 갈 수 없는 사람이라도 헌금을 통해서 이 원정에 참여할 수 있다고 확대해석하게 되었다. 이런 제도를 통해서 너무나 많은 헌금이 모여서 교회, 수도원, 병원 등을 짓는 데 많은 기여를 하기도 했다.

1517년 1월 22일에 도미니크 수도사 요한 테첼은 면죄부 캠페인 전도사로서 재정적 수익을 높이기 위해 면죄부 안내장을 보다 강하게 작성하였다. 테첼은 이를 통해 매월 80굴덴의 수익을 올렸다. 하지만 선제후 프리드리히의 작센에서 그의 선전 활동이 금지되었기에 많은 비텐베르크 시민들은 35킬로미터나 떨어진 위터보크(Jüterbog)나 체르프스트(Zerbst)에서 면죄부를 사 갔다. 당시에 시민이나 상인의 면죄부 매수 대금은 3굴덴, 가난한 수공업자는 1굴덴이었다. 돈이 없는 하층민들은 단지 기도를 해야만 했다.

루터는 1517년 늦은 여름에 이처럼 해악을 끼치는 테첼의 면죄부 안내장을 입수해 분석에 들어갔다. 그 와중에 루터는 이미 스콜라주의와 논쟁하고 있었다. 1517년 9월 4일에 그는 스콜라주의 신학에 대한 반론을 촉구하기 위해 일단 97개 초안을 설정했다. 성 교회 정문에[7] 루터가 1517년 10월 31일에 면죄부를 반대하는 95개 조항을 내걸었다고 하는 전설적 이야기가 있는데, 실은 그렇지 않았다. 루터의 친구인 멜란히톤이 그 논제 게시 사건을 회고하는 도중에 이 장면을 역사화하였을 뿐이라고 한다. 1517년 10월 31일은 루터가 알브레히트에게 95개 조항과 함께 한 통의 편지를 보냈던 날인데 이날을 종교개혁의 시작으로 사람들은 기념하고 있다.

당시에 독일에서 가장 영향력 있는 마인츠의 주교인 알브레히트가 면죄부를 판매하는 자들을 위하여 선포한 '지침강요'가 있었는데, 루터는 이 '지침강요'와 당시의 가톨릭의 부패에 항의하는 내용을 95개 조항에 요약해서 작성했다. 루터는 반박문에서 국민들 사이에서 면죄부에 대한 오해가 일어날까 걱정한다고 썼다. 그러나 그는 테첼의 면죄부 안내가 알브레히트의 동의 없이 출판되었다는 것과, 그 캠페인 뒤에 교황이 있음을 언급하지는 않았다. 루터는 학문적인 논쟁을 자극하기 위해 여러 학자들에게도 이 논제를 보냈고 그들의 의견을 들었다. 루터는 영주와 시민들에 의해 거부된 로마 교회의 재정 충당보다는 면죄부에 표현된 사면에 대해 더 강하게 반대 의견을 제시했다.

루터는 이것을 1517년 10월 31일에 마인츠 주교 알브레히트에게 보냈으며 브란덴부르크, 메르제부르크, 차이츠, 레부스, 마이센 등의 주교에게도 보냈다. 루터의 필사본 95개 조항은 1517년 12월에 뉘

른베르크, 라이프치히, 바젤에서 인쇄되었는데, 뉘첼(Caspar Nützel)은 이 라틴어 텍스트를 먼저 독일어로 번역했었고, 당대의 화가 알브레히트 뒤러는 루터에게 감사의 선물을 보냈다. 에라스무스(Erasmus von Roterdam, 1466?~1536)는 1518년 영국에 있는 토마스 모어(Thomas More, 1478~1535)에게도 이 95개 조항 텍스트를 보냈다.

루터는 95개 조항을 통해 거대한 반향을 얻었고 1518년에 그는 이 사건을 하나의 기적이라고 했다. 알브레히트는 이 사실을 로마에 알렸고 95개 조항을 테첼에게도 전달하였다. 테첼은 프랑크푸르트암오데르대학에서 1518년 1월 20일에 그 95개 조항 반박문에 대한 반대 변론자로 등장하였다. 그리고 빔피나(Konrad Wimpina)는 95개 조항의 반대 논제를 세웠는데, 루터의 논제가 오류라고 주장했다.

루터는 면죄부가 죽은 자에게 도움이 되는지는 불확실하다고 했으며 대신에 죽은 자들을 위해 기도하라고 했다. 이런 논쟁을 통해서 독일은 물론 로마 교황청까지 여러 가지 논란과 해괴한 소문으로 시끄러워지자, 브란덴부르크 주교 슐체(Hieronymus Schulze)는 루터에게 사태가 잠잠해질 때까지 잠시 조용히 있으라고 했다. 루터는 거기에 동의했지만, 그의 95개 조항은 이미 인쇄되었고 거대한 회오리바람이 전 유럽을 강타했다.

논쟁하다

1518년 4월 초에 그는 다시금 침묵 약속으로부터 벗어나서 그의 반대자 잉골슈타트의 에크(Johannes Eck)와 격렬한 논쟁을 시작했다. 루터는 그사이에 자신의 결의안을 인쇄해서 교황 레오 10세와 브란덴부르크 주교에게 보냈다. 루터는 95개 조항이 단순히 그의 의견이 아니고 토론을 해야 할 사안이라고 주장했다.

루터가 강조하는 것은 인간의 구원 문제가 제도에 있는 것이 아니라는 것이었다. 구원은 바로 믿음 자체에 있는 것이어서 돈을 주고 사는 면죄부는 절대 구원을 이룰 수 있거나 도울 수 없다는 것이 그의 주장이었다. 이러한 루터의 일들이 독일 국민들에게 알려진 것은 독일의 출판업자 요한 프로벤의 덕택이었다. 프로벤은 95개 조항, 프레리아즈에게 보내는 답장, 그리고 참회와 성만찬에 대한 설교를 묶어 단행본으로 발행했다. 그 책은 날개 돋친 듯이 독일에서 팔려 나갔다. 이 책은 루터를 독일의 영웅이 아니라 세계의 영웅으로 만들었다. 츠빙글리도 그 책을 사서 사람들에게 뿌리도록 했다. 로마에서도 제자들이 목숨을 걸고 바티칸의 코앞에서 루터의 이 책을 뿌렸다.

비텐베르크에서 루터는 1513년 「시편」을 강의했고 1515년 「로마서」를 강의했으며 1516~1517년까지 「갈라디아서」를 강의했는데 이 강의 준비가 그에게 새로운 진리를 발견하게 했고 나중에 95개 조항으로까지 발전할 수 있게 해주었다. 「로마서」 연구에서 루터는 하나님의 정의와 의에 대하여 많은 숙고를 하였다. 그리스어로 '정의'란 '죄가 없는 것으로 취급하기'이다. 이는 판사가 판결하는 법의 어떤 행태를 연상하게 한다. 그래서 기독교인은 믿음으로 의롭게 취급받을 것이라고 생각하였다. 이는 '이신득의(以信得義)'라는 말로 압축되는데 하나님은 절대적인 의인이므로 하나님이라는 판사는 신앙인들이 하나님을 믿을 때 의롭다고 해준다는 것이다. 그래서 '의인은 믿음으로 산다'라는 말이 나오게 되었다. 루터는 이 기간 동안에 의의 문제와 더불어 죄의 문제도 같이 고민하였는데, 죄는 절대 지울 수 없다는 것이라고 그는 생각했다. 그래서 죄를 지으면 꼭 죄에 대한 대가가 있어야 그 죄는 사해지는데 그리스도의 십자가로써만 죄를 사함 받을 수 있다는 것이 루터의 이론이었다.[8]

당시에는 주로 신앙 교육이 교황령이나 형식에 치우친 스콜라 철학으로 진행되었는데 루터는 이러한 교육을 비판하였고, 참된 신학 교육은 성경에 중심을 둔 교육이라고 했다. 그래서 그는 성직자들의 사치, 탐심, 무지를 비판하였고 교황 율리우스 2세의 여러 가지 잘못된 행동을 질타하였다.[9]

루터는 독일의 돈이 로마로 흘러 들어가는 것에 반대하였으며 95개 조항을 들어 차분히 로마 교황청을 비판하였는데, 다음과 같은 사항들이 중심이었다.

1) "먼저 우리가 가꾸어야 할 것은 지방 교회입니다. 우리에게 성 베드로 성당은 필요 없습니다." 루터에게 베드로 성당이 중요한 것이 아

---

8 풍속화가 홀바인은 1522년 루터를 헤라클레스로 묘사한 그림을 그렸다. 그림에서 박살난 자들은 교황, 성 토마스, 둔스 스코투스, 오캄, 아리스토텔레스 등이고 뒤에 수도사로 위장한 마귀가 도망가고 있다. 이런 이미지화는 라이프치히 논쟁에서 루터가 승리한 다음부터 그려졌다.

9 1530년에 열린 아우크스부르크 회담에서 가톨릭 세력에 대한 최초의 저항이 있었다. 이를 사람들은 '프로테스타치오'라고 하는데 프로테스탄트는 이 말에서 유래하였다. 이 항의행동에서 제출된 '아우크스부르크 고백서'는 최초의 개신교 고백이었다.

니라, 독일의 지교회가 더 중요했다.

2) "교황의 면죄로는 죄가 없어지지 않습니다. 참으로 회개하는 사람은 면죄를 받지 않아도 죄를 감면 받습니다." 그는 교황의 면죄나 면죄부를 통해서는 절대 죄가 사해질 수 없다고 하였다. 더 나아가서 그는 교황이 연옥을 지배할 권리를 가지고 있지 않다고 주장했다. 만일 그런 권리가 있다고 한다면 교황은 모든 영혼을 연옥에서 돈을 받지 않고 다 풀어주어야 마땅하다고 그는 생각했다.

3) "교황청에서 발부하는 면죄부를 받은 사람은 오히려 안도감을 불러 일으켜 그 자신에게 유익하지 못합니다." 그래서 면죄부를 받은 자는 자만해지고 구원이 위험할 수 있다고 생각했다. (이하 생략)

이런 95개 조항 반박문에 대한 주제를 가지고 루터는 신학자들과 토론하고 싶어 했다. 원래 루터는 이 95개 조항을 일반인들에게 알리고 종교개혁을 할 생각은 없었다. 그래서 루터는 이러한 조항에 대한 생각을 개인적으로 마인츠에 있는 주교 알브레히트에게 다음과 같은 편지로 썼으며, 이를 통하여 주교가 회심하도록 유도하였다.

저는 더 이상 침묵할 수 없습니다. 우리가 우리의 구원을 이루려면 두렵고 떨리는 마음을 가져야 합니다. 면죄는 아무런 안전을 제공하지 못하며 외적인 교회법상의 처벌만 감면할 뿐입니다. 그리스도께서 명령하신 것은 면죄의 전파가 아니라 복음의 전파입니다. 그런데 주교가 면죄의 갈퀴를 손에 들지 않고서는 복음을 전하는 일이 없다면 이 얼마나 소름끼치는 일이요 위험천만한 일입니까? 면죄부 판매인들에게 귀하가 모르게 동의도 받지 않고 발급된 지시에 보면 면죄부가 인간이 하나님과 화해하고 연옥을 빠져나가는 데 있어서 하나님의 더없이 고귀한 선물로 이야기되고 있습니다. 참된 회개는 불필요한 것으로 밝혀져 있더군요. 고귀하신 제후여, 귀하의 명성이 욕되는 일이 없게 되기를 간청하겠습니다. 그런 일이 없기를 바라지만 빨리 조치를 취하지 않으면 장담할 수 없습니다. 저 역시 당신의 양 한 마리입니다.

성절 전야에 1517년 비텐베르크에서

아우크스부르크에서 그리고 라이프치히에서

마인츠 대주교이자 브란덴부르크의 추기경인 알브레히트는 이 사건이 큰 의미가 없을 것이라고 생각했지만 문제가 있을 수 있다는 생각으로 이러한 일련의 사태를 로마 교황청에 보고했다. 알브레히트의 보고 서신은 1518년 1월에 로마에 도착했고 이 사건이 로마 교황청에 정식 서류로 접수되었다. 1518년 3월에 작센의 아우구스틴 수도회는 루터를 지지했지만, 작센의 도미니카 수도회는 루터를 이단으로 고소했다.

교황은 마졸리니(Silvester Mazzolini)를 루터의 95개 조항에 대한 심사자로 임명했다. 마졸리니는 루터의 95개 조항과는 반대로, 교회와 교황의 권위에 대한 것은 문제가 없으며, 종교이론과 교회의 실천의 문제에도 이상이 없다고 반박했으며, 로마 교회가 하는 일을 반대하는 자는 이단이라고 주장했다.

1518년 7월에 로마 교황청은 루터가 60일 이내에 로마에 와서 이단이 아님을 변호해야 한다고 명령했다. 그러자 작센의 군주이자 루터의 보호자인 선제후 프리드리히는 교황청에다가 루터의 심문을 아우크

카예탄과 논쟁하는 루터

스부르크 제국회의에서 하도록 요청했다. 이때는 이미 루터에 대한 로마 교황청이 여론은 악화되었고, 그래서 1518년 8월 23일에 교황 조서는 루터가 공식적으로 이단임을 확정했다. 카예탄이라고 불리는 토마스 데 비오 추기경은 교황의 보좌관으로서 아우크스부르크 제국회의에 참석했는데 그는 루터를 강제로 데리고 오도록 교황청으로부터 명령받았다.

　1518년 10월 12일에서 14일까지 카예탄과 루터와의 만남이 아우크스부르크 궁전에서 몇 번 있었다. 그는 루터에게 "자네가 빨리 로마 교회에 복귀하기를 바라네"라고 말했고 루터는 "저는 성경, 교부들, 여러 교서, 올바른 논리를 거스른 적이 없습니다. 여기에 대해 필요하다면 프라이부르크, 바젤, 루뱅, 파리 대학의 판단에 따르겠습니다."라고 당당하게 대답했다. 루터는 더 나가서 "성하께서는 성경을 남용하고 계십니다. 그가 성경보다 위라는 점은 반대합니다."라고 반박했다. 그때 추기경은 화를 버럭 내면서 루터에게 당장 물러가고 다시는 나타나지 말라고 소리쳤다. 그리고 루터는 집에다가 편지를 쓰면서 이 문제

세상을 변화시킨 **독일인들**

를 추기경에게 처리하도록 하는 것보다 나귀더러 하프를 타게 하는 것이 더 낫다고 말했다. 추기경에게 루터를 체포할 권한이 부여되었다는 소문이 그의 귀에 들어왔다.

카예탄은 루터가 자신의 주장을 철회하리라고 생각했지만, 루터는 강경하게 자신의 95개 조항을 변론했다. 루터는 카예탄 심문의 마지막 날에 추가로 문서 하나를 제출했는데, 거기서 그는 성찬식에서는 신앙에 대한 확신이 필요하다고 강조했고, 그가 이해한 「로마서」 1장 17절에 나오는 '의(義)'에 대한 생각을 설파했다. 카예탄의 심문 후에 루터는 며칠 더 아우크스부르크에 있었지만 다행히 어떤 일도 일어나지 않았다. 1518년 10월 18일에 카예탄으로부터 편지 한 장이 루터에게 도착했는데 루터가 견해를 철회하려 하지 않기에, 그는 추기경 앞으로 되돌아갈 수 없을 것이라고 했다. 결국 성문을 통해서는 루터가 밖으로 나갈 수 없게 되자, 10월 20일에 친구들이 루터를 작은 비밀 문을 통해서 도시 북쪽으로 탈출시켰다. 친구들인 미리 준비한 말을 타고 루터는 몬하임(Monheim)까지 가서 뉘른베르크를 거쳐 10월 31일에 비텐베르크에 도착했다.

그사이에 카예탄은 선제후 프리드리히에게 "루터를 로마로 보내든지 아니면 작센 선제후령에서 그를 추방하든지 하라"는 편지를 보냈다. 교황은 계속 루터를 공격했지만 비텐베르크대학의 창설자인 선제후 프리드리히는 루터에게 성경을 배웠으므로 루터가 주장하는 교리가 잘못이라고 생각하지 않았으며 동료 교수들도 역시 그렇게 생각했다. 독일 곳곳에 루터가 옳다고 생각하는 사람들이 많이 있었다. 선제후 프리드리히는 루터 문제로 많은 고통을 당했다. 그러나 그는 11월

19일 교황에게 이 사건을 취하하든지 아니면 독일에서 편견이 없는 재판관들과 청문회를 허락하도록 간청서를 보내기도 했다.

선제후 프리드리히는 카예탄에게 보내는 12월 7일자 편지에 루터의 사건은 아직 충분하게 학자들 사이에서 논의되지 않았으며, 학자들의 논의가 확정되기 전까지 작센에서는 그를 이단으로 취급하지 않을 것이고 그를 계속 머물게 할 것이라고 썼다. 그러자 로마는 루터를 결국 파문했으며, 선제후 프리드리히와 로마 교황청의 협상 결과는 독일의 보름스에서 루터 청문회를 하는 것이었다.

로마 교황청이 루터의 보호자인 선제후 프리드리히의 이러한 주장을 단호히 거절하지 못하였던 것은 1518년 1월 12일에 막시밀리안 황제가 죽고 황제의 후임을 선출하는 중대한 사안 앞에 있었기 때문이었다. 당시에는 황제를 선거로 선출해야 했는데 유럽의 제후들은 다 황제로 입후보할 수 있었다. 그러나 선제후들이 대부분 독일계였으므로 독일인 후보자가 유리했다. 그러나 그 자리를 지탱하기에 충분한 힘을 가진 독일 후보자가 당시에는 없었다. 그래서 프랑스의 프랑수아와 스페인의 카를 둘 중 하나가 유리한 상황이었다. 하지만 이 둘 중 어느 누가 되어도 교황에게는 불리한 상황이었다. 그래서 교황은 교황청에 유리한 선제후 프리드리히를 지지한다고 하였다. 황제를 선출하는 기간 동안에 교황은 이러한 정치적인 입장 때문에 루터나 선제후 프리드리히에게 강경한 태도를 보이지는 못했다. 그래서 교황청에서는 밀티츠라는 사절을 통해서 선제후 프리드리히 영지 소속이었던 비텐베르크성 교회에 새로운 특권을 몇 가지 주었다. 선제후 프리드리히가 지니고 있었던 성인들의 뼈 하나하나마다 적절한 헌금을 한 사람에게는 연옥의 처벌을 100년 감해준다는 것이었고 그가 오랫동안 욕심을 내던 교황이 수여하는 황금의 장미를 받게 되었다.

하지만 선제후 프리드리히는 루터를 은둔시킴으로써 입후보 자격에 문제가 있었다. 그래서 합스부르크가의 카를 5세가 신성로마제국의 황제로 1518년 6월 28일에 선출되었다.

결국 라이프치히 논쟁이 1519년 7월 4일부터 14일까지 개최되어야 했다. 여기서 교황의 수위권에 대한 에크와 루터 사이의 논쟁은 그 안건에서 가장 중요했다. 루터는 교황이 고대 교회의 대주교와 동급이라고 했고, 에크는 루터를 이단으로 화형 당한 얀 후스의 추종자라고 했다. 에크는 루터의 친구였고 독일인이었고 인문주의자였기에 루터를 가슴 아프게 했다. 에크는 얼굴이 백정 같았고 목소리는 황소 같았지만 천재적인 기억력, 폭포 같은 달변, 무시무시한 통찰력의 소유자였다. 에크는 교황권이란 인간이 만들어낸 것이라는 루터의 주장에 반론을 제기하였다. 루터는 에크의 교황권 옹호에 대하여 "난 교황이라는 자가 적그리스도인지 사도인지 모르겠네! 교황의 교서는 그리스도를 십자가에 못 박고 있다네."라고 선제후 프리드리히의 궁정 신부 슈팔라틴에게 편지를 보냈다.

라이프치히에서

독일의 도시 라이프치히에서 루터의 비텐베르크파와 에크의 게오르크 공작파가 서로 교황권의 권위에 대한 논제를 가지고 격론을 하기 시작했다. 이들은 대결 전에 벌써 다음 문제로 논쟁을 시작하였다.

첫째, 속기사를 두느냐 마느냐? 그러나 결국 속기사를 두기로 했다.

둘째, 심판을 두느냐 마느냐? 결국 에어푸르트대학과 파리대학이 심판이 되었다.

셋째, 책을 토론장에 가지고 오느냐 마느냐? 책을 가지고 오면 비텐베르크파의 카를슈타트에게 유리하고, 책이 없으면 웅변의 달인인 에크에게 유리했다. 그런데 결국은 책 반입은 거절되었다.

에크는 이단으로 알려진 위클리프와 후스의 주장을 반대했고 루터는 그 주장을 찬동했다. 즉, 위클리프는 "로마 교회는 다른 모든 것 위에 있는 것으로 믿건 안 믿건 구원과는 무관하다"라고 말했고 후스는 "구원받기 위해 로마 교회가 다른 모든 것보다 앞서는 것으로 꼭 믿을 필요는 없다"라고 말했다. 루터는 "성경을 위해서라면 교황과 교회회의들을 배척해야 한다"라고까지 주장했다.

이 논쟁은 18일간 속행되었는데, 만일 게오르크 공작이 중재하지 않았다면 영원히 계속되었을 것이다. 즉, 공작이 빌려준 토론 장소를 브란덴부르크의 후작을 영접하기 위해서 내놓아야 했던 것이다. 그래서 심판을 맡은 두 대학이 토론의 결과를 내놓을 때까지 논쟁을 미루어야 했다. 그러나 에어푸르트대학은 아예 보고가 없었고 파리대학은 2년 동안 침묵했다.

루터는 성직자단의 위계질서를 무너뜨리고 만인사제론에 대한 기초를 세웠다. 그리고 미사를 하나의 성찬으로 전락시켜버렸다. 구교에서는 이 미사를 하나의 성적인 일로 생각하여 오직 사제만이 집례할 수 있고 빵과 포도주를 마시면 바로 그 빵이 성체이고 포도주가 바로 성혈이기에 인간도 정말로 그렇게 된다고 생각했다. 그러나 루터는 이것을 하나의 마술 행위라고 생각했다. 사제가 빵과 포도주를 앞에 두고 "이것은 나의 몸과 피니라"(화체설, 성변화설)라고 이야기하면, 그것이 그리스도의 몸과 피로 바뀌는 것이 아니고, 또 "이것은 나의 몸과 피가 아니다"라고 이야기한다고 해도 그것이 빵에서 다른 것으로 바뀌지도 않는다고 그는 주장했다.

루터의 의견에 따르면, 미사는 어떤 누구도 대신해줄 수 없다. "자신의 믿음으로 믿는 사람이 아니고서는 아무도 도울 수 없고 아무에게도 적용될 수 없고 누구를 위해 개입할 수도 없는 하나의 거룩한 약속이다." 이것이 루터의 개인주의의 핵심에 대한 서론이다. 이러한 루터의 견해에 대해 로마는 에크가 로마에 도착하자 바로 공격을 가할 준비를 하였다. 파리대학과 쾰른대학은 적대적인 도미니크파였기에 이론적인 근거를 제시하였다. 즉 이들은 고해성사, 연옥, 면죄 등에 대한 루터의 생각을 공격하였다.

교황과 사제들, 신학자, 추기경, 교회법학자들, 도미니크 수도회 대표, 프란체스코 수도회 대표, 아우구스틴 수도회 대표 등 40명은 1520년 5월~6월까지 세 차례의 모임을 가지고 다음을 논의하였다.

- 루터의 견해를 어떻게 처리할 것인가?
- 루터의 책들을 어떻게 할 것인가?
- 루터를 어떻게 할 것인가?

카예탄의 심문 후에 교황은 1520년 6월 15일에 파문위협 교서 「엑스루게(Exsurge Domine)」를 선포했다. 이것은 교황 측이 루터의 주장을 반박하는 내용을 담은 것인데 교황이 머리말을 썼다. 교황은 다음과 같이 글을 시작하였다.

> 오! 주여! 당신의 소송사건을 심판하소서. 한 마리의 멧돼지가 당신의 포도원에 침입하였나이다. 일어나소서! 오! 베드로여! 그대의 피로 성별된 모든 교회의 어머니 되는 거룩한 로마 교회의 소송 문제를 숙고하소서! 일어나소서! 오! 바울이여! 그대의 가르침과 죽음으로 이 교회를 밝히셨으며 지금도 밝히시는 이여! 일어나소서! 당신네 모든 성인들이여! 그리고 모든 세계의 교회여, 이 교회의 성경 해석이 공격을 받고 있도다. 그 옛날의 여러 가지 이단이 오늘 독일에서 다시 살아나는 것을 보니 슬픔을 감출 길이 없도다. 짐이 더욱 더 상심하는 것은 독일이 언제나 이단을 박멸하는 데 앞장서왔기 때문이로다. 짐의 목회 직분에 비추어볼 때 다음 41개 조항이 지독한 바이러스 오류이도다. 이 뱀이 주의 포도원을 비집고 기어다니는 것을 짐은 더 이상 묵과할 수 없도다. 이러한 오류가 담긴 마르틴 루터의 책들을 불사르겠노라. 짐은 그에게 안전통행증과 여비를 제공하고 어버이의 사랑을 보이었다. 그럼에도 뻔뻔스럽게 교회회의를 열자고 호소하는구나! 이 교사가 그의 지역에서 선포되는 날부터 60일간의 굴복 기간을 허락하노라. 누구든 주제 넘게 우리의 파문과 금지사항을 어기면 전능하신 하나님과 베드로와 바울 사도의 노여움을 살 것이다.
>
> 1520년 6월 15일

교황의 「엑스루게」가 선포됨으로 인해 루터와 그의 추종자들은 60일 안에 그들의 95개 조항에 나오는 주장들을 철회해야 했다. 이 교황의 교서 「엑스루게」는 독일 전역에 붙었다. 독일에는 루터의 팬들이 많

세상을 변화시킨 **독일인들**

아서 로마 교황청의 교서 전파에 어려움이 있었다. 로마는 두 명의 교서 전파 전도사를 임명하였는데 하나는 파리대학장이었던 히에로니무스 알렉산더였고 다른 하나는 요한 에크였다. 알렉산더는 저지대와 라인 지역을, 에크는 프랑코니아와 바바리아를 맡아서 교서를 알리기로 했다. 그러나 신하, 평신도, 고관, 대학교수 등이 그렇게 협조적이지 않았다. 라이프치히에서는 오히려 에크가 위험에 빠지게 되었고 어떤 수도원에 숨어들어 목숨을 건질 수 있었다. 비록 교황청의 사신들은 한두 군데에서 루터의 책을 태우고 교서를 전파할 수 있었지만 거의 많은 곳에서 반대에 부딪혔고 종교개혁의 서곡이 울리기 시작했다.

울리히 폰 후텐은 루터의 책이 불타는 것에 대한 현실을 시로 개탄하기도 했다.

> 오! 하나님 루터의 책은 불타고 주의 경건한 진리는 살해되옵니다.
> (…)
> 피를 너무 많이 쏟아 창백한 독일 민족!
> 참회의 기회조차 없습니다.
> 억울합니다.
> 마르틴 루터!
> 오! 하나님 지키소서
> 우리의 자리를,
> 아끼지 않으렵니다
> 저의 재물을,
> 겁내지 않으렵니다.
> 내 목숨과 피를,
> 그를 위해서라면

루터는 1520년 10월에 「기독교인의 자유에 관하여」라는 논문을 교황 레오 10세에게 보냈고, 그리고 새로운 협의회를 만들어줄 것을 요구했다.

루터의 책과 논문들이 소각된 것에 항의하는 의미로 1520년 12월 10일에 비텐베르크 엘스터문 앞에 있는 박피장에서『로마가톨릭교회의 권리(*Kanonisches Recht*)』,『고백서(*das Beichthandbuch Summa angelica de casibus conscientiae*)』(Speyer, 1488) 그리고 에크와 엠저(Emser)의 책들을 소각하는 행사가 열렸다. 루터의 동역자인 아그리콜라(Johann Agricola)는 이 행사 준비를 했고 멜란히톤은 대학 관계자들을 초청했다. 루터는 자신의 행동을 정당한 것으로 고백하였다.

> 그들이 내 책을 불태웠으니 나도 그들의 책을 태운 것이다. 교회법이 거기에 포함된 이유는 그것이 교황을 지상의 한 신으로 만들기 때문이다. 지금까지 나는 교황의 이 일을 가지고 장난을 했을 뿐이다. 적그리스도가 정죄한 나의 신조는 모두 기독교적이다. 교황이 성경과 이성으로 누구를 압도한 것은 한 번도 없다.

선제후 프리드리히는 루터의 처사를 정당하다고 생각하였다. 그는 한 독일인이 오심을 받을 수밖에 없는 상황에서 교황의 교서와 전체 교회법을 불살라 버린 죄를 용서하였다. 그리고 다음과 같은 법령을 새로이 제정했다.

- 독일인은 누구나 지위를 막론하고 독일 밖에서 심문받을 수 없다.
- 아무런 이유 없이 어떤 사람의 이야기를 들어보지 않고 공민권을

박탈해서는 안 된다.

선제후 프리드리히가 이 법령을 공포한 후에도 루터에 대한 토론은 끝이 보이지를 않았다. 교황청에서 선제후 프리드리히에 대한 압박이 거세지고 또 루터 반대파들이 올리는 상소문이 그럴듯한 이유를 가지고 있었기에 선제후 프리드리히는 루터에게 보름스로 가서 자신의 의견을 대변하도록 지시하였다. 그의 친구들은 루터가 보름스로 가는 것을 말렸다. 루터가 보름스 제국회의에서 어떤 주장을 해도 받아들여지지 않을 분위기를 그들은 이미 알고 있었기 때문이었다.

보름스에서

1521년 1월 3일에 루터는 「로마 교황의 선언(Decet Romanum Pontificem)」이라는 파문 교서로 파문되었다. 루터는 자신의 개혁과 관련된 주요 서적을 전체 제국에 알렸다.

루터는 1521년 4월 2일에 보름스로 출발했다. 수도승들은 전통적으로 2인조로 여행을 했기에 그는 동료인 페첸슈타이너(Johann Petzensteiner)를 동행했다. 그 외에 암스도르프(Nikolaus von Amsdorff), 수아벤(Peter von Suaven), 요나스(Justus Jonas)도 동행했다. 결국 운명의 장소인 보름스에 루터는 1521년 4월 16일에 도착했다. 1521년 4월 17일에 루터는 카를 5세와 제국회의 앞에 섰다. 독수리 망토를 한 황제의 전령이 그를 안내했다. 당시에 2천 명이나 되는 시민들이 식사시간임에도 그의 숙소 주변에 모여들었다. 다음 날 새벽에 선제후 대의원들, 황제, 제국

귀족, 영주들이 기다리는 곳으로 그는 인도되었으며 심문을 받았다. 보름스 홀에서 심문관인 대주교 에크는 질문을 예리하게 퍼부었고, 루터는 독일어와 라틴어를 적절하게 사용하여 논리적으로 대답했다.

심문과 같은 열띤 토론은 마쳤고, 루터가 이단인가 아닌가를 결정해야만 했다. 루터에 대한 고소문이 낭독된 후에 이단 심판관 6명 중 4명만이 루터가 이단임을 찬성하였다. 팔라티나테의 루트비히와 작센의 프리드리히는 반대하였다. 이때 보름스의 곳곳에 벽보가 나붙었는데 루터를 유죄로 판결하면 농민전쟁이 일어날 것이라는 내용의 벽보였다. 그래서 마인츠의 알브레히트는 황제를 설득하여 루터를 다시 심문해도 좋다는 허락을 받았다.

두 번째 심문 후에 황제는 보름스 칙령의 최종안을 의회에 제출하였는데 초안자는 알렉산더였다. 루터의 7성례 공격은 저주받은 보헤미아 사람들과 동일하다는 혐의였다.

그는 결혼을 더럽히고 고백을 헐뜯었으며 우리 주님의 몸과 피를 부정했다. 그는 성례의 효력을 받는 사람의 믿음에 종속시키고 있다. 그는 이교도처럼 자유의지를 부정하고 있다. 이 마귀는 수도사의 탈을 쓰고 케케묵은 오류들을 구역질나는 한 웅덩이로 모아놓았을 뿐 아니라 새로운 오류들을 고안해놓고 있다. 그는 열쇠의 권세를 부인하며 평신도들에게 성직자들의 피로 손을 씻을 것을 권면하고 있다. 그의 가르침의 방향은 반역, 분열, 전쟁, 살인, 강도질, 방화 그리고 그리스도교권의 붕괴이다. 그는 짐승처럼 살고 있다. 그는 교서를 불사른 자이다. 시간이 지나면 아무도 그를 따스하게 대해서는 안 된다. 그를 따르는 사람들도 마찬가지로 유죄 판결을 받을 것이다. 그의 책들은 인간의 기억에서 말끔히 지워질 것이다.

보름스에서 심문받는 루터

황제는 칙령에 서명하고 의회에 제출했고 보름스 칙령은 통과되었지만, 루터의 지지파와 반대파의 입장이 계속 부딪히고 엇갈렸고, 루터 지지자들은 보름스 칙령이 무효라고 항의하였다. 독일인들은 당시에 있었던 보름스의 루터 심문을 그리스도의 수난이라고까지 생각했다. 심지어 루터의 책들은 십자가에 못 박힌 예수로 비유되었고, 후텐과 카를슈타트는 예수가 십자가에 못 박힐 때 양쪽에 있었던 강도로 비유되기도 했다. 그래서 카를 황제는 본디오 빌라도로 비유되었다.

결국 루터는 제국회의로부터 그의 주장을 철회하라는 요구를 받았다. 하지만 루터는 다음 같은 근거로써 철회하기를 거부했다.

만일 내가 그 문서를 명확한 이성 근거를 통해서 확신하지 않는다면, 나는 교황도 종교회의도 믿지 않을 것이다. 그 문서가 자주 틀리고 모순되었음이 확실하고, 내가 인용한 성서를 통해서 나는 양심을 확인했고 하나님의 말씀에 사로잡혔기 때문이다. 그래서 나는 어떤 것도 철회하지 않을 것이다. 왜냐하면 양심에 반해서 어떤 것이 확실히 행해질 수도 없고 유익할 수도 없기 때문이다. 하나님이 나를 수세기 이래로 황제는 제국의 힘 있는 자들을 불러 모아서 중요한 안건을 결정하였다. 그 회의에 세습군주들이 우선적으로 참석하였는데, 황제는 그들에게서 제국 운영을 위한 조언과 동의를 구하였다. 15세기에 이러한 모임은 점차 힘을 가지게 되었고 형식을 갖추어갔다. 가장 힘있는 선제후들은 이와 별도로 제국회의에서 독자적인 위원회를 구성해서 운영하기도 했다. 이외에도 영주, 공작, 가톨릭 고위성직자들로 구성된 모임이 있었고, 제국의 자유도시들의 위원회도 있었다. 황제와 함께 모인 위원들은 중요한 제국의 문제들을 결정했다. 예를 들어 전쟁과 평화에 대하여, 제국의 영토에 효력 있는 법률 선포 등에 대하여 결정하였는데, 대부분 법령들은 황제의 서명 후에 공식적으로 선포되고 시행되었다.

당시에 그려진 제국회의 그림들을 보면 제국회의가 어떠한 모습이었는지를 알 수 있는데, 맨 위에 머리 둘 달린 제국독수리가 보이고, 그 밑에 황제가 나타나고 날개에는 제국위원들이 차례로 나타나는데, 맨 위에 7명의 선제후가 보이고, 아래에 30명의 영주들이 있고, 50명의 주교와 80명의 최고성직자가 바로 다음에 나타나고, 85개의 자유도시 대표자들 및 140명의 공작과 다른 귀족 가문들이 보인다.

도울 것이다. 아멘

선제후 프리드리히는 귀족들과 이 일에 대해 4월 19일에 재차 논의했다. 귀족들은 생각할 시간을 달라고 했지만, 황제는 자신의 모든 권력을 루터라는 이단자를 보호하는 데 사용할 것이라고 했다. 그는 귀족들도 이렇게 하기를 기대했는데 귀족들은 4월 20일에 중재를 시도하려고 했다. 그래서 루터는 자신이 오류인지 아닌지에 대해 다른 학자들과 대화를 해서 확인해야 했다. 그 결과 황제는 이를 위해 4월 22일에 3일의 시간을 보장했고, 그 후에는 국외추방 명령이 나간다고 했다. 인문주의자 베후스(Hieronymus Vehus, 바덴 후작의 궁내관)와 포이팅어(Conrad Peutinger, 아우구스부르크 시 대표)가 루터와 대화하였으나 중재나 협의점 없이 끝났다.

루터는 선제후 프리드리히가 그를 안전하게 보호할 것이라는 정보를 알고 있었다. 그럼에도 불안했던 루터는 4월 28일에 루카스 크라나흐에게 "나는 나를 감금시켰고 은닉시켰다. 그러나 어디로 가야 할지 모른다."라고 썼다.

루터 일행은 1521년 4월 26일에 보름스를 출발하여 프랑크푸르트암 마인, 프리드베르크, 그륀베르크, 헤어스펠트를 거쳐, 5월 2일에 아이 제나흐에 도착했고 바르트부르크로 갔다.

파문 조서에 따라서 제국 전체에서 루터를 지지하거나 재워주거나 그의 책을 읽거나 인쇄하는 것이 금지되었다. 조서에 따르면 그를 보는 자는 누구나 그를 체포해서 황제에게 데려가야 했다. 이 칙령은 거의 100년 이상 진행되어온 개혁운동을 압박하기 위한 효과적인 수단이었다. 그러나 1521년 5월 23일에 선제후 프리드리히는 루터를 제국으로부터 추방하는 것과 관련하여 카를 5세와 대화를 했고 두 가지 사실을 알게 되었다. 첫째는 작센 선제후령은 어떤 추방 명령에도 해당되지 않는다는 것을 황제가 인정하고 있다는 것이었고, 둘째는 제국 황제가 선제후 프리드리히와 어떤 알력도 원치 않는다는 것이었다.

선제후 프리드리히는 교황청의 루터 살해 계획을 미리 알았고, 그래서 루터를 숨겨두기로 하고 믿을 만한 궁중관리에게 그 일을 전담시켰다. 그래서 납치를 가장하여 루터는 바르트부르크성에 갇히게 되었다. 바르트부르크성은 독일 기사들의 번영과 존엄의 상징이었고 음유시인들과 군주들이 자주 회합을 하였던 곳이었다.

루터는 바르트부르크에서 감옥 같은 생활을 하여야 했고, 그의 정신과 육체는 피폐해져갔다. 그 결과 그는 변비와 불면증으로 고통받았고 생명을 위협을 느끼기까지 했다. 그는 매시간, 매일, 매주 기도만 하면서 지냈으므로 불면증은 더욱 가속화되었다. 하지만 그가 이 바르트부르크성에 갇혀 있는 동안(1522~1523)에 종교개혁은 맹렬하게 시작되었다. 그 결과 모든 교리들의 변화와 제도들의 변화가 동시에 이루어졌다. 즉 그동안 금지되었던 결혼이 신부들, 수도사들, 수녀들 사이에 가능하게 되었다. 루터는「독일 귀족에게 고함」에서 남녀를 결혼 없이 함께 두는 것은 불에 불쏘시개를 가져가서 타지 말라고 하는 것이나 다름없다고 했다. 교회법이 박살난다 해도 결혼은 자유로워야 마땅하다고 생각했다. 그리고 심지어 탁발승이 머리를 길렀고 미사에서 쓰이는 포도주가 평신도에게 허용되었고 평신도들이 성체를 만들기도 했다. 신부들은 사복으로 미사와 성례를 집행했으며 철야기도와 금식기도가 중단되었다. 성찬 때 포도주를 마시고, 빵과 포도주를 손으로 들어 먹고 마시고, 미리 고백하지 않고도 성례에 참석하고, 성례 때 모국어로 진행하고 성가를 마음에 따라 부르게 되었다.

루터는 바르트부르크성에 갇혀 있을 동안에 수염을 텁수룩하게 기르고 다녔다. 이는 그가 자신의 정체를 드러내지 않기 위하여 기사로 변장을 하였기 때문이다. 그래서 루터를 정갈한 수도사로 보는 사람은 하나도 없었다. 아무도 그가 전에 수도사였다고 생각하지 못했고, 그는 융커 외르크(Junker Jörg)로 개명했다. 루터는 바르트부르크성을 '밧모섬' 혹은 '광야'라고 했다.

이런 감옥 생활에서 그에게 안식처는 그의 독방이었다. 지금도 '루터의 방(Lutherstube)'이라고 보존되어 있는데 그곳에서 그는 라틴어로 된 성경을 독일어로 번역하였다. 그 당시에 구약은 히브리어로, 신약은 그리스어로 쓰여져 있던 것을 라틴어로 번역하여 라틴어 성경을 신학자와 지식층들이 일반적으로 읽고 있었다. 그래서 민중어로 말하는 평신도들은 전혀 성경을 읽지 못하고 그저 사제가 말하는 것을 믿고 따르기만 하였다. 루터는 바로 이 라틴어 성경을 민중을 위해, 민중의 신앙 생활을 위해 모국어인 독일어로 번역하고자 하였다. 당시에도 여러 방언으로 된 독일어 성서 번역이 있었지만 독일어는 각 지방으로 나누어진 방언 때문에 지금과 같은 통일된 어휘와 문법이 없었다. 그래서 상이한 지방의 방언으로 의사소통하는 것이 힘들었다. 한편으로는 독일의 민중 신앙 생활을 위해서, 다른 한편으로는 민족적인 통일과 민족의식을 고양하기 위해서 루터는 대중적인 언어이면서도 품위가 있는 말들을 골라 성경을 번역하기 시작하였다. 그는 가정에서 어머니가 사용하는 대중적인 어휘와 말 그리고 뒷골목에서 아이들이 사용하고 시장에서 상인들이 사용하는 말을 골랐다. 그리스어 원본으로부터 4개월이라는 아주 짧은 기간에 가장 훌륭한 독일어 신약성경을 번역해내었다. 이 성경은 나중에 독일 통일과 독일어 형성에 매우 중요한 역할을 하게 되었다. 그래서 괴테는 후에 "독일인은 루터를 통해서야 비로소 한 국민이 되었다!"라고 말하기도 했다.[10]

이러한 일들과 함께 영적으로도 그는 너무나 성장하였고 하나님의 인도하심을 직접 체험하게 되었다. 그의 「마리아 찬가 강해」와 「수도원 서약에 대하여」 등을 읽어보면 하나님을 향한 엄청난 간구와 로마 가톨릭 교회와 교황에 대한 비판적이며 결연하고도 확고한 자세를 잘 읽을 수 있다. 이 기간이 그에게는 종교개혁과 루터교의 바탕을 이루는 준비 기간이었다.

---

10 최초의 독일어 신구약 성경전서는 1534년 9월에 비텐베르크에서 출판되었다.

비텐베르크에서

루터는 1522년부터 1524년까지 비텐베르크시 교회에서 설교자로 설교했다. 1522년 3월 9일부터 그는 8일간 시리즈 설교를 했는데, 메세와 고해성사 폐지, 신부 결혼, 성화들의 제거, 단식 등에 대해 설교했다. 또한 루터는 성체 축일에 성찬식을 더 이상 하지 않았다. 이러한 활동을 바탕으로 1522년 3월에 그의 기도서가 출간되었는데 커다란 성과를 이루었다. 그 책에는 십계명 해설, 신앙고백, 주기도문 등이 담겨 있었다.

선제후 프리드리히는 농민전쟁 중간에 죽었지만 그의 후계자 베슈텐디게(Johann der Beständige)는 개혁에 긍정적이었다(베슈텐디게의 초상화를 1526년에 크라나흐가 그렸다). 선제후 프리드리히는 로마와의 갈등을 피하기 위해 루터와 직접 소통하는 일은 거의 없었고 슈팔라틴을 통해서만 진행되었고, 루터를 보호하는 일에 집중하다 보니 개혁의 실현이 그렇게 빠르게 진행되지 못했지만, 그의 후계자 체제에서는 달랐다. 베슈텐디게는 루터와 직접 교류했고 그를 수차례 만났다. 그래서 그가 재임한 7년 동안에 정부는 새로운 교회질서를 제대로 구성할 수 있었다.

아우크스부르크에서

1530년에 아우크스부르크에서 열린 제국회의에서 황제는 터키로부터 제국을 방어하기 위해 모든 군사력을 모아야 했다. 그러기 위해서 그는 제국 내에서 신앙적 분열을 최소화해야 했다. 이미 1529년에 터키는 빈을 점령해버렸다. 그래서 당시의 선제후 베슈텐디게는 그의 식솔들과 아우크스부르크로 도피했다. 루터, 멜란히톤 그리고 다른 신학자들도 선제후 일행과 함께 코부르크까지 동행했다. 1530년 4월 23일부터 10월 4일까지 루터는 그곳에서 머물렀다. 당시에 루터가 체류한다는 사실은 모두에게 알려졌고, 수많은 방문객들이 그를 찾아왔다. 루터는 여러 가지 논문, 수필, 일기 등의 글들을 그곳에서 작성하였다.

그리고 루터는 멜란히톤과 간접적인 소통을 통해서만 제국회의에 참석할 수 있었다. 헤센의 필리프는 전쟁이 일어나면 스위스와 슈트라스부르크와 함께 연대할 가능성이 있었기에 멜란히톤은 구교 측(특히 마인츠의 알브레히트)과 황제 사이를 중재하려고 시도했다. 그래서 구교 측이 신교에 신부의 결혼, 개신교 예배를 허용한다면, 신교도 구교에게 주교권을 복권시켜주겠다고 했다. 멜란히톤에 의해 제안된 아우크스부르크 신·구교 사이의 화해를 위한 제안은 선제후의 고위성직자 브뤼크(Gregor Brück)의 서문을 통해서 루터교 영주와 귀족들의 동의를 받아낼 수 있었다. 1530년 6월 25일에 드디어 작센의 고위 성직자 바이어(Christian Beyer)를 통해 제국회의 앞에서 화해의 조항들이 낭독되었다. 하지만 루터는 이 조항들에 동의했지만 연옥은 인정하지 않았으며, 교황 수위권의 복권에 대해서는 부정적이었다.

멜란히톤과 개혁자 마르틴 부처(Martin Bucer)는 카셀에서 1534년 12월에 성체 이론과 관련하여 예수의 몸은 근본적으로 빵으로 수용되어야 한다는 데에 일치를 보았다. 1535년 루터는 이 안에 대해 원칙적인 동의를 표현했지만, 당시에 개혁적인 북부 독일 도시들의 동의를 구하기 위해 주저하고 있었다. 그래서 그는 신조서를 작성하기 위해 작센의 한 도시에서 이에 대한 회의를 제안했고 선제후 요한 프리드리히는 그를 아이제나흐로 초대했다. 하지만 루터에게 1536년 4월부터 6월까지 급성 요로결석이 발병하여 회의를 위한 만남은 생각보다 짧게(1536년 5월 21일~28일), 그리고 장소를 변경하여 비텐베르크에 있는 루터의 집에서 열렸다.

이후에도 루터는 계속해서 프로테스탄트들이 만토바에서 종교회의를 해야 한다고 했지만 슈말칼덴 연방 귀족들은 이를 거부했다. 이것은 제대로 된 기독교 종교회의가 아니기 때문이라고 그들은 생각했기 때문이었다.

구교와 신교의 이러한 의견의 불일치는 결국 카를 5세의 종교통일이라는 미명하에 전쟁으로 치닫게 되었다. 카를 5세의 황제군은 종교통일을 반대하는 프로테스탄트파인 요한 프리드리히 1세의 북부 슈말칼덴 동맹군을 토벌하는 전쟁을 하였다. 결국 황제군이 전투에서 승리하였고, 프로테스탄트의 슈말칼덴 동맹군은 패퇴하였고, 주요 개혁자들은 영국으로 도망쳤다. 그리고 1555년에 아우크스부르크 평화협정은 선포되었고, 그 결과 각 지방의 통치자는 가톨릭과 루터교 중 하나를 선택할 수 있게 되었다.

하지만 슈말칼덴 조약은 많은 충돌 소지를 가지고 있어서 신학적인 기본 원리로 사용되지는 않고 있다. 예를 들면 멜란히톤은 교황의 수위권과 주교들의 판결권이 수정·보완되어야 한다고 주장했다.

아이스레벤에서

멜란히톤이 아우크스부르크 회의에서 루터교의 주장을 관철시키기 위해 노력하는 동안에 루터는 요로결석으로 고통스러워했다. 의사의 잘못으로 루터는 쓰러졌고 사람들은 그의 죽음을 예상했다. 루터는 고향인 아이제나흐에서 죽기를 원했다. 그래서 가족들은 루터를 마차에 싣고서 아이제나흐로 향하게 되었는데, 마차의 흔들림으로 인해 루터의 요로결석이 완화되었다. 병이 완화되자 그는 5월 14일에 다시 비텐베르크로 가서 오랫동안 요로결석을 치료했다. 의학이 발달하지 않았고 의사의 도움을 거의 받을 수 없었던 당시에는 사람들이 거의 다 서너 개의 지병을 가지고 살았다. 루터도 역시 여러 가지 병을 가지고 있었는데, 이미 신학교 때 불면증은 시작되었으며, 불면증의 극치는 1521년에 생겨난 지나친 신경성이었는데, 이로 인해 그는 심한 고통을 받았다. 1525년 이후부터는 요로결석증으로 고생하였고 1537년 이 병은 그를 거의 죽음에 이르게 하였다. 그리고 만성 중이염도 그에게는 익숙한 병이었다. 그를 결국 사망에 이르게 한 협심증도 언제나 그를 괴롭혔다. 이 병은 그가 끊임없이 개혁하려는 도전에서 생겨난 결과였다.

이러한 수많은 지병을 가지고 있으면서도 루터는 논쟁에서부터 자유롭지 못하였다. 그를 죽음으로 몰고 간 것도 결국은 만스펠트 백작의 소송 문제였다. 루터는 이 사건을 중재하려고 아이스레벤으로 갔다. 하지만 그는 1546년 2월 18일에 취침 중에 통증을 참지 못하고 일어났다가 죽음을 예견했다. 그래서 그의 부인, 여종, 서기, 두 명의 도시 의사, 공작 알브레히트가 임종을 지키려고 황급히 루터의 침실로 왔다. 결국 루터는 그날 새벽 3시에 영면하였다. 그가 죽고 난 뒤 시신은 2월 20일에 수많은 조문객들의 대열 속에서 비텐베르크로 옮겨져, 2월 22일에 비텐베르크 성교회에 안치되었다.

루터가 죽은 집에는 그가 당시에 사용하던 르네상스식 책상과 의자, 죽을 때 누워 있던 침대도 그대로 보존되어 있다. 그가 사용했던 작은 침대에는 그가 죽기 전에 광활한 세상과 신의 세계를 향하여 기록한 작은 쪽지가 있다. "백 년을 예언자들과 함께 공동체를 이끌지 않았다면 누구도 성경의 저자들을 이해하였다고 생각하여서는 안 된다. 우리들은 정말로 거지들이다."

루터가 마지막으로 죽음을 맞이한 곳은 그가 태어난 생가인데, 그 생가는 3층으로 이루어져 있다. 그의 부모가 당시에 중산층보다 낮은 생활을 하는 계층이었기에, 어린 시절 루터의 성장환경이나 교육환경은 보잘것없었다. 독일 북부 소도시의 열악한 가정에서 태어난 루터가 세계의 인구 중 10명 중 2명이 알고 있는 기독교를 개혁하였다. 이는 루터가 자신의 열악한 환경에 굴복하지 않았고, 굳건하고 올바른 마음을 가졌기 때문이며, 더 나가서 훌륭한 스승의 가르침을 따라 비판정신을 고양한 덕분이라고 생각할 수 있다.

농민전쟁에 대하여

독일 땅에서 1524년~1525년까지 농민전쟁(Deutscher Bauernkrieg)이 일어났다. 이 전쟁은 경제적인 근거와 종교적인 이유를 동시에 가지고 시작되었다. 도시에서도 가난한 계층들은 세습귀족과 성직자들에 저항하는 운동을 했다. 농민들은 12개 조항을 요구했다. 그러면서 그들은 하나님의 권리와 루터의 '오직 성서만으로'라는 원리를 근거로 말했다. 하지만 루터는 농민들이 요구하는 12개 조항이 자신의 성서에 대한 입장과 차이가 있다고 생각했다. 그래서 루터는 농민들과 거리를 두었다.

농민들은 농민전쟁이 일어난 것보다 오래전에 귀족과 정부에 대해서 반감이 커가고 있었다. 이는 십자군 원정 이후에 여러 지역에서 물물교환 대신에 화폐교환이 성행하면서 귀금속의 가치가 올라 농민들은 디플레이션에 시달렸기 때문이었다. 더욱이 농민들은 여러 종류의 세금들을 내야 했는데, 이를 위해 그들은 소유를 팔고 소작인으로, 다시 농노로 전락하였다. 그래서 농민들은 부과금의 감면, 지역 관습법의 복귀 등을 주장했다. 결국 알자스 지방에서 이러한 불만이 하나의 운동으로 나타났다. 1525년 '분트슈(Bundschuh, 농민봉기동맹)'가 결성되었는데, 이들은 경제보다는 정치개혁에 목적을 두었다. 그리고 농민전쟁을 일으키고 이곳저곳을 약탈하였다. 농민들은 12개 항목의 주장을 선언했다.

- 교인에게 목사를 임명할 권리가 있어야 한다.
- 목사는 거룩한 복음만 전하고 인간적인 것을 덧붙이지 말아야 한다.
- 목사는 교인들의 십일조로 검소하게 살아야 한다.
- 가축의 십일조는 철폐되어야 한다.
- 농부는 자유롭게 사냥하고 고기를 잡고, 토지를 사냥터로 사용되지 못하게 해야 한다.

- 농부는 나무를 땔감이나 건축용으로 벨 수 있어야 한다.
- 임대료는 소출에 맞게 조정되어야 한다.
- 농노제도는 폐지되어야 한다.
- 토지는 명시된 조건에 따라 임대되어야 한다.
- 영주가 계약 이상의 노동을 강제로 요구하면 임금을 주어야 한다.

이러한 요구사항을 관철시킬 때까지 농민들은 전쟁을 일으키고 약탈하여 수도원에 달걀 하나 남을 때까지 약탈을 감행하여 튀링기아 지방에서는 70개의 수도원이, 프랑코니아에서는 270개의 성과 52개의 수도원이 파괴되었다.

이러한 혼란을 수습할 유일한 사람은 루터였으나 그는 사양하였다. 이 농민들이 혁명을 생각하며 수용한 사상은 루터의 종교개혁 사상이었기 때문에 구교에서는 이러한 대혼란의 책임을 루터에게 뒤집어 씌웠다. 당시에 농민들은 루터의 이러한 이론과 "모든 사람은 평등하다"는 토마스 뮌처의 이론에 경도되어 있었다. 그러는 사이에 농민운동의 책임이 루터에게 전가되면서 구교에서도 성도이건 수도사이건 루터를 반대했다. 루터는 1524년 5월 6일에 비텐베르크로 돌아온 후에 바로 「살인적이고 강도 같은 농민집단에 대항하여(Wider die Mordischen und Reuberischen Rotten der Bawren)」라는 글을 썼다. 거기서 그는 농민 봉기자들을 악마라고 욕했고, 모든 영주들에게 모든 힘을 다해서 농민들을 개를 죽이듯 공개적으로 그리고 비밀리에 찌르고 교살하고 제압하라고 했다.

이 와중에 작센 지방의 토마스 뮌처는 '농민연대'에 가입하여 농민전쟁을 확대시켰다. 그는 불경한 사람을 죽이고 성도들의 왕국을 건설

해야 한다고 설파했다. 뮌처는 제후들이 고리대금으로 백성들의 피를 빨고 있으며 개천의 물고기, 공중의 새, 풀밭의 풀을 이용해 이윤을 취한다고 비난했다. 루터는 폭력 사용을 반대했지만 뮌처는 칼을 사용해야 한다고 주장하여 루터까지 비난했다. 루터는 이러한 폭력 사태를 막아보려고 농민들 틈으로 들어갔으나 그들은 루터에게 조롱과 폭력으로 맞섰다. 뮌처는 뮐하우젠의 악마라고 불렸으며 "강도,

농민전쟁에 반대하는 루터의 논문 표지

살인, 유혈선동의 앞잡이"였다. 제후들은 휴전을 청했지만 농민들은 반대했다.

제후들과 농민들은 1525년 5월 15일에 프랑켄하우젠 부근에서 진을 치고 대결하였다. 제후들은 '뮌처를 내놓으면 다 살려준다'고 유혹했다. 이 제안에 구미가 당겼지만 뮌처는 "겁낼 것 없습니다. 다윗은 골리앗을 쳐 죽였습니다. 기드온은 몇 사람만으로 미디안 군대를 격파했습니다."라고 설득했다. 그때 무지개가 하늘에 나타나고 하나의 징조로 해석되면서 농민들은 휴전을 하고 있는 사이 제후군대가 습격하여 500명을 포로로 잡고 5,000명을 도살하였다. 뮌처는 도망가다가 붙잡혀 고문을 받고 목이 잘렸다.

루터는 농민전쟁이 진압된 후에 설교나 사석에서 뮌처와 그의 신학

적인 적들과 관련해서 "나는 뮌처를 죽였다. 그 죽음이 내 목에 있다. 그러나 나는 그가 나의 그리스도를 죽이려 했기에 그 일을 행했다."라고 말했다.

결혼제도에 대하여

루터는 모든 것을 다 개혁하지는 못했지만, 수도사들의 결혼을 허용하여 많은 수도사들이 수녀들과 결혼을 할 수 있게 했다. 루터는 10명의 마지막 남은 수녀들을 결혼시키고자 여러 곳을 다니며 중매하여 결국 7명을 결혼시켰다. 나머지 3명과는 상당한 기간 동안 같이 있다가 두 명마저도 결혼시켰지만 마지막 남은 26세 된 노처녀 카타리나 폰 보라는 결혼시키지 못했다. 카타리나는 다른 마음이 있었는데, 루터나 암즈도르프 중 한 사람하고만 결혼하겠다고 고집을 피웠다. 그래서 결국 1525년 6월 10일에 루터는 카타리나와 약혼식을 올렸고, 농민전쟁이 거의 끝나가는 1525년 6월 13일에 그녀와 결혼하였다. 이들의 결혼은 전형적인 개신교 가정생활의 모형을 오늘날까지도 전해주고 있다.

이들은 결혼을 하고 나서 경제적인 문제로 어려움을 겪었다. 왜냐하면 루터는 수입이 전혀 없는 생활을 했음에도, 지출은 억만장자처럼 했기 때문이었다. 그래서 카타리나가 가정을 이끌기 위해 경제적인 활동을 했는데 여러 종류의 야채를 직접 길러서 수확했고 과수원에 사과, 포도, 복숭아를 재배했고 물고기를 연못에 길렀으며 닭, 오리, 돼지를 길러 도살까지 했다. 루터는 통풍, 불면, 감기, 치질, 변비, 결석, 현기증, 귀울림 등의 지병으로 노동을 하기에는 너무나 몸 상태가 좋지 않았기 때문이었다. 카타리나는 마치 약사나 의사처럼 약초 달이기, 찜질, 마사지 등으로 허약한 루터를 보호하고 치료하였다.

루터는 가부장적 결혼관을 지녔는데, 남자는 가정의 우두머리이고 여자는 남자를 사랑하고 존경해야 한다고 그는 생각했다. 남자는 여자를 부드럽게 다루어야 하지만 다스려야 한다는 생각을 했다. 그는 자녀를 키우는 데에서도 엄격했다. 때로는 자녀를 4일 동안이나 용서하지 않은 적도 있었고, 엄격하게 자녀를 교육시키기 위해 자녀 옆에 항상 회초리를 두었다. 그는 결혼을 학교로 묘사하기도 했다. 즉 교회가 덕을 훈련하는 장소이고, 하늘로 가는 가장 확실한 길은 수도원인데 이들을 다 포함하는 곳이 결혼생활이라고 그는 생각했다.

번역을 통하여

루터는 우리에게 종교개혁가로 알려졌지만 번역가로도 매우 유명하다. 루터는 일단 『신약성서』를 독일어로 번역하여 오늘날 사용되는 표준 독일어의 근간을 세웠다. 그는 놀라운 집중력으로 그리스어 『신약성서』를 11주 만에 독일어로 번역해내었다. 이 독일어 성서는, 당시에 베스트셀러 제도가 없었지만 베스트셀러처럼 날개 돋친 듯이 팔려 나갔다. 그의 독일어 성경이 독일어가 사용되는 땅에서 최초로 번역된 것은 아니었지만, 루터의 인기에 힘입어 전국적으로 팔려 나갔다.

당시에 성직자나 지식인들은 주로 라틴어를 즐겨 사용했고 독일 땅에서 평민들은 여러 가지 독일어 방언을 사용하고 있어서 성직자·지식인 계층과 평민 계층 사이의 공백이 매우 컸다. 그런데 루터는 성서를 번역할 때 독일인들의 입에서 나오는 말로 번역을 하여 평민들이 읽기 쉽도록 하였다. 그는 집에서 아이가 엄마에게 하는 말, 어린이들이 골목길에서 하는 말, 시장에서 상인들이 하는 말을 수집하여 성서를 독일어로 번역하였다. 그리고 독일어 문장으로 만들어낼 때 여러 번 심사숙고하여 그 문장이 이해될 때까지 다듬어 온전한 문장이 되도록 노력했다.

루터의 『신약성서』는 1522년에 라이프치히 부흐메세(도서 박람회)에 등장했고, 초판은 3,000부가 인쇄되었으며 한 권에 0.5~1.5굴덴으로 팔렸다. 당시에 루터 성서 가격이 싼 것도 아니었는데 3개월 만에 루터 성경은 매진되었고, 12월에 다시 인쇄를 해야 했다. 그래서 루터 『신약성서』는 초판을 '9월 성경'으로 표시했고, 2판을 '12월 성경'으로 표시하였다.

루터가 성서 번역을 하게 된 동기는 종교개혁의 서막이 된 1517년의 95개 조항이었다. 95개 조항에서 루터는 면죄부의 문제와 교황의 월권적 행위들을 신랄하게 비판하였기에 교황청의 박해를 받기 시작했다. 95개 조항을 비텐베르크 성당 앞에 게시한 지 3개월 만에 그는 이단으로 판정되었다. 그래서 루터는 교황청으로부터 최후통첩을 받고 보름스의 제국회의에 소환되었다. 거기서 그는 95개 조항과 관련된 의사를 철회할 것을 요청받았다. 하지만 그는 자신의 95개 조항을 철회할 생각이 없다고 하자 카를 5세는 보름스 칙령을 선포하고 그를 '포겔프라이(vogelfrei)'로 선언하는데, 이 낱말은 법률의 보호를 받지 않는 자라는 의미이며, 그래서 아무나 그를 가두거나 죽여도 된다는 의미까지도 포함하고 있었다. 아무도 보호해주지 않는 신분이 된 루터는 융커

바르트부르크성의
루터의 방

외르크로 변장하고 바르트부르크성으로 도피하여서 작센주의 선제후 프리드리히의 비호 아래 10개월 동안 숨어 지내면서 『신약성서』를 번역할 수 있었다.

바르트부르크성은 독일의 북부 튀링겐주의 높은 구릉에 위치해 있고, 수많은 관광객들이 방문하는 곳이다. 그곳에 가면 루터가 주로 지내던 '루터의 방'이 보존되어 있고 책상과 의자가 보인다. 이 '루터의 방'은 나무 벽으로 되어 있는데, 전설에 의하면 어느 날 루터가 번역을 하는데 악마가 그의 방을 방문하여 그가 악마에게 잉크병을 던졌다고 한다. 그래서 그 방의 한켠에 있는 난로 옆의 벽에 잉크 자국이 있다. 그 잉크 자국이 정말로 루터의 시대부터 있었던 것인지는 의심스럽기는 하지만 그 잉크 자국을 보존하기 위해 매년 새로이 덧칠된다고 한다.

루터는 성서를 독일어로 번역할 때 그리스어 성경을 사용하였으며,

에라스무스의 라틴어 번역을 참고하였다. 그는 신약을 번역한 후에 다시 구약 번역에 착수했다. 그때에는 많은 동역자들이 그를 도와야 했다. 고대 히브리어와 아람어를 번역하는 것은 루터 혼자 수행할 수 없었는데, 그는 라틴어나 그리스어는 잘 구사했지만 아람어나 고대 히브리어는 잘 구사하지 못했기 때문이다. 주로 그의 동료 멜란히톤(비텐비르크대학의 고전 그리스어 교수) 그리고 아우로갈루스(Matthäus Aurogallus, 비텐베르크대학 히브리어 교수)였다.

이 장대한 『구약성서』 번역 후에 그는 그에 대한 유명한 저서 『번역에 대한 공개서한(Sendbrief vom Dolmetschen)』을 1530년에 썼다. 그는 이 『번역에 대한 공개서한』에서 성서 번역에 관련된 여러 가지 에피소드와 자세한 번역 내용들을 기술하고 있는데, 예를 들어 'allein'을 왜 그렇게 사용해야 했는가에 대해 자세하게 설명했다. 즉 『신약성서』 로마서 3장 28절에 "allein durch den Glauben(오직 믿음으로만)"이라는 부분이 있는데 그에 의하면 'allein(오직, 단지)'에 해당하는 말이 그리스어나 라틴어에는 없었다고 한다. 그러나 그는 이 'allein'이라는 낱말이 독일어에서는 필수적이었고 사도 바울의 신학을 연구해도 'allein(오직, 단지)'이라는 낱말이 꼭 그 부분에 들어가야 했다고 고백한다. 그래서 그는 "나는 「로마서」 3장을 보면 라틴어와 그리스어 텍스트에 'solum'이라는 낱말이 없음을 알았다. 교황 신봉자들은 나에게 그런 것을 가르칠 필요가 없었을 것이다. 사실, 이 4개의 글자 'sola'는 그 라틴어 성서 안에 없다. 당나귀머리(멍청이)가 응시하는 이 글자는 마치 젖소들이 새로운 문을 응시하는 것과 같이 의미 없었을 것이다. 그래서 그 텍스트의 의미가 'sola'라는 말 안에 있음을 그들은 알지 못했을 것이다라고 생각했다. 사람들이 명확하고 강력하게 성서를 독일어화하고자 한다면 그 낱말의 삽입은 더 확실해질 것이다. 이것이 독일어의 방식인데, 예를 들어 하나는 수용하고 다른 하나는 거부하는 두 가지 물건에 대해 말한다고 한다면, 사람들은 'nicht'나 'kein'과 함께 'solum(allein)'이 필요하다. 예를 들어 독일인들은 평상시에 "Der Bauer bringt allein Korn und kein Geld(농부는 단지 곡식만을 가져오고 돈을 가져오는 것이 아니다)"라고 말한다. 이때 의미를 자세히 본다면 농부는 돈이 아니라 단지 곡식만을 가지고 있는 것이다. 이와 유사한 문장들을 우리는 생각해볼 수 있는데, 다음 문장 "Ich hab allein gegessen und noch nicht getrunken"과 "Hast du allein geschrieben und nicht gelesen?"이 그렇다. 이러한 유사한 표현들이 독일의 일상에는 수없이 많다. (…) 우리는 라틴어의 글자가 독일어로 어떻게 말하는지, 이러한 당나귀가 그것을 어떻게 행하는지가 아니라, 집에서 엄마에게, 길거리의 어린이들에게, 시장에 있는 보통 사람들에게 그것에 대해 물어야 하고, 입에서 그런 것들이 어떻게 말해지나를 보고, 그리고 나서 번역해야 한다. 그래서 그들은 그것을 이해하고 사람들이 그들과 독일어로 말하는 것을 인지할 것이다."라고 고백했다.[11]

이처럼 그는 번역을 할 때 낱말 대 낱말로 번역을 하거나 상호문화를 고려하지 않는 무미건조한 번역을 하지 않았다. 그는 『번역에 대한 공개서한』에서 "나는 번역에서 순수하고 명확한 독일어를 제공하려고 노력했다. 그리고 우리는 한 낱말을 찾기 위해 2주 혹은 3~4주를 소비

---

11 『Sendbrief vom Dolmetschen』 Weimarer Ausgabe 30/2, pp.632~646을 참조.

하기도 했지만 그럼에도 찾지 못한 적이 많았다. 「욥기」의 경우, 멜란히톤, 아우로갈루스 그리고 나는 4일 동안 거의 세 줄도 번역할 수 없을 정도로 고생했다. 여러분, 이제 성서가 독일어화되었고 널리 알려졌기에 누구나 그것을 읽을 수 있고 교육할 수 있게 되었다."라고 고백하고 있다.

루터에게 좋은 독일어를 말하는 것이 중요했고 낯선 언어 형식 대신에 자연스러운 독일어 표현을 성서 번역에서 사용했다. 왜냐하면 모든 언어와 문화에는 자신만의 고유한 형식이 있는데, 이를 다른 언어로 옮길 때 단순히 낱말로 번역될 수 없다. 그래서 단지 어휘를 알고 낱말 대 낱말로 번역하는 것은 번역이 아니다. 텍스트를 번역하려는 자는 원전 언어를 구사하고 그 원래 의미를 이해하고 나서 번역될 해당 낱말이 어떻게 말해지는지를 고려해야 하고, 또 번역될 언어에서 그 의미를 적합하게 표현하는 가능성을 찾아야 한다. 성서 번역가로서 루터는 독일어가 매우 다양한 어휘와 풍부한 표현력을 가지고 있음을 찾았으며, 그것을 성서 번역으로 증명해내었다.

루터는 성서 텍스트를 항상 의미를 우선으로 번역하였다. 그러나 낱말 하나하나에 신경을 쓰면서 필요할 때는 전문가로부터 정확한 표현을 배웠는데, 예를 들어 어떤 동물의 개별적인 부위를 나타내거나 명명하는 것을 어떻게 해야 하는지 구체적으로 배웠다. 그의 성서 번역이 매우 우수하다는 것은 다음의 번역을 비교해보면 매우 명확해진다. 루터 이전에 멘테린이 독일어로 시편을 이미 번역하였는데 다음에서 같은 대목을 비교해보자.

Der Herr, der richt' mich,

und mir gebrast (= mangelt) nicht,

und an der Statt der Weide

da setzt er mich.

Er führte mich ob dem Wasser

der Wiederbringung,

er bekehrt' mein Seel.

Er führt mich aus auf die Steig

der Gerechtigkeit

um seinen Namen.

—1466년 멘테린이 라틴어로부터 번역한 부분

Der Herr ist mein Hirte,

mir wird nichts mangeln.

Er weidet mich auf einer grünen Auen

und führet mich zum frischen Wasser.

Er erquicket meine Seele,

er führet mich auf rechter Straße

um seines Namens willen.

—1531년 루터 버전

루터의 성서 번역은 외국에도 많은 영향을 주었는데, 예를 들어 윌리엄 틴들(William Tyndale)은 루터의 동시대인으로 루터의 영향을 받아서 성서를 영어로 번역했다. 그가 성서 번역을 할 때 영국교회가 그를 방해했기에, 그는 1524년에 독일로 도피해 갔고 런던 출신의 선량한 사업가에게 재정 지원을 받게 되었다. 그는 루터와 에라스무스의 작품들을 참고하여 1525년 『신약성서』를 영어로 완전히 번역하였고, 그의 영어 성경은 쾰른에서 출간되었다. 영국에서는 성서 번역을 불허하였기에 1526년에야 틴들의 영어 성경은 밀수 형식으로 영국으로 반입되었다.

그 후 틴들은 역시 『구약성서』를 번역했는데 완성되기 전에 안트베르펜에서 체포되었고 1536년 이단자로 처형되었다. 틴들 성서도 루터 성서처럼 평범한 사람들과 지식인들 모두 잘 이해할 수 있는 번역으로 평가되고 있다. 그래서 이 번역은 400년 후까지 영어 번역의 모형이 되었다.

루터의 성서 번역은 종교, 사회, 언어, 문화의 모든 측면이 독일에서 매우 중요하다. 이 루터의 번역은 최초가 아니었고, 최후도 아닐 것이다. 왜냐하면 2017년에, 즉 루터 개혁 500주년 때에 비로소 성서협회(Bibelgesellschaft)에 의해 루터 성서의 개정판이 나왔기 때문이다. 고대 그리스어 텍스트의 부분이 아닌 — 루터와 그의 동료들이 추가한 — 반유대주의적 소제목들은 수정되었고, 언어적으로 오늘날 말해지는 독일어에 가까운 표현과 어휘로 많이 대체되었다. 이 새로운 루터 성서는 초판 26만 권(14쇄)을 찍었고, 그 후에 24만 권이 추가로 인쇄되었다.

음악에 대하여

루터는 1498년부터 1501년까지 아이제나흐에서 보낸 어린 시절부터 음악에 친화적이어서 합창단에서 노래를 불렀다. 그가 에어푸르트와 가까운 곳에서 1503년 4월에 허벅지 부상을 당해 누워 있을 때도 음악 연습은 그에게 위안이 되었다. 이때 그는 악보 쓰기, 음정 내기, 노래를 악기로 변환하기 등을 배웠으며 작곡하는 것도 배웠다. 1511~1512년까지 로마 여행 동안에는 교회음악도 배웠다. 루터는 영혼을 치유하는 데 신학만큼 음악도 중요한 역할을 한다고 했다. 그리고 그는 음악을 학교와 대학의 필수 과목으로 보았으며, 모든 선생은 노래할 수 있어야 했고 목사도 또한 음악에서 능력을 보여야 한다고 주장했다.

루터는 많은 곡을 번역하고 변조하고 새로운 곡과 가사를 만들었다. 그는 전통적인 라틴 그레고리안 찬양곡을 번역했고 필요하면 독일어에 맞게 멜로디를 변조했다. 또한 그는 민요, 크리스마스곡, 교회곡, 학생곡을 사용했고 그것들을 조금 바꾸었다. 세계적으로 인기 있는 곡들도 새로운 텍스트를 넣어서 성가로 만들었다. 그래서 그에 의해 작곡된 36개의 곡이 현재 전해지고 있다. 루터는 20곡 이상의 찬양곡을 직접 작곡하기도 했다.

루터 관련 그림들

루터는 독일 역사에서 가장 자주 그려진 인물에 속한다. 루터가 살아 있을 때 크라나흐가 루터 관련 그림을 약 500장 그렸고, 그중에서 306장이 그의 초상화이다. 루터의 학설을 추종했던 알브레히트 뒤러도 루터의 초상화를 그렸다. 여러 화가들이 루터를 그릴 때 수도승, 신학자, 융커 외르크, 보라의 남편, 설교자, 교수 등으로 그렸다.

크라나흐에 의해 특징 지어진 이런 루터의 인상은 세기가 흐를수록

복사를 넘어서 해석되기도 했다. 예술가들은 루터를 새로이 창조해내었다. 예를 들어 그륀들러(Gottfried August Gründler, 1710~1775)는 루터를 경건주의자로 그렸고, 프라이슬러(Johann Martin Preissler, 1715~1794)는 그를 계몽주의자로 그렸으며, 그림(Emil Ludwig Grimm, 1790~1863)은 낭만주의 천재로 묘사했고, 바우어(Karl Bauer, 1868~1942)는 환상가로 그렸고, 쿠어셀(Otto von Kursell, 1884~1967)은 민족사회주의자(Nationalsozialist)로 그렸으며, 동독 시절의 그림들에서 루터는 공산당을 이끄는 지도자로 나타났다.

기념물과 박물관

종교개혁 450주년에 루터의 초상화가 1967년에 우표로 동독 우체국에서 발행되었으며, 루터 탄생 500주년 기념으로 1983년에 동독에서 특별 우표를, 서독에서 은 주화를 발행했다. 1982년에 동독 우체국에서 우표를, 1983년에 서독 우체국에서 우표를 발행했다. 그리고 많은 교회 건물은 루터교회라고 불리고 있으며, 예나에 성 미카엘 교회에 1571년부터 그의 묘석이 서 있다. 독일의 개신교회는 루터가 그의 95개 조항을 편지로 보낸 날인 10월 31일을 종교개혁의 날로 기념한다. 또한 개신교 달력은 2월 18일을 마르틴 루터의 기념일로 지낸다.

　루터는 이상주의자로서의 개혁자였다. 그래서 그는 목적의식을 가지고 행동하였고, 현실의 불합리성에 대하여 분노와 적개심을 표출하였다. 그가 이루고자 한 것은 로마 교황청과 교황의 권위의 타파였고 성서의 올바른 가르침이었다. 그래서 그는 이를 위하여 자신의 일에 극도로 충실했지만, 방해하는 적대자들이 그의 일을 언제나 방해했다. 교황, 구교 세력, 알브레히트 주교 등은 자신들의 권위와 이권을 보존하기 위해 루터에게 무한한 위해를 가했다. 하지만 그를 도와주는 조력자들이 있어서 결국 시련을 이겨낼 수 있었다. 그는 신학교 시절에 그의 스승 슈타우피츠에게 가르침을 받았고, 언제나 그에게 조언을 구했다. 그리고 동역자이자 조력자로서의 멜란히톤은 학문적으로 성서 이론의 정립과 교황청과의 논쟁에서, 그리고 실무적으로 성서 번역에서 루터를 적극적으로 도와주었다. 하지만 정치적으로 그를 가장 많이 도와준 사람은 작센주의 선제후 프리드리히이다. 그는 루터를 교황과 로마 가톨릭으로부터 보호했으며 루터가 안전하게 지낼 수 있도록 여러 가지 배려를 해주었다.

　결국, 루터는 여러 기관과 사람들의 방해에도 불구하고 그를 적극적으로 도와주는 사람들의 도움으로 시련을 이겨내고 자신이 원하는 로마로부터 종교의 독립을 이룰 수 있었다.

참고한 책과 더 읽어야 할 책

Bendikowski, Tillmann, *Der deutsche Glaubenskrieg. Martin Luther, der Papst und die Folgen*, Bertelsmann, München, 2016.

Feldmann, Christian, *Martin Luther*, Rowohlt, Reinbek, 2009.

Herrmann, Horst, *Martin Luther: Eine Biographie*, Aufbau, Berlin, 2003.

Kaufmann, Thomas, *Geschichte der Reformation*, Suhrkamp, Frankfurt am Main, 2009.

Landesamt für Denkmalpflege und Archäologie Sachsen-Anhalt-Landesmuseum für Vorgeschichte, Stiftung Luthergedenkstätten, 2016, in: *Martin Luther. Schätze der Reformation*, Sandstein, Sachsen-Anhalt (Hrsg.) Dresden.

Roper, Lyndal, *Der Mensch Martin Luther-Die Biographie*, S. Fischer, Frankfurt am Main, 2016.

Schilling, Heinz, *Martin Luther. Rebell in einer Zeit des Umbruchs. Eine Biographie*, Beck, München, 2012. ; 4. aktualisierte Auflage, München 2016.

롤런드 베인턴, 『마르틴 루터』, 이종태 역, 생명의말씀사, 2016.

뤼시앵 페브르, 『마르틴 루터 : 한 인간의 운명』, 김중현 역, 이른비, 2016.

린들 로퍼, 『마르틴 루터 : 인간, 예언자, 변절자』, 박규태 역, 복있는사람, 2019.

마르틴 루터, 『독일 기독교 귀족에게 고함 : 마르틴 루터의 종교개혁 핵심서』, 원당희 역, 세창미디어, 2010.

마르틴 루터, 『마르틴 루터 95개 논제』, 최주훈 역·해제, 감은사, 2019.

발터 카스퍼, 『마르틴 루터 : 교회일치 관점에서 마르틴 루터를 다시 보다』, 모명숙 역, 분도출판사, 2017.

박흥식, 『미완의 개혁가, 마르틴 루터 : 500년 전 루터는 무엇을 이루고 무엇을 남겼는가』, 21세기북스, 2017.

유상현, 『루터의 길 : 마르틴 루터 종교개혁 성지순례 가이드북』, 쿰란출판사, 2017.

파울 슈레켄바흐·프란트 노이베르트, 『마르틴 루터 : 풍부한 화보와 함께 보는 루터의 삶과 업적』, 남정우 역, 예영커뮤니케이션, 2003.

R. 프리데탈, 『마르틴 루터의 생애』, 김형석 역, 삼성미술문화재단, 1979.

https://de.wikipedia.org/wiki/Martin_Luther

https://de.wikipedia.org/wiki/Christentum

루터 전집

Weimarer Ausgabe (WA): *D. Martin Luthers Werke. Kritische Gesamtausgabe*, 120
　　Bände, Weimar 1883~2009 (Sonderedition 2000~2007).

Kurt Aland (Hrsg.): *Luther deutsch. Die Werke Martin Luthers in neuer Auswahl für
　　die Gegenwart, 10 Bände, ein Registerband, ein Ergänzungsband*, (ab 1957) 4.
　　Auflage, Vandenhoeck & Ruprecht, Göttingen 1991.

Martin Luther. Studienausgabe in 6 Bänden, Evangelische Verlagsanstalt, Leipzig,
　　1987~1999.

제2장

알브레히트 뒤러,
독일 미술의 진수를 보여주다

"나는 멜란히톤의 얼굴을 그렸지만
그의 정신이 지닌 천재성을 표현하지 못했다."(1526)

Albrecht Dürer

출생과 성장

알브레히트 뒤러는 헝가리에서 이주한 금세공사의 세 번째 아들로 1471년에 독일 뉘른베르크에서 출생했다. 당시에 뉘른베르크는 독일의 경제 중심지 중 하나였다. 그 도시에 약 5만 명의 주민이 거주하였으며 주민들은 주로 교역으로 부를 이룩하였고 상류계층과 상인들이 예술가들을 후원하고 있었다. 황제도 이곳을 중시했기에 국제적인 교역의 중심지로 성장할 수 있었으며 정치 지도자, 문학가, 신학자, 예술가들이 빈번하게 이곳을 방문하거나 이곳에 거주하였다.

뒤러의 아버지는 어린 알브레히트가 미술에 재능이 있어 금세공사로 성공하기를 바랐다. 하지만 청소년기에 뒤러는 스케치에 더 관심을 가졌다. 그래서 아버지는 15세가 된 뒤러를 1486년에 화가 미카엘 볼게무트(1434~1519)에게 사사시켰다. 그래서 뒤러는 볼게무트에게 스케치 기술과 목판화 기술을 배웠다. 그리고 그는 1490년에 〈아버지의 초상〉(피렌체, 우피치 미술관)을 그리기도 했다.

뒤러가 그림에 관심을 보인 15세기의 뉘른베르크는 독일 회화의 중심지 중 하나였다. 그 당시에는 특히 독일 화가들은 풍경화와 여러 나라의 회화기법에 많은 관심을 보였는데, 특별히 이탈리아 북부 미술의 영향력이 컸다. 예를 들면 당시에 유명한 미하엘 파허(1435~1498)가 이탈리아 접경지역인 브루네크에서 활동하고 있었는데, 피렌체의 전통과 몽환적인 고딕 양식 그리고 색채를 잘 조화시킨 그림들을 그렸고, 1480년경에 완성된 그의 〈성 볼프강에 의한 병자의 치유〉(뮌헨 알테 피나코테크)은 당시에 독일과 이탈리아에 영향력을 행사했다. 또한 당시에 프랑켄 지방의 유명한 조각가 틸만 리멘슈나이더(1460~1531)의 〈성혈의 제단〉이라는 작품도 반향이 컸다.(이것은 그가 1490년에 완성했는데 로텐부르크의 성 야코프 교회에 장식되어 있다) 이처럼 뉘른베르크는 다양한 회화 전통과 여러 나라의 기법들이 만나는 공간이었다.

바로 이러한 다이내믹한 도시에서 뒤러는 볼게무트에게 3년간 견습 생활을 한 후, 더 많은 예술 지식을 배우고 견문을 넓히기 위해 4년간 뇌르딩겐, 울름, 콘스탄츠, 바젤 지방, 알자스 지방의 콜마르, 슈트라스부르크 등을 여행했다.

뒤러는 여행과 새로운 지식에 대하여 항상 열린 마음을 가졌었다. 그리고 그는 종교적인 생활을 하였으며, 그림을 의욕적으로 배웠고 자신만의 기법으로 창작 활동을 수행하였다. 하지만 그는 지성인 같은 무미건조한 삶을 겸손하게 살면서도 유쾌한 위트를 즐겼다고 한다.

초기에 뒤러는 초상화와 자화상만을 주로 그렸는데, 〈꽃을 들고 있는 자화상〉(1493, 파리 루브르 박물관)이 매우 유명하다. 뒤러는 1494년에 아그네스 프레이와 결혼하였는데, 결혼 후에 부인의 얼굴을 자신의 그림에 많이 적용하였다.

1494년에 뒤러는 예술적인 연구를 계속 하기 위해 이탈리아 지방인 파도바, 만토바, 베네치아를 방문하였고 더 나가서 롬바르디아 지방과 베테토 지방까지 방문하였다. 그곳에서 그는 유명한 화가들을 만났고 그들의 화방을 방문하여 새로운 아이디어를 얻었다. 그는 이탈리아 여행 후에, 〈목욕하는 남자〉, 〈박사의 꿈〉, 〈미녀들〉, 〈작은 행운의 여신〉 등을 발표하였는데 주로 남성과 여성의 신체를 연구하여 해부학적인 지식을 매우 예리하게 묘사하였다.

뒤러는 종교심이 매우 깊어서 성서 관련 작품들을 많이 그렸다. 예를 들어 〈성모 마리아의 일생〉, 〈그리스도의 열정〉, 〈묵시록의 네 명의 기사〉, 〈전능하신 하나님의 환영〉, 〈책을 찍어 먹는 요한〉 등이 그의 유명한 종교화들인데, 이 중에서 1498년의 판화 〈묵시록의 네 명의 기사〉(카를스루에 국립미술관)를 통해서 그는 큰 성공을 거두었다. 이 판화의 주제는 묵시록의 심판과 진노와 관련되어 있다. 즉 판화에는 어린 양이 일곱 봉인을 뜯는 장면이 나오고 네 명의 기수가 나타나는데 활을 든 전염병, 칼을 든 전쟁, 저울을 든 기근, 삼지창을 든 죽음이 대각선으로 배치되어 있다. 이들이 지나간 자리에 사람들이 죽어 있고, 지진이 일어나고 있는 장면이 자세하게 묘사되어 있다. 그리고 그 후에 그는 계속해서 〈할러의 성모〉, 〈소돔과 고모라의 파괴〉(워싱턴 내셔널 갤러리) 등과 같은 성화들을 그렸다.

선제후 프리드리히와 만남

선제후 프리드리히(Friedrich der Weise von Sachsen, 1463~1525)는 당시에 작센주의 왕이었고 기독교단에서 현자로 알려져 있었다. 그래서 그는 초상화, 성화, 제단화 등을 그려서 신앙심을 미술로 구현하는 뒤러에 대해 경의를 표하고 있었다. 1496년에 선제후 프리드리히는 뒤러를 공식적으로 궁전에 초청하여 그에게 비텐베르크 궁전, 군주의 방을 그리도록 주문했으며, 비텐베르크 교회에 필요한 성화들도 뒤러의 의도에 따라서 그리도록 요청했다. 뒤러가 1496년에 그린 〈현자 프리드리히 초상〉, 1524년에 그린 〈현자 프리드리히 초상〉은 매우 유명한 선제후 프리드리히의 초상화들이다.

뒤러는 만능 예술가였지만 선제후 프리드리히 초상화를 그린 것을 계기로 초상화 분야에서 더욱 유명해졌으며, 이를 계기로 여러 사람의 초상화를 그렸는데 인물의 세부 묘사와 심리 연구를 통해서 다른 화가들과 구분되는 초상화를 매우 뛰어나게 표현했다. 그래서 사람들은 역사상 가장 위대한 초상화가는 뒤러라고 평가하기도 한다.

그는 초기에는 단순하게 그렸지만 점차 명료하고 강렬한 인상을 주는 초상화를 그려 나갔다. 뒤러는 자신의 초상화 기술과 볼게무트의 기술을 나중에 스케치와 판화에도 응용했다. 그리고 뒤러는 이러한 초상화와 종교화를 통한 내면세계 묘사를 넘어서 자연세계 묘사의 영역까지 넓혀 나갔다. 그래서 뒤러의 여러 가지 그림들은 ─ 특히 초상화 ─ 이탈리아의 화가 다빈치와 티치아노에 비견되기도 했다.

1400년대 후반에 그린 초상화

〈카타리나 푀를레게린〉(1497, 프랑크푸르트 시립 미술연구소)
〈엘스베트 투허 초상〉(1499, 바이마르 국립미술관)
〈한스 투허 초상〉(1499, 바이마르성 박물관)
〈오스볼트 크렐 초상〉(1499, 뮌헨 알테 피나코테크)

1500년대 초반에 그린 초상화

〈이탈리아의 젊은이〉(1506, 제노바 팔라초 로소 미술관)
〈부르카르도 다 스피라〉(1506, 햄튼궁 왕실 컬렉션)
〈카를 5세〉(1520)
〈로렌츠 슈테르크〉(1521, 보스턴 이사벨라 스튜어트 가드너 박물관)
〈선장 펠릭스 훈게르스베르거〉(1520, 빈 알베르티나 박물관)
〈야코프 무펠〉(1526, 베를린 국립박물관) : 뉘른베르크 시장
〈히에로니무스 홀츠슈어〉(1526, 베를린 국립박물관) : 뉘른베르크 의회의원
〈요한 켈베르거〉(1528, 빈) : 부유한 검안사. 뒤러의 마지막 초상화

우울증의 승화

뒤러의 작품에는 내면의 어두운 면과 고독이 많이 드러나는데. 〈20세의 자화상〉(1491, 에를랑겐대학 도서관), 〈장갑을 낀 자화상〉(1498, 마드리드 프라도 미술관) 등에서 그의 우울함을 엿볼 수 있다.[1] 이런 멜랑콜리한 모습은 당시에 이탈리아에서는 화가가 창조적인 일을 하는 천재로

---

1 이 작품은 레오나르도 다빈치의 〈모나리자〉를 연상케 한다고 하지만 뒤러의 그림이 〈모나리자〉보다 더 일찍 그려졌다.

〈멜랑콜리아 1〉

인정되고 있었지만, 독일에서는 화가들의 지위는 기술자와 같은 미천한 직업이었기 때문인지 아니면 종교적이고 내면적인 고민의 흔적인지 확실하지는 않다. 하지만 뒤러는 자화상의 그림을 통해 부와 명성을 얻었지만, 다른 한편으로 자신도 기능인이 아니라 지적인 창조자로 자각할 수 있었다.

1514년에 뒤러는 〈멜랑콜리아 1〉을 제작했는데 판화 작품 중 가장 유명하고 마술적인 작품이다. 박쥐가 이 그림의 제목을 들고 있는데, 우울의 첫 번째 단계로 연금술과 관련 있다. 한가운데 소녀의 모습은 우울한 체액 이론과 관련이 있는데 어둡고 문제가 많은 영혼의 얼굴을 나타내고 있다. 그리고 그림 오른쪽 하단에 여러 가지 도구들이 보이는데 이는 뒤러의 자유로운 영혼과 우울함을 동시에 나타내고 있다. 이 판화 안에는 마방진이 그려져 있는데, 선, 틈새, 대각선, 사각형의 모습이 매우 이색적이다. 그 안에 있는 숫자들, 중심에 있는 4의 숫자들, 구석에 있는 4라는 숫자, 이것들의 합은 34이고, 판화의 하단 중앙에 창작 연대인 '1514'가 있다. 그리고 그 옆에 왼쪽과 오른쪽에 '4'와 '1'은 알파벳 순서상 뒤러의 이니셜 'D'와 'A'를 나타낸다('D'는 알파벳에서 네 번째이고, 'A'는 알파벳에서 첫 번째이다). 그리고 그림에 주사위의 끝이 잘려진 기하학적 다면체가 보이는데 이것은 주사위의 양끝이 잘려져 있는데, 이것은 원으로 가기 전 다면체의 모습을 지니고 있다.

1521년에 제작된 〈성 이에로니무스〉(리스본 국립고고미술관)에 나오는 해골은 우울함과 삶의 무상함을 매우 정교하게 묘사한 작품이라고 할 수 있다.

회화 기법의 발전

1500년에 뒤러는 여러 나라의 여행과 다양한 화가들의 화풍들을 통하여 새로운 작품세계를 발전시켜 나갔다. 그래서 그는 지리적 한계나 문화적 전통에서 벗어나 인간과 주변 세계의 관계를 연구하였고, 황금률을 통해 세계를 수학적으로 규명해보려는 사상들이 그에게 자극을 주었다. 그래서 그는 우주의 보편성을 추구하여 인체를 깊이 연구하였다. 예를 들면 〈죽은 그리스도에 대한 애도〉(1500, 뮌헨 알테 피나코테크)는 고딕예술의 영향으로 서로 다른 크기의 인물들이 기념비적인 장면에 묘사되어 있고, 죽은 그리스도 주변에 다양한 풍경이 마름모꼴로 그려져 있다.

이에 더 나가서 뒤러는 남성과 여성의 누드 작품에 한동안 집중하였다. 그래서 그는 1504년에 〈아담과 이브〉에서 에덴동산의 동물들을 그렸는데 네 가지 체액 이론(피, 점액, 노란 담즙, 검은 담즙이 몸에 있는데 한 액체가 많아지면 병에 걸린다는 이론. 검은 담즙은 우울증을 유발)의 영향을 받아서 그렸다. 그림에서 소는 온순함으로, 까마귀는 우울함으로, 토끼는 낙천성으로, 고양이는 다혈질 성격으로 묘사되었다. 뒤러는 1507년에도 〈아담과 이브〉(마드리드 프라도 미술관)를 그렸는데, 이는 그가 이탈리아 여행 때 그린 작품으로, 독일 회화에서 실물 크기로 그려진 최초의 누드화라고 한다.

인간의 신체를 정밀 묘사하는 것을 넘어서 뒤러는 자연세계에도 관심을 가지고 매우 자세하게 표현했다. 그는 마치 범신론자처럼 주변의 동물, 꽃, 풀, 풍경 등에 대해 존경심을 표했기 때문이었다. 예를 들어 〈사자〉(1494, 함부르크 미술관), 〈바다의 대게〉(1495, 로테르담 보이만 반 뵈닝헌 박물관), 〈다양한 이국의 동물〉(1500, 필라델피아 JJ 존슨 컬렉션), 〈겁에 질린 산토끼〉(1502, 빈 알베르티나 박물관), 〈동물들이 있는 성모〉(1503, 빈 알베르티나 박물관), 〈사슴두상〉(1503, 바욘 보나박물관), 〈푸른 새의 날개〉(1512, 빈 알베르티나 박물관) 등이 그것이다. 1500년대 초기 이후에도 뒤러는 인물화를 넘어서 자연과 동물, 식물 등을 세밀하게 작품화하였다. 예를 들어 그는 동물, 식물, 자연을 그릴 때 우선 섬세하게 소묘를 한 후에 그 위에다 수채화 기법으로 우아한 색상을 입혔다. 그가 그린 〈코뿔소〉(1515)[2], 〈바다코끼리의 머리〉(1521, 런던 대영박물관), 〈사자의 옆모습〉(1521, 빈 알베르티나 박물관) 등을 보면 그의 세밀함과 범신론적 사상이 읽힌다.

뒤러는 두 번의 이탈리아 방문에서 레오나르도 다빈치를 만났을 것으로 추정된다. 그래서 뒤러는 다빈치의 영향을 받았으며 뒤러가 그린 작품에도 그런 흔적들이 다양하게 드러났다. 뒤러의 〈위대한 행운〉은 매우 유명한 판화 작품으로서 공중에서 내려다본 풍경이 묘사되어 있는데, 이는 다빈치의 스케치에서도 나타나고 있으므로 다빈치와 공유된 기법으로 보인다.

뒤러의 〈교부들 사이에 있는 그리스도〉(1506, 마드리드 티센콜렉션)는 〈로사리오의 축제〉에 대한 반대명제처럼 보인다. 이것은 그리스도가 12세에 교부들과 논쟁을 벌이는 장면인데 여기서 교부의 모습은 다빈

---

2 당시에 포르투갈 상인들이 코뿔소와 인도코끼리를 들여와서 이국적인 동물에 관심을 가지고 이 작업을 하였다.

치나 로토의 영향을 받아 그린 것으로 추정되는 작품이다.

뒤러가 새로운 기술을 습득하고 창작물에 열중하던 중 1502년에 뒤러의 부친이 사망함으로 인해 가족의 경제를 뒤러가 홀로 책임져야 했다. 그 당시에 뒤러는 담낭에 이상이 생겨 우울증에 시달렸지만, 〈동방박사의 경배〉(1504, 우피치 미술관)와 같은 대작을 완성함으로써 르네상스 시대의 거장의 대열에 들어서게 되었다.

1505~1507년에 뒤러는 당시에 유명한 은행가인 푸거의 체재비 지원을 받아 다시 이탈리아 북부, 파도바, 볼로냐, 파비아, 베네치아를 방문하였다. 당시에 이탈리아에서는 조르조네(조르조 바르바렐리 다 카스텔프랑코), 로렌초 로토, 베첼리오 티치아노 같은 거장들이 화단을 이끌고 있었고 조반니 벨리니, 비토레 카르파초가 활약하고 있었다. 그는 이들로부터 원근법과 과학적 미술이론을 직간접적으로 습득하였다. 그래서 뒤러는 〈원숭이가 있는 성모〉(1505), 〈젊은 이탈리아 여인의 흉상〉(1505, 빈 미술사박물관) 등을 이 당시에 발표하였는데, 이 작품들에는 레오나르도 다빈치의 회화적 모티브가 드러나 있다.

막시밀리안 1세를 그리다

1494년에 뒤러는 〈인스부르크의 황궁〉(빈, 알베르티나 박물관)을 그린 바 있다. 르네상스 시대에 이 지붕을 금색 타일로 덮었는데, 오늘날 이것이 인스부르크의 상징이 되었다. 막시밀리안 1세(1459~1519)는 이탈리아의 트리에스테 지방을 점령하였고 빈대학교를 설립하였다. 1499년에 프랑스가 밀라노를 점령하자, 그는 수많은 이탈리아의 망명

인들을 초청했고, 남부의 예
술가들도 인스부르크 궁전으
로 초빙했는데 뒤러, 크라나
흐, 부르크마이어 등이 포함
되었다.

그래서 뒤러는 1510년에
〈막시밀리안 황제의 잔〉(빈
미술사박물관)을 그렸다. 1512
년부터는 신성로마제국의 황
제 막시밀리안 1세의 궁정
화가가 되어서 〈황제의 초상
화〉(1518, 빈 알베르티나 박물관)

막시밀리안 1세

와 〈막시밀리안 개선문〉을 그렸다. 그 공로로 뒤러는 황제가 지급하는
연금까지 수령할 수 있게 되었다.

이때 뒤러는 알브레히트 알트도르퍼(1480~1538)를 알게 되었다. 섬
세한 판화가인 알트도르퍼의 그림은 자연스러운 분위기, 다양한 의상,
섬세함, 해석학적인 도구 등을 특징으로 하는데, 판화의 세계에서 이
들은 서로에게 많은 영향을 주었다.[3]

1519년에 막시밀리안 1세가 사망하자 카를 5세가 황제로 즉위하였
다. 카를 5세는 1520년 10월 28일에 아헨 대성당에서 즉위식을 거행
하였는데, 그때 뒤러는 황제 즉위식 장면을 스케치한 후 그것을 새로

---

3 스테파노 추피, 『뒤러』, 최병진 역, 마로니에북스, 2008, 78쪽 참조.

VIVENTIS·POTVIT·DVRERIVS·ORA·PHILIPPI
MENTEM·NON·POTVIT·PINGERE·DOCTA
MANVS

1526

멜란히톤

운 황제인 카를 5세에게 전달하였다. 그 작품을 보고 카를 5세는 막시밀리안 황제가 했던 것처럼 창작 활동을 적극적으로 지원하겠다고 뒤러에게 약속했다.

종교에 대하여

뒤러는 종교개혁에 관심을 가지고 있었지만 개혁파들을 적극적으로 옹호하지도 않았으며, 그렇다고 가톨릭을 지지한 것도 아니었다. 그는 종교에 대해 매우 중립적이었지만 종교개혁자인 루터와 그의 동료 멜란히톤에게는 매료되었다. 그는 루터를 자주 만나고 싶어 했지만, 1520년 이후에는 만나지 못했다. 그래서 그는 여러 종교가들을 그림으로 묘사했다. 예를 들어 뒤러는 브란덴부르크의 주교 알브레히트(1523, 할러의 주교좌 성당), 로테르담의 에라스무스(1526), 멜란히톤(1526)을 그렸다. 뒤러는 멜란히톤을 그리고 난 후 "나는 멜란히톤의 얼굴을 그렸지만 그의 정신이 지닌 천재성을 표현하지는 못했다"라고 썼다.[4]

---

4 동시대 화가인 크라나흐도 멜란히톤의 초상화를 많이 그렸는데, 1529년에는 유명한 〈마르틴 루터〉(피렌체 우피치미술관)라는 루터의 초상화를 그렸다.

1503년에는 〈가시관을 쓴 그리스도〉를 그렸고, 1511년에는 가르디 호수를 밑에다 그리고, 최후의 심판 전경에 삼위일체를 그리고, 여러 성인들을 묘사한 제단화(빈, 미술사박물관)를 그렸다. 1513년에는 〈기사, 죽음, 악마〉(베를린 국립미술관)라는 작품을 그렸는데, 이것은 여러 가지 유혹, 악마, 죽음에도 불구하고 신앙을 가진 기독교 기사가 용감하게 앞으로 전진하는 모습을 표현하고 있다. 뒤러가 동물과 인체의 비율을 연구하여 이들을 대칭으로 배치하고 세부 모습까지 묘사한 이 작품은 대중의 많은 인기를 끌었다.

　　이어서 뒤러는 〈카네이션을 든 성모〉(1516, 뮌헨 알테 피나코테크)에서 아이가 배를 들고 성모는 카네이션을 들고 있는 이상적인 미를 추구하고자 했다. 또한 그는 〈성 빌립보〉(1516, 피렌체 우피치 미술관)라는 그림에서 사도의 모습을 매우 정교하고 세심하게 그렸다. 〈성모와 세 성인〉(1509, 런던, 내셔널 갤러리)에서는 이성, 고요함, 빛이 어우러져 인물들 사이의 대화적 장면이 정교하게 나타나도록 시도했다.

　　1517년에 마르틴 루터는 95개 조항을 발표하고 면죄부의 허상을 고발하였다. 이때 교황 레오 10세는 루터를 로마로 소환해서 심문하려고 했다. 하지만 루터를 옹호하였던 선제후 프리드리히는 당시의 재력가인 야코프 푸거의 주선으로 루터로 하여금 로마 대신에 아우크스부르크에서 테첼, 막시밀리안 황제 등을 만나게 했고, 여기서 뒤러는 몇 사람의 초상화를 그릴 수 있었다. 뒤러도 이때 야코프 푸거를 만나 그의 초상 〈야코프 푸거〉(1520, 뮌헨 알테 피나코테크)를 그렸다.

　　뒤러는 성모 마리아에 관련된 그림도 많이 그렸는데, 1503년에 〈수유하는 성모〉(빈 미술사박물관)에서 성모 마리아가 서민적으로 웃는 모

푸거 가문

푸거 가문은 귀족이 아니라 상인 가문이었지만, 지방 영주들보다 큰 세력을 가지고 있었고, 놀라운 교역기술로 부를 이루었다. 1488년에 그들은 티롤의 공작에게 막대한 금전을 제공하고 그 대가로 은광산과 동광산 채굴권을 얻었다. 또한 동인도회사의 향료무역에도 참여했다. 당시에 신성로마제국에서 여러 종류의 지방직 선거가 시행되었기에 후보자들은 뇌물을 써서 원하는 지위를 얻으려 했다. 그래서 상인인 푸거 가문이 신용대부 제공자로서 힘과 영향력을 가지게 된 것이다. 예를 들어 브란덴부르크의 알브레히트는 마인츠의 새로운 주교 자리를 얻기 위해 푸거 가문의 금전적 도움을 받았다. 합스부르크 가문의 막시밀리안 1세가 왕으로 선출되는 데 171,000굴덴이 조달되었고, 카를 5세 때는 더 큰 금액의 돈이 필요했다. 푸거 가문은 이들에게 현금을 조달해줌으로써 점차 많은 특권을 누렸으며, 결국 1514년에는 야코프 푸거가 제국의 공작이 되었고, 1530년에는 푸거 가문이 조폐 특권을 얻었다. 초기자본주의 시대 농노가 노동자로 바뀌는 과정에서 수많은 사람들이 가난과 질병에 시달렸다. 푸거 가문은 아우크스부르크에 가난한 자들을 위한 집단 거주지를 — 오늘날 '푸거라이(Fuggerei)'라고 함 — 만들어서 그들이 보다 안락하게 살 수 있도록 해주었다.

습을 신선하게 묘사했고 1506년에 〈성모자〉(마미아노 마냐니 로카 파운데이션)를 그려서 이성적인 모습과 황금색 빛, 섬세함을 동시에 묘사했다. 1512년에 그는 〈배의 성모〉(빈 미술사박물관)를 그렸는데, 이것은 피르크하이머의 가족을 위해 그렸다고 한다. 1519년에는 〈성 안나와 함께 있는 성모〉(뉴욕 메트로폴리탄미술관)를 그렸는데 특이하게 성 안나를 뒤러 자신의 부인 아그네스의 모습으로 그렸다.

1526년에 뒤러는 종교화의 마지막 역작인 〈네 사도〉(뮌헨 알테 피나코테크)를 그렸는데, 네 가지 체액 이론에 부합하게, 베드로는 피곤과 온순함으로, 바울은 우울함으로, 마가는 다혈질로 표현되었다. 요한, 베드로, 마가, 바울이 각자의 상징물을 가지고 서 있고 그 밑에는 '거짓 사도를 조심하라'라는 글이 써 있다. 베드로가 초대 교황이었는데 그림에서는 요한과 바울이 중심이다. 이는 당시 뉘른베르크가 루터교로 전환되었고 루터와 프로테스탄트의 사회상을 묘사한 것으로 이해할 수 있다.

〈네 사도〉

죽음 이후

이미 거장으로 인정받은 뒤러는 1509년 뉘른베르크 시의회 의원으로 선출되었고, 합스부르크 제국회의에도 갔다. 그러나 1520년에 뒤러는 네덜란드에 가서 고래 그림을 그리려다가 불행하게도 말라리아 열병에 걸렸다. 그럼에도 그는 역작인 〈네 사도〉를 그렸다.

뒤러는 보다 정교한 그림을 그리기 위해 과학적이고 기하학적인 사색을 많이 하였던 바, 1525년에 자연과학적으로 매우 우수한 논문「기하학에 대한 논고」를 출판했다. 더 나가서 그는 1527년에「성벽을 쌓는 법」, 1528년에「인간의 신체의 비례와 대칭에 대해 논고」를 라틴어와 독일어로 발표했다. 하지만 말라리아의 후유증으로는 1528년 4월 6일에 사망했다. 그의 묘비명에는 "유한한 생명을 가진 뒤러는 여기에 잠들어 있다"라고 쓰여 있다.[5]

뒤러는 구교나 신교 할 것 없이 존경받는 화가였다. 그래서 뒤러는 이상적인 미술가로 추앙되고 있으며, 18~19세기에는 낭만주의자들이 그를 낭만주의의 선구자로 인정하기도 했다. 이러한 뒤러를 기리고자 1840년에 뉘른베르크에 뒤러의 동상이 건립되었다. 동상 제막식에서 뉘른베르크 시민들은 뒤러를 'Führer(지도자)'라고 불렀다. 독일의 가정마다 뒤러의 〈기도하는 손〉, 〈토끼〉, 〈기사, 악마, 죽음〉 그림이 걸려 있다. 나치 시대에 뒤러의 호칭 'Führer'와 〈기사, 악마, 죽음〉이라는 그림이 히틀러에 의해 오용되어 2차 세계대전 후에 그런 오해를 벗어나도록 뉘른베르크시와 뒤러 재단 그리고 예술가 단체들이 수많은 노력을 기울이고 있다.

---

5 뒤러의 제자 발등이 뒤러 사후에 그의 머리카락을 잘라 보관했는데, 현재 그의 머리카락은 빈 조형예술아카데미에 보존되어 있다.

예술적 업적

뒤러는 회화뿐만 아니라 목판화와 동판화에도 업적을 남겼다. 그의 목판조각기술을 통해서 당시에 책에다가 직접 삽화를 그리는 것을 하지 않아도 되었고, 그 결과 목판조각이 독자적인 예술품의 지위를 차지할 수 있었다. 뒤러는 목판화 기술을 승화시킨 것처럼 동판 기술도 혁명적으로 개선했다. 그 결과 〈기사, 죽음, 악마〉와 〈멜랑콜리아 1〉 같은 작품을 통해서 뒤러는 전 유럽에서 유명해졌고, 티치아노, 미켈란젤로, 라파엘로와 같은 반열에 설 수 있었다.

그의 업적은 이처럼 목판 기술을 예술작품으로 승화시켰을 뿐 아니라, 자신의 여러 자화상을 통하여 자긍심을 나타내었고, 예술가들의 사회적 지위와 가치를 강조하여서 그들의 위치가 상승되었다.

이러한 예술적 창작물을 넘어서 뒤러는 이론과 관련한 저술 활동도 하였는데, 그림에서의 구도에 대한 글은 물론 도시의 성벽 건축에 대한 이론서도 출간했다.[6] 이를 계기로 1527년에 울름시 성벽이 개축되었고 뒤러의 아이디어가 반영되어 22년 후에는 샤프하우젠(Schaffhausen)의 무노트(Munot) 요새가 완공되었다.

수학의 역사에서 볼 때, 르네상스는 매우 중요한 시기인데, 이때 엔지니어 슈테빈(Simon Stevin), 시계 제작자 뷔르기(Jost Bürgi), 법률가 피에테(François Viète), 지리학자 메르카토르(Gerhard Mercator), 예술가 프란체

---

6 뒤러에게 중요한 조력자는 로마의 건축이론가인 비트르프였는데, 이 건축가는 『De architectura』라는 책을 10권 썼다.

스카(Piero della Francesca) 등과 같은 실용주의자들이 수학의 발전에 기여했다. 놀랍게도 그 당시에 예술가들 중에서 수학적 두뇌의 소유자는 뒤러였다. 뒤러는 1507년에 잠베르티가 라틴어로 번역한 『유클리드 기하학』 초판(1505년 출간)을 취득해서 독파한 결과 수학에 대한 해박한 지식을 여러 작품에 활용할 수 있었다. 뒤러는 1515년에 막시밀리안 1세의 주도하에 궁중 천문학자 스타비우스(Johannes Stabius)가 만든 지구 북반구 지도 작업(Stabius-Dürer-Karte)에 동참했다.

뒤러의 작품들

소묘

- Das Männerbad, 1495/96, Holzschnitt
- Große Passion Christi, 1496~1498, Holzschnittfolge
- Die Buße des Heiligen Chrysostomus, um 1497, Kupferstich
- Die vier apokalyptischen Reiter, um 1497/98, Holzschnitt, ca. 39,5 × 28,5cm, Galleria degli Uffizi, Florenz, als bekanntestes Werk aus:
- Die Offenbarung des Johannes, 1498, 15 Holzschnitte; Titelblatt: 1511
- Die drei Meisterstiche:Ritter, Tod und Teufel, 1513, Kupferstich
- Der heilige Hieronymus im Gehäus, 1514, Kupferstich
- Melencolia I, 1514, Kupferstich
- Rhinocerus, 1515, Holzschnitt
- Die Hexe, um 1500, Kupferstich
- Dürer werden etwa 20 Exlibris zugeschrieben. Das bekannteste ist wohl davon das für seinen Freund W. Pirckheimer.

회화

- Der Paumgartner-Altar, Öl auf Holz (nach 1503), Alte Pinakothek, München
- Marter der zehntausend Christen, Leinwand (über-tragen) (1507), Kunst-histo-ri-sches Museum, Wien
- Bildnis Hieronymus Holzschuher, 1526, Gemäldegalerie der Staatlichen Museen, Berlin
- Bildnis des Vaters mit Rosenkranz (Florenz, Uffizien), 1490, Öl auf Holz, 47×39cm
- Bildnis der Mutter (Nürnberg, Germanisches Nationalmuseum, Gm 1160), um 1490~1493
- Selbstbildnis mit Eryngium (Paris, Louvre) 1493
- Büßender Hieronymus (London, National Gallery), um 1494/97
- Bildnis des Vaters (National Gallery, London), 1497
- Männliches Bildnis vor grünem Grund (Kreuzlingen), ca. 1497
- Selbstbildnis mit Landschaft (Madrid, Museo del Prado), 1498
- Bildnis des Hans Tucher (Klassik Stiftung Weimar), 1499. War 1945 nach Schloss Schwarzburg ausgelagert und ist seitdem verschollen
- Bildnis der Felicitas Tucher (Klassik Stiftung Weimar), 1499. War 1945 nach Schloss Schwarzburg ausgelagert und ist seitdem verschollen
- Bildnis des Oswolt Krel (München, Alte Pinakothek), 1499. Siehe auch: Abbildung in der Wikipedia
- Bildnis Elsbeth Tuchers (Kassel, Museumslandschaft Hessen-Kassel, Gemäldegalerie Alte Meister), dat. 1499, Lindenholz 29,1×23,3cm
- "Beweinung Christi" ("Holzschuher-Lamentation"), um 1499 für Hieronymus Holzschuher (Germanisches Nationalmuseum, Nürnberg)
- Selbstbildnis im Pelzrock (München, Alte Pinakothek), 1500
- Glimsche Beweinung (München, Alte Pinakothek), um 1500
- Paumgartner-Altar (München, Alte Pinakothek), nach 1503

- Zwei Musikanten, (Köln, Wallraf-Richartz-Museum), 1503~1505, Mischtechnik auf Lindenholz, 94×51cm
- Anbetung der Könige (Florenz, Uffizien), dat. 1504
- Das Rosenkranzfest (Prag, Národní galerie/Nationalgalerie), dat. 1506, urspr. in Venedig, S. Bartolomeo
- Die Madonna mit dem Zeisig (Berlin, Staatliche Museen), 1506
- Adam und Eva (Madrid, Prado), 1507
- Bildnis eines jungen Mannes (Wien, Kunsthistorisches Museum), 1507
- Marter der zehntausend Christen (Wien, Kunsthistorisches Museum), 1507
- Heller-Altar zusammen mit Mathias Grünewald (Frankfurt am Main, Historisches Museum), 1508/09; Mitteltafel verbrannt, urspr. in Frankfurt, Dominikanerkirche.
- Allerheiligenbild ("Landauer Altar") (Wien, Kunsthistorisches Museum, Inv. Nr. 838), 1511
- Kaiser Karl der Große (Nürnberg, Germanisches Nationalmuseum, Gm 167, Leihgabe der Stadt Nürnberg), 1511/12, 215×115,3cm (außen), 187,7×87,6cm (innen); ein Idealbildnis
- Kaiser Sigismund (Nürnberg, Germanisches Nationalmuseum, Gm 168, Leihgabe der Stadt Nürnberg), 1512/13, 188,3×87,5cm.
- Maria mit der Birnenschnitte (auch Maria mit dem liegenden Kind mit der Birnenschnitte oder Madonna mit der Birnenschnitte) (Wien, Kunsthistorisches Museum), 1512
- Bildnis Michael Wolgemuts (Nürnberg, Germanisches Nationalmuseum, Gm 885, Leihgabe der Bayerischen Staatsgemäldesammlung seit 1911), 1516
- Jakob Fugger der Reiche, (Augsburg, Staatsgalerie Altdeutsche Meister), um 1518
- Bildnis Kaiser Maximilians I. (Nürnberg, Germanisches Nationalmuseum, Gm 169), 1519

- Heilige Anna Selbdritt (New York, Metropolitan Museum of Art), 1519
- Hl. Hieronymus, (Lissabon, Museu Nacional de Arte Antiga), 1521
- Maria mit Kind, eine Birne haltend (Florenz, Galleria degli Uffizi), 1526
- Bildnis Johannes Kleberger (Wien, Kunsthistorisches Museum), 1526
- Sogenannte Vier Apostel (München, Alte Pinakothek), 1526
- Bildnis Hieronymus Holzschuher (Berlin, Gemäldegalerie der Staatlichen Museen-Preußischer Kulturbesitz), 1526

수채화

- Tal von Kalchreuth, Aquarell (ca. 1495), Kupferstichkabinett, Berlin
- Das große Rasenstück, Aquarell (1503), Albertina, Wien
- Tal von Kalchreuth (Berlin), ca. 1495
- Frauenbad, 1496, Federzeichnung
- Weiher im Walde (London), 1495. Motiv ist ein in ein Moor übergehender Weiher am Rande des im Volksmund als "Steggalaswald" bezeichneten Kiefernwaldes bei Nürnberg.
- Feldhase, (Wien, Albertina), 1502
- Das große Rasenstück, Wasserfarbe und Gouache, (Wien), 1503
- Betende Hände (Wien, Albertina), um 1508
- Selbstporträt als Akt; ca. 1500 bis 1512; Zeichnung
- Kopf eines Walrosses, (London, British Museum), 1521

저서

- Lehrbuch der Malerei, ab 1500, von diesem Werk sind nur geringe Teile überliefert
- Vnderweysung der messung mit dem zirckel vnd richtscheyt (= Underweysung der Messung mit dem Zirkel und Richtscheyt). bei Hieronymus Andreae, Nürnberg 1525 (Digitalisat)

- Etliche vnderricht, zu befestigung der Stett, Schloß vnd Flecken, bei Hieronymus Andreae, Nürnberg 1527
- Vier bücher von menschlicher Proportion, bei Hieronymus Andreae, Nürnberg 1528-die postum erschienene "Proportionslehre"mit dem "Ästhetischen Exkurs" (Digitalisat) (Digitalisat ganzes Buch), der Dürers kunsttheoretische Positionen zusammenfasst. Lateinische Übersetzung von Joachim Camerarius dem Älteren: De Sym[m]etria partium in rectis formis hu[m]anorum corporum, Nürnberg 1532 (Digitalisat)

뒤러 관련 기념물

동상
- 뒤러 흉상이 발할라(Walhalla)에 세워졌다(1842).
- 뉘른베르크 막스 광장에 뒤러와 피르크하이머 분수대가 만들어졌다 (1821).
- 뉘른베르크 알브레히트 뒤러 광장(Albrecht-Dürer-Platz)에 뒤러 동상이 있다(1840).
- 밤베르크(Bamberg)에 뒤러가 네덜란드로 여행할 때 이곳에서 숙박한 것 을 기념해 기념 방문패(Gedenktafel am Hochzeitshaus)가 새겨져 있다 (1845).
- 드레스덴의 셈퍼갤러리(Sempergalerie, Zwingerhofseite)에 뒤러 동상이 있 다(1853).
- 베를린 신박물관(Neues Museum)에 뒤러의 대리석 흉상이 있다(1855).
- 하노버 퀸스틀러하우스(Künstlerhaus)에 뒤러의 동상이 있다(1855).
- 브레슬라우의 조형예술박물관(Museums der bildenden Künste) 현관에 뒤 러 동상이 있다(1880).
- 빈 역사박물관(Kunsthistorisches Museum)에 뒤러 동상이 있다(1882).

- 헝가리 줄러(Gyula)의 성 미클로스 공원(Szent-Miklós-Park)에 뒤러 흉상이 있다(1963).
- 안트베르펜에 뒤러의 기념명패(Gedenktafel)가 있다(1971).

뒤러 기념 지폐와 동전

- 1971년에 뒤러 기념주화 제작.
- 1971년에 뒤러 탄생 500주년을 기념해서 뒤러의 그림을 독일 마르크 화폐에 새김.

문학작품

- 1828년 발표한 셰퍼(Leopold Schefer)의 소설 『Künstlerehe』에서는 뒤러와 뒤러의 부인 아그네스가 주인공으로 나온다.
- 1913년에 발표된 긴츠키(Franz Karl Ginzkey)의 소설 『Der Wiesenzaun』에는 뒤러의 에피소드가 다루어졌다.

영화

- Albrecht Dürer 1471~1528 (Dokumentarfilm), 1971.
- Jörg Ratgeb-Maler (DEFA-Spielfilm über Dürers Zeitgenossen Jerg Ratgeb) Albrecht Dürer wurde von Martin Trettau dargestellt, 1978.
- Dürer, Dokudrama von Marie Noëlle mit Wanja Mues als Albrecht Dürer, Hannah Herzsprung, Sascha Geršak, Anika Mauer, Gedeon Burkhard, Felix Kammerer und Nellie Thalbach, 90 Minuten, 2021.

학교

뉘른베르크, 베를린, 하겐에 뒤러고등학교가 있고 소센하임, 작센의 아우에, 프랑크푸르트암마인에 뒤러초등학교가 있고, 비스바덴과 도르트문트에 뒤러 레알슐레가 있고 뒤셀도르프에 뒤러직업학교가 있고, 바이터슈타트에 뒤러 종합학교가 있고 만하임에 시각장애인들이 다니는 뒤러초등학교가 있다.

뒤러상

뉘른베르크에서 화가들에게 수여하는 뒤러상이 있다. 다음은 연도별 뒤러 상 수상자들이다.

- Arthur Erdle(1929), Max Lacher(1931), Josef Steib(1932), Fritz Griebel(1932), den Fürther Maler Karl Hemmerlein(1932), Johann Mutter(1934), Peter Foerster(1935), Joseph Mader(1936), Anton Richter(1938), Karl Schricker(1939), Hans Böhme(1943), Erhard Theodor Astler(1943) und HAP Grieshaber(1971).

뒤러 기념일

독일 개신교에서 4월 7일이 뒤러 기념일이다. 미국 루터교에서는 4월 6일이고, 일반적인 루터교에서도 4월 6일이다.

 뒤러는 전문가로서 자신만의 미술 세계를 '성취하는 사람'이었다. 그래서 그는 자신의 성공을 최고의 가치로 여겼으며, 그것을 위해 목표를 설정하고 직진하는 성향을 가졌다. 그의 생을 살펴보면 결핍이나 도전이 심하게 드러나 보이지는 않는다. 그는 부친의 전문성을 그대로 이어받아 자신의 미술을 계속 완성해 나갔다. 흔히 많은 사람들이 가졌던 부족함이나 결핍이 그에게는 없었다. 단지 그가 성장하면서 느낀 결핍은 결핍 그 자체가 아니라, 그의 미술을 완성해 나가는 데 있어서의 결핍이었다. 이탈리아 등의 외국 여행을 통하여, 그리고 선배들의 화풍을 배움으로써 그는 결핍을 채워 나갔다. 뒤러의 생에서 조력자는 당연히 부친과 스승 볼게무트이다. 부친의 지속적인 안내와 교육열이 그의 잠재력을 부각시켰으며 스승 볼게무트는 뒤러의 재능을 다듬어주는 조력자 역할을 철저히 했다. 그리고 선제후 프리드리히와 막시밀리안 1세는 두 번째 조력자로서 중년의 뒤러가 그림을 꽃피울 수 있게 도와주었다. 그러나 뒤러에게도 우울증이라는, 방해자와 같은 시련이 있었다. 하지만 그는 그러한 방해자인 우울증을 〈멜랑콜리아 1〉이라는 그림을 통하여 승화시켰고 〈성 이에로니무스〉와 같은 그림으로 우울증의 본질을 이해했다. 뒤러는 세밀화, 황금률 기법, 범신론적 화풍 등으로 독일만의 특징을 화폭에 담아내었다. 그리고 그는 회화 이외에도 목판화와 동판화 기술을 예술작품으로 승화시켰다. 또한 독일 내에서의 예술가들의 사회적 가치와 지위를 상승시켰다.

참고한 책과 더 읽어야 할 책

Anzelewsky, Fedja, *Albrecht Dürer. Das malerische Werk,* 2 Bde., 2. neubearb. Aufl., Deutscher Verlag für Kunstwissenschaft, Berlin, 1991(zuerst 1971) ; mit maßgeblicher Zählung.

Baumstark, Reinhold, *Die Alte Pinakothek*, C.H.Beck, 2002.

Flechsig, Eduard, *Albrecht Dürer-Sein Leben und seine künstlerische Entwickelung,* Zwei Bände, G. Grote'sche Verlagsbuchhandlung, Berlin; Druck: Fischer & Wittig in Leipzig, 1928~1931.

Möhle, Hans & Anzelewsky, Fedja, *Dürer und seine Zeit-Meisterzeichnungen aus dem berliner Kupferstichkabinett*, Berlin, 1967.

Schauerte, Thomas, *Dürer-Das ferne Genie. Eine Biographie*, Reclam, Stuttgart, 2012.

Schroeder, Veronka, *Neue Pinakothek München.*, Prestel Verlag, 2012.

Winzinger, Franz, *Albrecht Dürer*, Reinbek, 1971.

Wolf, Nobert, *Dürer*, Taschen, Köln, 2012.

다니엘라 타라브라, 『내셔널 갤러리』, 박나래 역, 마로니에북스, 2014.

박래경, 『뒤러』, 자소림, 1987.

스테파노 추피, 『뒤러』, 최병진 역, 마로니에북스, 2008.

알레산드로 베초시, 『레오나르도 다빈치』, 김교신 역, 시공사, 2009.

알렉산드라 프레콜렌트, 『루브르 박물관』, 박나래 · 임동현 역, 마로니에북스, 2011.

엘레나 지난네스키, 『우피치 미술관』, 임동현 역, 마로니에북스, 2013.

윌리엄 델로 로소, 『베를린 국립 회화관』, 최병진 역, 마로니에북스, 2014.

정금희 외, 『알브레히트 뒤러』, 재원, 2005.

하인리히 뵐블린, 『뒤러의 예술』, 이기숙 역, 한명, 2002.

알브레히트 뒤러, 『세계 명화 이야기-알프레히트 뒤러 편』, 시케이북스, 2014.

https://de.wikipedia.org/wiki/Albrecht_Dürer

https://de.wikipedia.org/wiki/Deutsches_Museum

제3장

임마누엘 칸트,
이성을 비판하다

"인식이 대상을 따르는 것이 아니고 대상이 인식을 따른다"

Immanuel Kant

출생과 성장

임마누엘 칸트는 1724년에 쾨니히스베르크에서 태어났다. 이 도시는 독일 역사의 한 부분을 차지하는 동(東)프로이센의 수도였는데, 폴란드와 발틱 3국 사이에 있는 프레겔강의 접합 부분에 있다. 이곳은 오늘날 러시아에 병합되고 나서 러시아의 정치가 칼리닌(M. I. Kalinin, 1875~1946)의 이름을 따서 '칼리닌그라드'라고 불린다. 일반적으로 오래된 다른 도시에서는 많은 역사적인 흔적을 찾을 수 있지만 러시아의 도시들에서는 그러한 흔적들을 찾을 수 없다. 그래서 칼리닌그라드도 고딕식 돔이나 독일식 성도 하나 찾아볼 수 없게 되었고 장사꾼들이 판치는 도시로 전락해버렸다. 칸트의 생가도 불타 없어져서 흔적만이 남아 있다.

이 도시는 칸트라는 철학자가 없었다면 거의 알려지지 않을 은둔의 도시이다. 칸트는 이 도시에서 평생 벗어나지 않았고 거기서 죽었다. 비록 그가 영국으로의 여행을 계획했지만 당시는 여행이 수월하지 않

Münzplatz m. Junkerstraße　　　Königsberg i. Pr.

쾨니히스베르크
(현재, 칼리닌그라드)

앉기에 성사되지는 못했다. 당시에 쾨니히스베르크에는 많은 민족들
이 살았었다. 칸트의 조상도 스코틀랜드에서 이곳으로 이주해 와서 살
았다. 칸트의 아버지 직업은 말안장을 만드는 것이었다. 그는 성실하
고 존경할 만하고 엄하게 합리적으로 생각하는 수공업자였다. 어머니
는 대단한 이성을 가지고 있었으며 경건한 마음을 가지고 종교적으로
엄격하였다. 칸트의 부모는 둘 다 쾨니히스베르크에서 널리 알려진 경
건한 신자들이었으며, 부모의 경건함이 칸트를 평생 동안 지배했다.[1]

　어렸을 적에 칸트는 근처 도시의 병원부설학교를 다니며(1730~1732)
쓰기, 읽기, 수학, 기독교에 대해서 배웠다. 학교를 졸업하자 칸트 부
모의 친척 중 하나가 그를 프리드리히고등학교(Friedrichskollegium)에 보
내는 것이 좋다고 설득했다. 그래서 부모는 칸트를 그곳에 입학시켰

1　칸트의 부모는 9명의 자녀를 두었는데 칸트는 네 번째로 태어났다. 칸트의 세례
　명은 엠마누엘(Emmanuel)이었는데, 나중에 임마누엘(Immanuel)이라는 이름으로
　개명하였다.

고, 그는 거기서 라틴어, 종교, 수학, 신학, 히브리어, 프랑스어, 음악, 폴란드어, 지리, 철학 등을 배웠다. 당시에 프리드리히고등학교는 매우 엄격해서 여름방학도 없었다. 그래서 나중에 칸트는 그의 교육학 강의에서 다음과 같이 말하였다고 한다.

> 많은 사람들은 그들의 청소년기는 그들의 삶에서 가장 좋고 가장 편안했다고 말한다. 그러나 그것은 그렇지 않다. 그 시대는 가장 어려운 시기이다. 왜냐하면 매우 많이 교육받아야 하고 친한 친구들이나 자유가 거의 없기 때문이다.

이렇게 엄격한 고등학교 교육과 경건한 가정교육 덕분에 칸트는 평생 준법적이고 이성적인 삶을 영위할 수 있었다. 칸트가 프리드리히고등학교를 졸업할 무렵 칸트 아버지는 가정과 사회에 공헌한 덕에 쾨니히스베르크 훌륭한 시민 명단에 오르게 되었다.

칸트는 고등학교 졸업 후에 쾨니히스베르크대학(Albertus-Universität Konigsberg)에 입학하였다. 쾨니히스베르크대학은 1544년에 세워졌지만 칸트가 입학할 당시인 1740년도에 학생 수가 200명이 되지 않았다. 하지만 뉴턴의 수학적이고 자연과학적인 문제를 집중적으로 연구하면서 청년 칸트는 작은 지방도시에서 새로운 세계를 맛보았다. 1744년 과학계에서의 혜성의 발견은 20세가 된 칸트를 감동시켰다. 이러한 자연과학과 우주를 배움으로써 후에 칸트는 「하늘의 이론과 일반적인 자연사(Allgemeine Naturgeschichte und Theorie des Himmels)」(1755)를 저술할 수 있었다. 그는 이미 동시대적 형이상학에 대하여 비판의식을 가지고 있었다. 하지만 그는 모든 것을 의심하는 순수한 경험주의자에 속하지도 않았으며 이 두 가지 이념 사이를 중재하려고 시도했다. 1746년, 그는 처음으로「활력의 순수한 측정에 대한 생각들(Die Gedanken von der wahren Schatzung der lebendigen Kräfte)」이라는 논문을 출간했다. 이것은 칸트가 원래 박사학위논문으로 계획한 것이었지만 당시를 주도했던 경건주의 입장에 반대되어서 토론식의 논문으로서 출판하고 말았다.

1744년에 부친이 병들어 죽자, 칸트는 여동생들의 생계를 포함하여 가정을 책임져야 했다. 그래서 그는 쾨니히스베르크를 떠나서 개혁교회 목사인 안더쉬(Daniel Ernst Andersch)의 집에서, 훌센(Bernhard Friedrich von Hulsen)의 집에서, 그리고 카이저링크(Keyserlingk)의 집에서 가정교사를 했다. 그는 1754년에 논문「하늘의 이론과 일반적인 자연사」를 교정하기 위해 쾨니히스베르크로 돌아왔다.

칸트는 1755년에「불에 대한 몇 개 고찰에 대한 간단한 서술」이라는 논문으로 철학 박사학위를 받은 후에「하늘의 이론과 일반적인 자연사」를 발표했고, 이로 인해 그는 대학에서 강의를 할 수 있게 되었다. 그의 강의 범위는 이러한 넓은 주제들로 인해 논리학, 형이상학, 도덕철학, 자연과학, 수학, 물리학, 물력학, 지리학, 인류학, 교육학 등에 퍼져 있었다.

칸트는 강사 생활을 하면서 1759년에 쾨니히스베르크대학 논리학과 형이상학 교수 자리에 지원했으나 임명되지 못했다. 하지만 그는 1764년에 같은 대학의 시학 교수 자리에 초빙되었지만 거절했다. 그가 원하는 교수 자리는 논리학과 형이상학이었다. 그리고 그는 1766년에서 1772년까지 쾨니히스베르크 왕립도서관에서 사서로 일하면서 본인이 원하는 대학에서 소망하는 교수직 공모가 나올 때까지 기다렸다. 1769년에는 에를랑겐대학에서 그를 초빙했고, 1770년에는 예나대학에서 그를 초빙하였지만 그는 모두 다 거절했다. 그리고 그는 결국 1770년에 46세라는 늦은 나이로 쾨니히스베르크대학 논리학과 형이상학 교수가 되었다. 1778년에 그의 명성을 알고 다시 할레대학에서 그를 초빙했지만 그는 거절했다. 칸트의 유일한 거처는 쾨니히스베르크였고 그의 유일한 연구와 교육의 장소는 쾨니히스베르크대학이었다.[2]

칸트가 이 대학에서 강의하는 과목들은 인기가 많아서 수많은 학생들이 수강했다. 그는 무려 40년 이상 동안 강의를 했는데, 어떤 때는 매주 20시간을 강의할 정도로 강의에 열정적이었다. 그가 강의한 분야는 물리, 수학, 지리, 인간학, 신학, 윤리학, 자연법, 축성술, 불꽃제조술 등이었다. 그의 학생 중 가장 유명한 사람은 요한 고트프리트 헤르더(1744~1803)인데 그는 18세에 칸트를 숭배해서 쾨니히스베르크대학으로 왔다. 그래서 헤르더는 나중에 스승 칸트에 대한 시를 쓰기도 했다.

칸트는 매우 조용한 삶을 살았지만 늙을 때까지 한 곳에 머무르며 즐길 수 있는 술을 매우 즐겼다고 한다. 그래서 그는 건강에 대해 "항상 변화가 심한"이라고 썼다. 칸트는 평생을 독신으로 지냈는데, 그렇다고 쇼펜하우어처럼 여성을 증오하지는 않았다. 또한 칸트는 결혼에

---

2 1786~1788년 그는 쾨니히스베르크대학 총장을 역임했다. 1787년에는 프로이센 학술원 회원이 되었고 1794년에는 성페테스부르크에 있는 러시아 학술원의 명예 회원이 되었다.

대해서 "나는 한 여자를 필요로 할 수 있었기 때문에 나는 어떤 여자에게도 가까이 다가갈 수 없었다. 그리고 나는 어떤 여자에게 가까이 다가갈 수 있었기 때문에 나는 더 이상 어떤 여자도 필요로 할 수 없었다."라고 말했다. 이러한 이성관으로 그는 여성을 싫어하지는 않았지만 가까이하지도 않았다.

칸트는 루소(1712~1778)의 통찰력, 풍부한 상상력, 천재다운 비약 등과 루소가 책에서 설파한 인간의 성품 등에 관한 내용에 놀람과 경의를 표할 정도로 루소에 탐닉하였고, 1762년에는 루소의 『에밀』을 읽다가 규칙적인 산보를 놓치기도 했다. 하지만 칸트는 루소가 "여성은 큰 아이의 이상일 수 없다"라고 말했기 때문에 루소를 비판했다. 아이작 뉴턴(1643~1727)이 칸트를 위해서 외적 자연의 이해를 위한 길을 열어주었다면, 루소는 칸트에게 인간 성품에 대한 길을 제시해주었다.

칸트는 생애에서 마지막 15년은 검열관청과의 예리한 충돌로 인해 고통의 연속이었다. 매우 경건한 프리드리히 빌헬름 2세는 당시에 새로운 문화부장관으로 크리스토프(Johann Christoph)를 임명했다. 문화부장관은 매우 충직하게 왕의 의도와 명령에 순응했고, 1788년 12월 19일에 프로이센 제국은 검열포고령을 선포하였다. 그리고 3년 후에 칸트는 「신정론에서 모든 철학적 시도의 실패에 대하여(Über das Mißlingen aller philosophischen Versuche in der Theodizee)」라는 논문 때문에 검열 논쟁에 빠져들게 되었다.

프리드리히 빌헬름 2세는 종교칙령을 통해 종교정책을 바꾸었고 1792년부터는 칸트의 종교철학 관련 출판을 금지했다. 그런데도 칸트는 이를 무시하고 1793년 이전에 출간된 자신의 종교 관련 논문을 묶어 『순수한 이성의 한계 내에서의 종교』라고 제목을 붙여 출판했다. 더 나아가 1794년에 「만물의 종말」이라는 논문도 출판했다. 그러자 프로이센 왕은 자신이 살아 있는 한 칸트는 종교철학 관련 글과 책을 쓰지 말 것을 명령하였다. 결국 1794년에 칸트에게 성서와 기독교의 기본적 가르침의 경멸이란 혐의가 주어졌다. 칸트는 1796년까지 대학에서 강의를 할 수는 있었지만, 성경에 위배되는 이신론적인 종교문서를 멀리하라는 지시를 받았다. 이에 대해 베를린 월간지 편집자인 그의 친구 비스터(Johann Erich Biester)는 프로이센 왕에게 탄원했지만 거부되었다. 이후에 칸트는 건강이 안 좋아져서 1796년에 대학 강의를 그만두었고, 1797년에 『도덕형이상학』을 출간하였다. 1798년에 드디어 프로이센의 프리드리히 빌헬름 2세가 사망하자 칸트는 자신의 종교철학 입장을 표명할 수 있었다.

'비판'을 위한 준비

칸트는 그의 학문 초기에 계몽주의, 뉴턴의 이론, 레싱 그리고 루소에 영향을 받았다. 칸트는 레싱과 개인적인 친분이 없었지만 사고방식과 특성에서 레싱과 유사했다. 하지만 칸트는 레싱의 「나단」이라는 작품에는 커다란 감동을 받지 않았다. 반대로 레싱은 1751년 7월에 칸트의 첫 번째 작품에 대해서 다음과 같은 조롱조의 글을 썼다. "칸트는 어려운 세상의 일을 강의하려 했다. 그는 살아 있는 힘을 평가하지만 단지 자신의 힘은 평가하지 않는다."

칸트는 자신이 중시하는 일상의 준법성을 파괴하면서까지 읽은 루소의 『에밀』에 깊은 영감을 받았다. 칸트에게는 특히 루소의 교육과 관련된 생각이 매우 큰 울림으로 다가왔다. 칸트도 인지하였던 그때까지의 유럽 학교는 전체적으로 부패한 상태였다. 칸트는 특히 인간의 자연스럽지 못한 노예적인 모방과 오래된 습관을 불만으로 여겼다. 그는 개혁을 원하는 것이 아니라 혁명을 원했다. 그래서 칸트는 '슈투름 운트 드랑'의 시대정신에 대해서 강하게 동감하였다.

자연과학적인 접근 방식에 대하여 칸트는 뉴턴의 이론에 많은 영향을 받았는데, 1755년에 「하늘의 이론과 일반적인 자연사」를 발표함으로써 뉴턴의 원리에 따라 천체의 생성을 설명하였다. 같은 해에 그는 다시 자연과학 관련 논문인 「불에 대하여(Über das Feuer)」를 발표했는데, 거기서 그는 열의 원소 이론을 발전시켰다.

그리고 그는 형이상학에 관심을 가지게 되었고, 「형이상학적 인식의 첫 번째 기본원리에 대한 논문(Abhandlung über die ersten Grundsätze der metaphysischen Erkenntnis)」을 교수 자격 논문으로 제출했다. 결국 「신존재 증명을 위한 유일무이한 논거(Der einzig mögliche Beweisgrund zu einer Demonstration des Daseins Gottes)」(1762)라는 논문에서 그는 그때까지의 신의 존재를 위한 증명은 불가능하다고 주장했고, 그래서 존재론적 신 증명을 자신만의 독자적인 생각으로 발전시켰다. 1763년에는 전통적인 형이상학의 방법에 대항한 문제의식을 발전시켰는데, 이것은 그의 문학적으로 흥미 있는 논문 「어떤 환시자의 꿈(Träume eines Geistersehers)」과 「형이상학의 꿈(Träume der Metaphysik)」(1766)에서 진지하게 논의되었다.

그리고 1770년에 발표된 논문 「감각계와 이성계의 원리와 형식에 대하여(De mundi sensibilis atque intelligibilis forma et principiis)」에서 그는 처음

으로 사물 현상의 감각적 인식과 오성을 통한 있는 그대로의 사물의 인식 사이를 명백하게 구분함으로써 그의 비판을 위한 작업을 준비했다. 즉 칸트의 철학은 '나는 무엇을 아나', '나는 무엇을 해야 하나', '나는 무엇을 바라도 되나', '인간은 무엇인가'라는 질문에 답하는 것으로 수렴되는데, 바로 이 질문의 답을 위한 첫걸음을 뗀 셈이었다.

비판으로

칸트는 이성의 독단적인 사용을 경고한다는 의미에서『순수이성비판』『실천이성비판』『판단력비판』이라는 비판서들을 저술하였다. 이는 그가 결코 이성을 정말로 비판하려는 것이 아니었고, 보다 정제된 이성의 모습을 보여주려고 했다.

그의 관심은 르네 데카르트(1596~1650)가 무한하다고 주장한 이성과 영국의 경험론에 의해 제기된 인간 인식 능력에 있었다. 데카르트는 인간의 이성은 무한하다고 권리를 부여하지만, 칸트는 이성의 한계를 명확히 했다. 그리고 영국 경험론에 의해 제안된 이론의 장점을 취하고 단점을 버리는 작업을 했다. 그래서 그는 인식에서 경험론자들과는 다르게 어떤 대상이 중요한 것이 아니고 그것의 판단 방식이 중요하다고 주장하면서 "대상은 우리의 인식에 따르는 것이지 인식이 대상에 따르지 않는다"라고 했다. 이를 위해 칸트는 '비판'이라는 개념을 만들어내었고, 초감각적인 것으로부터 경험을 분리하는 작업에 착수하였다.

이는 한편으로는 독일의 철학을 프랑스의 데카르트로부터 독립시키는 작업이었으며, 다른 한편으로는 영국의 경험론과의 분리 작업이라고 할 수 있다.

　'순수이성'이란 우리 감각을 통해서 들어오는 것이 아니라 일체의 감각적 경험에서 독립한 인식, 즉 정신의 내적 본성 및 구조에 의해서 소유한 인식을 의미한다. 칸트는 경험주의자들과 반대로 모든 인식이 감각에서 오는 것은 아니라고 주장했다. 경험론자 데이비드 흄(1711~1776)은 모든 인식은 개별의 감각에서 온다고 가정하였다. 하지만 절대적 인식은 존재할 수 있다. 경험은 우리에게 진정한 보편성을 주지 않으며, 이성은 경험에 의해 끝나지 않고 그것에 자극을 받아 다른 것들을 행할 수 있다는 것이 칸트의 생각이었다. 정신의 내적 구조 또는 사고의 생득적인 법칙을 찾으려고 했던 노력이 칸트의 선험철학이다.

　감각이 사상으로 만들어지려면 먼저 여러 감각에 감성의 형식, 즉 시간과 공간을 적용하여 이를 질서 있게 해야 할 것이다. 그러고 나서 이렇게 얻어진 여러 가지 지각에 사고형식, 즉 범주를 적용시켜 이를 질서 있게 하는 것이다.

　그러면 감각은 어떻게 지각되는가? 예를 들어 공간과 시간 속에서 코의 냄새와 혀의 맛, 손가락의 압력 등을 혼합해보면 어떤 사물이 지각되는데, 경험주의자들은 이 감각이 모이도록 하는 것이 경험이라 했지만 칸트는 결코 그렇지 않다고 주장했다. 감각과 사고는 우리가 부르지 않으면 오지 않는다는 것이 칸트의 생각이다. 모든 감각은 그대로 놔두면 아무것도 아닌데, 이들을 모으는 힘은 공간감각과 시간감각이다. 즉 우리는 외부에서 들어오는 모든 감각을 시간과 장소에 따라서 배열한다. 칸트는 이 공간과 시간의 감각을 경험 이전에 존재하는

'선험적'인 것이라고 했다.

관념론이란 지각하는 주관 이외에 아무것도 존재하지 않는다는 것을 의미하는 게 아니라 모든 대상의 대부분이 우리들의 지각 및 오성의 형식에 의하여 만들어진다는 것을 뜻한다.

순수이성

칸트의 첫 번째 비판서『순수이성비판』은 세계 3대 난서 중 하나로 꼽힌다.(아리스토텔레스의『형이상학』, 칸트의『순수이성비판』, 헤겔의『정신현상학』) 칸트가 순수이성을 추려내기 위해 자연과학적 방법을 동원하여 형이상학을 철학과 구별하고 있기 때문이다. 즉 이 책의 목적은 형이상학 문제를 인식론적 관점에서 해명하면서, 과학의 절대성과 종교의 본질적인 진리를 구원하려고 기획했다.

르네상스 시대 이후부터 이성은 볼테르, 베이컨, 볼프, 스피노자, 홉스를 통해서 과대평가되었고, 신앙은 해체되고 이성이 승리하게 되었다. 이렇게 절대화된 이성에게도 허점이 보이기 시작했고 칸트는 이것을 비판해야 한다고 생각하였다. 하지만 이러한 이성에 대한 비판은 경험론자인 존 로크(1632~1704)와 데이비드 흄이 이미 시작하였고, 로크는 "감각은 기억을 낳고 기억은 관념을 낳는다"라는 유명한 말을 하였다.

그래서 칸트는 신의 존재를 이성이 인식할 수 없고, 대상을 인식하는 것은 인간의 직관 능력의 성질에 의거한다는 획기적인 생각을 제시하였다. 즉 합리론자 고트프리트 빌헬름 라이프니츠(1646~1716)와 관

『순수이성비판』 표지

넘론자 프리드리히 셸링(1775~1854), 게오르크 빌헬름 헤겔(1770~1831)은 신이 세계를 창조했고 인간 이성이 신이 만든 세계와 신의 존재를 파악할 수 있다고 생각했고, 영국의 경험론자와 논리실증주의자들은 무한자, 신, 대상은 오직 감각이 가르쳐준다는 것만 알 수 있다고 주장하였다. 그러나 칸트는 인간이라는 존재는 신적인 진리를 갈구하지만 그것을 얻을 수는 없다고 주장하였다. 그는 인간이 가지고 있는 이성에는 능력의 한계가 있다고 보았다. 그리고 니콜라우스 코페르니쿠스(1473~1543)가 태양이 도는 것이 아니고 지구가 돈다고 주장한 것처럼, 칸트는 우리의 직관 작용이 대상의 성질에 준거하지 않고 감관의 객체인 대상이 인간의 직관 능력의 성질에 준거한다고 생각했다. 우리가 보는 대상은 우리가 선천적으로 가지고 있는 선천적 주관을 중심으로만 인식한다는 것이 칸트의 코페르니쿠스적 전향이다. 이것이 가능하려면 대상을 인식할 때 경험에 의거한 것이 아니라 우리에게 선천적 개념이 있어야 한다. 하지만 인식하는 선천적 능력은 경험의 한계를 넘을 수는 없다. 그래서 그는 이성을 통한 인식 능력에 회의를 품기 시작했다.

어떻게 대상을 인식하는가

칸트 철학은 우리가 물체를 어떻게 인식하는가로부터 출발한다. 예를 들어 컵이 책상에서 떨어질 때, 데카르트는 우리가 컵의 정확한 운동법칙만을 따른다면 이를 인식할 수 있다고 생각했다. 그러나 영국의 경험론은 우리의 이성이 대상으로 하고 있는 것은 컵 자체가 아니라 떨어지는 컵을 보고 얻은 '인상'이라고 했다. 더욱이 감각은 사람에 따라서 다양하다. 즉 컵 자체에 대한 타당한 법칙을 인식할 수 없다는 결론이 된다. 칸트도 역시 우리 인식의 대상은 컵 자체가 아니라 우리가 감각한 것에 불과하다는 결론에 도달한다. 처음에는 칸트도 데카르트에 동의하지만 흄의 사고에 접하자마자 데카르트를 독단으로 취급했다. 칸트에 따르면 우리는 컵 자체를 인식하지는 못하지만 컵이 떨어지는 낙하 규칙은 인식할 수 있다고 했다. 그렇다면 컵 자체는 알지 못하면서 어떻게 컵의 낙하 법칙은 알 수 있을까? 컵이 떨어질 때 영사기로 돌리지 않고는 전혀 인식하거나 알 수 없는 것이다. 떨어지는 컵은 더 이상 공간을 차지하지 않기 때문이다. 그러나 인간은 스스로 영사기를 천천히 돌려서 그 컵을 인식하는데 시간적으로 순간이지만 이미 공간에 있었던 컵을 연장시켜서 그 컵이 마치 찰나의 순간일지라도 언제나 장소를 차지하는 것처럼 인간의 감성이 그렇게 만든다. 이는 '시간'과 '공간'이라는 감성의 형식이 있기 때문이라고 칸트는 생각했다. 우리가 '본다는 것'은 시간과 공간이라는 감성의 형식에 따라서 본다는 것이 칸트의 발견이다. 그래서 우리의 인식 재료는 경험에 의해서 얻을 수밖에 없지만 감성의 기능이 거기에 더해져서 컵의 인상이 우리에게 전달된다. 그러므로 우리가 보고 있는 사물들은 그 사물이 아니라 내부의 주관적인 움직임이 더해져 이루어진 현상이다. 우리는 물체 자체를 보는 것이 아니다. 다시 말하자면 우리 감성에 나타나는 세계는 이미 우리의 주관의 기능인 공간과 시간을 포함하고 있다. 칸트에 의하면 인간은 세상을 있는 그대로 보지 않는다고 한다.

> 나는 현상 안에서 감각에 대응하는 것을 현상의 질료라고 명명하고 이에 반하여 현상의 다양함을 일정한 관계로 질서 있게 하는 것을 현상의 형식이라고 명명한다. 감각이 거기에서만 질서가 있게 되고 일정한 형식으로 정리될 수 있는 것은 그 자신이 감각이 아니기 때문이다. 모든 현상의 질료는 물론 후천적으로만 우리에게 부여되지만 현상의 형식은 감각에 있어서는 모든 마음 안에 선천적으로 미리 존재해야만 한다. 그러므로 일체의 감각과는 구별되어 관찰될 수 있는 것이어야만 한다.[3]

칸트에 의하면, 감각은 내부에서 오지만 시간과 공간은 우리 마음에 선천적으로 갖추어져 있다. 흄에 따르면 '3+5=8' 같은 수식마저도 경험에 의한 지식이다. 그러나 칸트는 이 공식의 보편성을 믿고 있었다. 이 공식이 경험이라면 올바른 지식이 될 수 있어도 만민에게 통용될 수는 없다는 것이 그의 주장이다. 칸트에 의하면 이 공식이 만민에게 통용된다는 것은 이 지식이 우리에게 선천적으로 갖추어져 있기 때문이다. 즉 이 공식이 순수한 지식이기 때문이다. 칸트는 순수라고 하는

---

3   칸트, 『순수이성비판』, 정명오 역, 동서문화사, 2015, 63쪽.

126

세상을 변화시킨 **독일인들**

것은 경험에 따르지 않는 것이라고 주장했다. 경험은 사람들에 따라 다르지만 모든 사람은 공히 시간과 공간이라는 형태로 감각을 질서 있게 할 수 있다고 그는 생각했다. 수학과 물리학의 인식은 우리 마음 안에 있는 선천적인 인식의 가능성에 기초를 두고 있다. 현상이란 주관을 포함하고 있어서 그것으로부터 경험을 제거하면 우리는 순수한 것을 이끌어낼 수 있을 것이다. 이 순수한 것에 기초하는 인식이야말로 보편적인 것이다.

우리는 일반적으로 자연에 통일된 이미지를 인위적으로 부여한다. 그래서 우리가 인식하고 있는 것은 '물자체'가 아니다. 이로 인해 칸트는 하나의 문제를 해결하기 위해서 더 어려운 문제를 철학으로 이끌어 들였다. 그것은 우리가 인식하고 있는 것에 이미 우리 주관의 기능이 더해져 있는 이상, 우리는 물체 자체를 인식하고 있는 것은 아니라는 것이다. 우리가 일반적으로 인식하고 있는 이러한 현상 뒤에는 '물자체'가 존재한다고 칸트는 생각했다.

이처럼 인간이 대상을 인식하고 판단하는 능력을 칸트는 오성이라고 했는데, 그는 이 오성을 이성과 구별하였다. 즉 오성은 인간이 대상을 보고 규칙을 부여하는 능력이다. 그렇다면 오성은 우리의 경험과 어떤 관련이 있는가? 칸트는 다음과 같이 말했다.

> 개라는 개념은 나의 구상력이 그것에 따라 어느 네 발 가진 짐승을 일반적으로 나타낼 수 있는 규칙을 의미한다. 그것은 경험이 나에게 부여하는 무엇인가 특수한 형태나 내가 구체적으로 나타낼 수 있는 각각의 가능한 현상에 제한되어 있는 것은 아니다. 현상과 단

지 형식에 작용하는 우리 오성의 이 도식성은 인간의 마음 속 깊은 곳에 숨겨진 기술이다.[4]

이러한 오성의 움직임은 경험에 제한되지 않는 판단 능력을 우리에게 준다. 우리의 감성이 공간과 시간이라는 형식을 가지고 있듯이, 판단하는 오성에도 순수한 부분이 있다. 칸트는 경험에 좌우되지 않는 우리의 판단 능력이 움직이는 틀을 아리스토텔레스의 영향을 받아 '범주'라고 불렀다. 아리스토텔레스에서 범주는 주어에 대응하는 기본적인 속성을 나타내지만, 칸트에서는 우리의 정신이 판단을 내릴 때 기준이 되는 틀인데, 이것은 경험과는 무관하다. 즉 범주란 오성이 보편적으로 판단할 때 사용하는 사고의 틀이다.

비록 칸트가 인식론의 전제에서 영국의 경험론을 수용하였지만 인식을 담당하는 것은 감성과 오성이 아니라 이성이라고 주장하였다. 이성이란 경험을 초월한 어떤 개념이다. 오성은 세상의 것을 추구하지만 이성은 정신적인 것 세상 저편의 것을 추구한다. 그래서 이성이 추구하는 것을 '이념' 또는 '이상(idea)'이라고 했다. 그러나 칸트에 의하면 우리의 이성이 선험적 가상을 추구한다는 것은 피하기 어려운 착각이다. 즉 경험을 초월한 것을 추구하는 것이 이성이지만 이런 과정을 논증할 수는 없다.

---

4 위의 책, 167쪽.

세상을 변화시킨 독일인들

오성과 범주

칸트에 의하면 인식은 감성과 오성으로 성사된다. "내용 없는 사고는 공허하고 개념 없는 직관은 맹목적이다(Gedanken ohne Inhalt sind leer, Anschauungen ohne Begriffe sind blind)." 내용이 없는 사고는 공허하다. 예를 들어 어떤 낱말 'Liebe'라는 개념은 나에게 의미가 없다. 이 낱말로는 나의 표상에 어떤 것도 생기지 않기 때문이다. 그러나 이것이 독일어로 '사랑'이라는 것이 알려지면 누구를 사랑하는 그러한 유쾌한 표상이 떠오르게 된다. 또한 개념 없는 직관은 맹목적이다. 감성은 오성에 의존한다. 만일 내가 가운데에 세 개의 안테나와 나뭇잎 모양의 어떤 것을 볼 때, 나는 이것이 무엇인지 모른다. 이는 칸트의 말대로 맹목적 직관이다. 나의 오성이 외계영화라는 개념을 파악하고 있으면 나는 그것이 무엇인지 가늠할 수 있을 것이다.

우리의 모든 직관은 현상의 표상 이외에 아무것도 아니다. 대상들이 현상으로 우리에게 존재하지 그 자체로 존재하는 것은 아니다. 대상이 우리 감성으로부터 분리되었을 때 그 자체가 어떤 것인가는 우리에게 전혀 알려져 있지 않다. 우리는 대상을 지각하는 인간 특유의 방식만을 안다. 그것이 범주가 될 수 있다. 이 범주는 주관의 통일성 안에서 경험질서를 세우는 데 필수적이다.

칸트는 판단의 개념을 찾는 과정에서 선천적 사고 형식을 발견시켰다. 이것은 오성의 활동 영역을 추적해보면 알 수 있다. 오성의 인식은 개념을 통한 인식이고 직관적이 아니라 논증적이다. 개념은 결코 대상에 직접적으로 관계하지 못하고 대상에 관한 다른 표상에 관계한다.

그러므로 판단은 대상의 간접적 인식이요 대상에 관한 표상의 표상이다. 우리가 판단에서 통일기능을 완전히 표시할 수 있다면 오성의 기능은 전부 발견될 수 있다. 그러나 인식은 여러 판단을 나열해서는 안 되고 정돈, 통일되어야 한다. 이 판단들을 통일시키는 것이 오성의 임무다. 칸트에 있어서 인식은 다음 같은 단계를 거친다.

1) 대상들이 우리에게 주어진다 – 감성의 범위 내에서 시간과 공간은 모든 감각을 정돈한다.
2) 대상은 사고된다 – 오성은 잘 정돈된 감각들을 지속적으로 틀로 만들어 그것을 대상과 관계할 수 있는 개념으로 끌어 올린다.
3) 개념은 오성에 의해 판단에 결합된다.

칸트에 의하면 판단을 결합시키는 활동에서 나타난 요인들은 '범주'라고 불린다. 우리의 감성이 공간과 시간 같은 형식을 가지고 있는 것처럼 오성도 이 범주라는 틀을 통하여 대상을 정리한다. 범주란 오성이 보편적으로 판단할 때 사용하는 도구이다. 그에 의하면 판단 일반의 모든 내용을 무시하고 판단에서의 오성의 단순한 형식만을 주목한다면, 사고 기능은 각각 세 개의 판단 양식을 포함한 네 항목 아래 포괄될 수 있을 것이다.[5]

---

5 양(Quantität)은 수(數)의 기본요소이다. 즉 시간적인 순서를 말한다. 질(Qualität)은 시간의 충만에 대한 정도에서 생긴다. 관계(Relation)의 객관적 관련은 시간질서에서(지속, 연속, 동시) 생긴다. 양태(Modus)는 시간의 총괄개념에서 생긴다.

항목	판단 종류		
판단의 분량	전칭판단	특칭판단	단칭판단
판단의 성질	긍정판단	부정판단	무한판단
판단의 관계	정언판단	가언판단	선언판단
양상	개연판단	실연판단	필연판단

위에 제시된 '분량', '성질', '관계', '양상'에 대한 각 경우를 고려하여 예를 들어보면 다음과 같다.

〈판단의 분량〉

단칭판단 – 슈미트 씨는 공무원이다.

특칭판단 – 어떤 동물은 포유류이다.

전칭판단 – 모든 인간은 죽는다.

〈판단의 성질〉

긍정판단 – 남산의 탑은 높다.

부정판단 – 그 옆에 있는 집은 높지 않다.

무한판단 – 저 집은 탑이 아니다; 이 판단은 무한한 가능성을 가진다.

〈판단의 관계〉

정언판단 – 원은 둥글다.

가언판단 – 태양이 비추면 버터가 녹는다.

선언판단 – 개는 진돗개이든지, 풍산개이든지 ○○○이다.

〈양상〉

개연판단(추측) – 오늘 눈이 내릴 수 있다.

실연판단(주장) – 오늘 눈이 내린다.

필연판단(필연) – 나는 어느 날 죽어야 한다.

이 판단 안에 경험적·우연적 감각 질료가 들어 있고 이것이 제거된 후에는 반드시 어떤 것이 남아 있는데, 이것을 칸트는 '범주'라 했다. 다음이 바로 더 이상 증명되지 않는 범주표가 될 수 있다.

분량 : 단일성, 다수성, 전체성

성질 : 실재성, 부정성, 제한성

관계 : 속성과 자존성, 인과성과 의존성, 상호성

양상 : 가능성, 현존성, 필연성

이것이 바로 순수한 모든 개념을 열거한 표이다. 오성은 이러한 개념들을 선천적으로 내포하고 있기에 이 오성만이 순수 오성이다.

칸트는 또한 "어떻게 종합적 판단력이 선험적으로 가능한가"를 입증해보고자 했다. 그래서 그는 '분석판단'과 '종합판단(경험판단)'을 구별하였다. '분석판단'은 경험에서 유래하지 않는 판단을 말한다. "원은 둥글다"라는 것은 분석적인 판단이다. 왜냐하면 판단의 술어가 주어 속에 포함된 판단, 즉 둥근 상태는 이미 원 안에 포함되어 있는 상태이기 때문이다. 이 판단은 선험적인 판단이다. 분석명제는 모두 선험적 명제이다. "어떤 사람도 키가 3미터를 넘지 않는다"라는 명제는 경험

판단이다. 만일 3미터가 넘는 사람이 발견되면 거짓으로 판명이 되기 때문이다. 하지만 이와 반대로 '7+5=12'는 선험적으로 종합적인 판단이라고 한다. '12'에는 '7'이나 '5'와 동일한 요소가 없기 때문이다. 칸트는 이처럼 종합판단 중에도 선험적인 판단들이 있다고 생각했다. 그에 의하면 인간의 사고방식 자체의 본성상으로 보면 인간의 경험도 어떤 구조를 가지고 있고, 우리가 인식하는 세계는 인간의 사고와 경험의 근본 구조로 바뀔 수 있다고 생각했다. 그래서 선험적 종합판단이야말로 세계의 근본 구조를 드러내는 명제들이고, 인간 사고의 근본 구조를 나타내는 명제들이 될 수 있다. 칸트는 양 보존의 원칙, 인과율 그리고 뉴턴의 역학의 기본 법칙들이 이러한 성격을 가진 명제로 보고 이를 증명하려고 노력했다.

선험적 관념

칸트는 '영혼', '세계', '신(神)'을 선험적 관념으로서 간주한다. 그는 객체로 고찰된 이 관념들이 모순으로 된다는 것을 증명하려고 노력한다. 그는 이러한 증명을 '영혼', '세계', '신'에 관한 중심 부분에서 시행하였다. 이성적 심리학의 잘못된 결론은 주체와 물질의 금지된 연결에 기인한다. 자아는 주체이고 전통적 심리학에 따르면 물질이다. 이와 반대로 지각의 자아와 영혼의 물질 사이를 칸트는 구별한다. 칸트에 의하면 주체의 단위는 사고 안에 있는 단위일 뿐이다. 그래서 단순히 객체만이 주어지지 않는다. 즉 실체의 범주는 조망을 전제하지 않는다. 그러므로 이 주체는 전혀 인식될 수 없다. 그래서 불멸적이고 비

물질적인 실체성의 영혼의 인식은 존재하지 않는다. 변증법의 마지막 부분에서 칸트는 순수이성의 관념, 즉 신의 개념을 다룬다. 여기서 세 가지의 신(神) 증명이 나온다.

1) 신(神) 사고에서 나오는 존재론적인 증명.
2) 어떤 존재의 설명을 위해서 가장 높은 존재의 필수성으로부터 나온 우주론적인 증명.
3) 세계의 발기자에 대한 세계의 목적성에서 나온 목적론적 증명.

이를 위해 칸트가 제기한 철학적 신론과 철학적 우주론을 살펴보자.

1) 철학적 신론 : 신은 존재하나?

1) 대전제 – 만일 어떤 것이 실재한다면 반드시 필연적인 것이 있어야 한다.
2) 소전제 – 적어도 나 자신은 실재한다.
3) 결론 – 그러므로 절대적인 필연 존재도 실재한다.

인과성은 초월적 자연법칙에 의존한다. 모든 우연적인 것은 원인이 있다는 데서 출발한다. 모든 우연은 원인을 동반한다. 그러나 우주론적 증명에는 다음 잘못이 있다. 즉 우연적인 것에서 그것의 원인을 추리하는 것이다. 이것은 원래 감성계에서만 의미가 있고 감성계 외부에서는 아무런 의미가 없다. 우연적인 것이라는 지성적 개념은 인과성의 명제처럼 총합적 명제를 산출하지 못하고 인과성 원칙은 감성계를 제외하고 아무런 의미도 없으며 사용될 아무런 표증도 없다. 감성계에는 원인의 원인을 추론하는 무한한 계열은 불가능하다.

칸트는 신 존재를 우주론적으로 증명하려 했다. 내가 있다는 것은 부모가 있고 조상이 있고 조상 인류는 지구 태양계가 있고 온 우주를 만든 신이 존재함을 의미한다. 그럼 신은 누가 만들었나? 이것은 감성계를 초월한다. 그래서 신 존재 증명은 타당하지 않다. 칸트는 인과의 원칙을 감성에 적용해야 함에도 직관과 무관하게 개념을 사용하여 감성계를 초월하였기에 이런 오류가 생겼다고 보았다. 인간은 감성을 사용할 때만 올바른 판단을 할 수 있다. 이는 말 그대로 인간은 신 존재를 증명할 수 없음을 의미한다.

2) 철학적 우주론 : 우주는 시초가 있고 종말이 있는가?

이것에 대한 초월적 이념의 첫째는 이율배반이다. 예를 들어 두 개의 명제가 있다고 가정해보자.

정립 – 세계는 시초가 있다. 공간상으로 한계가 있다.
반정립 – 세계는 시초나 한계가 없고 무한하다.

정립 증명 : 세계가 시간상으로 시초가 없다고 가정한다면 임의의 주어진 시점에 이르기까지 무한한 시간이 존재하며 세계 안에 존재하는 모든 것은 이미 무한한 세계를 경험해야 한다. 그러므로 무한히 존재하는 세계는 불가능하며, 세계가 존재하려면 세계의 시초가 반드시 존재해야 한다.

반정립 증명 : 세계가 시초가 있다고 가정한다면, 시초는 하나의 존재이며 이 존재 앞에는 사물이 존재하지 않는 시간, 공허한 시간이 있어야 한다. 그러나 이때는 어떤 사물도 발생하지 않는다. 세계는 시초가 없기 때문이다. 그래서 과거의 시간은 무한하다.

세계의 시초 여부 증명은 비교적 간단하다. 우선 시초가 없다고 가정하면 그 시대는 과거로부터 그때까지 무한한 시간이 경과함을 의미한다. 그러나 무한한 시간 경과는 그 시점에 도달이 불가능함을 의미한다. 그래서 시초가 없다는 주장은 불성립한다. 역으로 시초가 있다고 가정해보자. 그러면 시초 이전에 아무것도 존재하면 안 된다. 무엇인가가 존재했다면 그것은 현재까지 이루어지는 시초이기 때문이다. 그러나 아무것도 존재하지 않았다면 무(無)로부터는 아무것도 존재할 수 없다. 무(無)로부터는 아무것도 발생하지 않기 때문이다. 이 증명 방식은 귀류법인데, 오류를 증명하는 방식이다. 이 두 명제 다 참이므로 사실 아무것도 진리를 알려주지 않기 때문에 이는 이율배반이다. 이는 둘 다 동시에 참이거나 오류인 경우이다. 칸트가 제기한 이성이 인지 불가한 '우주'에 대한 가장 올바른 답은 이율배반이다.

칸트의 반박은 이들 모두는 물자체적이고 현상적 객체를 혼동하고 절대 경험에서 세워질 수 없다는 증명에 토대를 둔다. 가장 높은 본질은 증명이 불가능하고 반박불가하다.

그래서 칸트는 선험적인 방법론을 제시한다. 이는 순수이성의 완전한 체계의 형식적 조건의 규정이다. 일반적으로 학문 분과들은 정확하지 못한 이성의 사용의 가능성에 놓였는데 그는 다음과 같은 것을 비판했다.

1) 수학적 방법 – 이것은 철학 안에서 가상적 증명을 통해 독단주의로 된다.
2) 이성의 논쟁적인 사용 – 이성은 선입견 없이 비판적으로 시험되어야 한다.
3) 철학의 일반적인 방법으로서 부적합한 회의.
4) 철학에서 가정과 증명 – 가정은 전쟁무기로서만 허가되어 있다. 증명은 가능한 경험에서 적용되어야 한다.

이렇게 하여 칸트는 이성의 능력을 명확히 제한하였으며, 무제약적인 형이상학적 시도를 비판하였다. 세계를 현상계로 보면서, 신앙의 공간을 위해 지식을 제거했다.

도덕률을 통하여 최상선에 도달하기

칸트는 이성의 범위를 예리하게 한정한 후에, 이성의 실천에 대하여 『실천이성비판』(1788)에서 언급하였다. 『순수이성비판』에서는 그가 현실의 대상에 대한 인식을 연구했다면, 『실천이성비판』에서는 도덕, 양심 그리고 무제약적인 것에 천착했다. 인식하는 이성은 이념이나 이상을 인식할 수 없지만, 실천하는 이성은 이상을 실현할 수 있다. 그래서 이러한 이상의 실천은 초월적인 것 혹은 초감성적인 범주와 관계된다.

실천의 구체적인 내용을 그는 '도덕률'이라고 했다. 이 도덕의 문제는 자유와 관련이 있다. 현상세계는 시공간에 의해 제한되어 있어서 자유가 없다. 그러나 우리가 인과율을 통해서 내면의 자유 문제를 유추해낼 수 있다. 우리의 신체나 욕망은 현상계에서는 인과율에 따른다. 그러므로 인과율의 범위는 자연, 심리적인 현상, 사회적인 현상, 모든 현실을 아우른다. 만일 우리가 인과율에 따라서만 움직인다면 모든 행위는 진정한 의미에서 선악의 구별이 없게 된다. 그래서 도덕은 필요 없고 단지 필연성에 따라서 행위하면 된다. 그러면 우리의 의지에는 자유라는 공간이 있을 수 없게 된다. 그래서 현상계는 인과율에 따른 구속만이 존재하게 된다.

> 따라서 시간 내에서 규정되는 현존을 갖는 어떤 존재자에게 우리가 자유를 인정하려 할 경우, 그러한 적어도 이 존재자를 자기실존상의 모든 사건이 지니는 자연 필연성 법칙에서 벗어나게 할 수는 없다. (…) 결국 우리가 그래도 자유를 구해내려 한다면 유일하게 남은 길은 시간 내에서 규정될 수 있는 한에서 사물의 현존, 즉 자연필연성 법칙에 따른 인과성을 순전히 현상에만 인정하되, 자유는 사물 자체로서 동일한 존재자에게 인정하는 것이다.[6]

우리가 현상계에 있는 한 이러한 인과율에서 자유롭지 못하다. 자유를 추구하려면 우리는 인과율을 초월한 물자체의 세계, 즉 이념의 세계를 추구해야 한다. 자유는 인과율을 초월할 수 있는 하나의 근거가

---

6 칸트, 『칸트 전집 6권 : 도덕형이상학 정초 · 실천이성비판』, 김석수 · 김종국 역, 한길사, 2019, 262쪽.

될 수 있다. 칸트는 자유와 실천의 생각을 개인의 내면 문제라고 했으며, 이것이 바로 양심이 될 수 있다. 이 양심에 따라 움직이는 인간이야말로 칸트에게는 바로 이성적이고 이상적인 근대 인간상이었다.

다시 말하면 인간의 물자체란 바로 인격성이고 개인의 도덕성이다. 인간의 욕망은 인과율을 따르며 개인적인 것이다. 순수이성에서 경험이 빠져야 하는 것처럼 실천이성에서도 경험이 분리되어야 순수한 실천이성이 발현된다. 칸트에 따르면 우리의 도덕은 정언명령의 형태(너는 ~을 해야 한다)로 나타난다. 그래서 칸트는 순수한 실천이성 법칙에서 "너의 의지의 준칙이 동시에 보편적 입법의 원리로서 타당할 수 있도록 행하라"[7]라고 했다. 보편적인 법칙이란 여기서 모두에게 통용되는 법이다. 그래서 우리는 이러한 "~을 해야만 한다"라는 명령을 자신의 생활 준칙으로 만들어야 한다. 즉, 이념의 소리와 현실의 행위를 일치시켜야 한다. 이렇게 이념과 현실을 일치시킬 때 생활은 자유로워진다.

결국 칸트의 도덕관은 경험과 현실에 속박되지 말고 내면의 자유를 따라 엄격하게 정언명령을 지키는 것이다. 칸트가 실천의 목적으로 한 것은 이념의 실현에 끝없이 접근해 나가는 것이었다. 이 이념의 끝은 최고의 선이다. 최고의 선은 의지가 도덕률에 일치될 때인데 이것이 행복을 보장해줄 때 [최상의] 선은 완성된다. 그러면 인간은 감성계를 벗어날 수 있다. 그러나 인간은 유한하므로 이는 불가능하다. 그래서 덕과 행복 일치가 실현되기 위해서 세계를 섭리하는 신의 존재를 예상

---

7 위의 책, 174쪽.

하지 않으면 안 된다.

이처럼 칸트는 도덕률을 통하여 최상선에 도달하고자 하는 방법을 제시하고자 노력하였기에 묘비명에 "심사숙고가 내 위에 있는 별이 총총한 하늘과 내 안에 있는 도덕적인 법칙을 자주 다룰수록 이 두 가지 일이 더욱 새로이 증가하는 놀람과 경외로 내 마음을 채운다"라고 쓰라고 했다. 칸트는 바로 세상의 대상을 인식하는 이성의 한계를 도덕법칙으로 완성시키고자 했다.

미학으로 완성하다

1790년 발행된 『판단력비판』에서 칸트는 한편으로는 자신의 철학 체계를 완성시키고, 다른 한편으로는 자연인식의 토대가 되는 이론적인 오성과 이념으로서의 자유를 인정해주고 관습법칙으로 인도되는 실천이성 사이의 연결을 완성하려고 했다. 원하는 감정과 원치 않는 감정은 인식 능력과 욕구 능력 사이의 중간 단계이다. 이들을 연결하는 원리는 합목적성이다. 이것은 한편으로는 아름다움과 숭고에 대한 미학적 판단에서 나타나고, 다른 한편으로는 자연에 대한 인간의 관계를 규정하는 목적론적 판단에서 나타난다. 두 개의 경우에서 판단력은 모든 일반적인 개념에서 어떤 개념이 어디서 파악되는지는 인식에서와 같이 규정이 불가하고, 개별적인 것에서 일반적인 것이 얻어진다는 것은 무엇을 의미하는가를 심사숙고하게 한다.

미학적인 것의 규정은 주관적인 판단 과정인데 그 안에서 판단력의 대상에게 '아름답다' 혹은 '숭고하다' 같은 술어가 주어지는 것이다.

순수한 기호의 판단들을 위한 기준들은 이것이 판단하는 자의 어떤 관심과 무관하게 해당되는 것이고, 이 판단들이 주관적인 것이고, 더 나가서 그 판단이 보편타당성을 요구하고, 결국 그 판단이 필연적으로 성사되는 것이다. 미학적인 판단이란 비록 그것이 모든 흥미 없이 그리고 모든 개념들 없이 인식 판단과 반대로 생각된다 해도 완전히 주관적이다. 동시에 그것은 칸트에 의하면 타당성(Allgemeingültigkeit)이다. 이것은 어떤 유사인식(quasi-Erkenntnis)이 있을 때만 가능하다.

이 인식력은 상상력과 오성의 자유로운 역할에서 생겨난다. 이 역할은 어떤 대상의 관찰자에 있어 우리가 '아름답다'고 부르는 대상과 연결하는 호감의 감정(혹은 비호감)을 일으키고 만족을 일으킨다. 그러는 한에서 만족을 통해 미학적 판단을 생각하는 어느 대상의 관찰자는 이 판단이 모든 이에게 타당성을 가지고, 비록 그것이 의견에서 어떤 동의가 없다 해도 어떤 토론을 통해서도 취소될 수 없는 것을 요구한다.

윤리학에서처럼 칸트는 어느 판단의 형식적인 기준을 추구하고 미의 내용적인 규정을 배제한다. 관찰자가 만일에 어떤 대상을 판단한다면 이 인식력의 자유로운 역할이 작동하고 어떤 아름다운 대상의 판단으로 이끄는 호감(Lust)의 감정이 일어나기 위해서 대상에 어떤 것이 존재해 있어야 한다. 즉 기호 판단의 독특성은 비록 그것이 주관적인 타당성만을 가진다 해도 마치 그것이 인식 근거에 기인하는 객관적인 판단인 것처럼 그렇게 모든 주관자를 요청하는 데서 생긴다.

'미(美)'와 반대로 '장관(Erhabene)'은 대상이 그 형식과 연결되어 있지 않다. '장관'은 쾌락의 감정을 만들어내지 않고 경탄과 주목을 만들어낸다. 예술에서는 '장관'이란 일어날 수 없다.

전통적인 미학은 공통적인 평가를 찾아, 그것에 따라서 미(美)의 기준을 정했다. 하지만 경험론자들은 '미(美)'라는 것은 개인의 심리적인 차원이라고 규정하였기에 '미(美)'는 개인적이고 상대적인 것이 되어버렸다. 칸트는 심리적 만족과 관련해서 쾌적함, 도덕감, 미적 만족이 있다고 했다. 미적 만족은 순수한 만족, 즉 '무관심적 만족'이다. 어떤 의자를 보았을 때 그 의자의 내용과 무관하게 바라만 보아도 아름다울 수 있다. 이것은 의자의 실재적인 내용과 무관하게 미적 만족이다. 칸트는 취미 판단은 관조적이라고 했는데 이것은 '무관심성'의 측면이다. 그는 과거의 실재적인 관심이나 개인마다 다른 관심을 제거했다. 그래서 내용이 없는 무관심적인 미와 미적 만족만이 남게 된다. 즉 개인의 욕구나 도덕과는 무관하게 미적 판단이나 쾌감에서 인간의 감정이나 구조는 동일한 것이라고 생각하는 것이다. 이런 공통된 감각을 '공동 감각(Sensus Communis)'이라고 했다.

인간은 일반적인 보편을 포착하여 개별적인 것과 연결하여 판단한다. 즉 어떤 사물을 인식할 때 도덕적인 가치를 규정할 때 규정적 판단이라 한다. 거짓말을 하면 안 된다라는 도덕적 판단도 나의 개별적인 의지를 정직이라는 보편적 개념에 의해 규정하고 판단하는 것이다.

취미 판단은 미적 판단인데, 여기서 우리는 보편적인 미의 법칙이나 기준이 없어서 취미의 객관적인 규칙은 없다. 이 판단을 반성적 판단력(Reflextierende Urteilkraft)이라고 한다. 즉 우리는 이때 어떤 것을 보면 '좋다', '아름답다'라고 판단해가면서 그 아름다움의 일반성을 찾는 것이다. 이것은 규정적 판단에서처럼 규칙이나 개념의 구속을 받지 않고 자유롭게 활동한다. 이것을 '심의력'이라고 하고 이것은 오성의 작용의 결과이다. 이 구상력은 대상을 포착하여 오성에 결부시킨다. 그래서 '심의력'의 자유로운 유동은 구상력과 오성이 활동하다가 서로 조화를 이루며 즐거운 유희처럼 진행되는 상태를 말한다. 이때 우리에게 쾌감을 일으키는데, 이 쾌감이 '미(美)'이다. 이때 우리가 쾌감을 느끼는 것은 그 대상의 내용이 아니라 내용들을 배치해내는 대상의 형식이다. 이렇게 대상의 형식들을 포착해내는 구상력의 유동적 활동과 그런 형식들을 통일적으로 정리해내는 오성의 유동적 활동이 조화를 이룸으로써 미적 쾌감이 발생하는 것이라고 그는 보았다. 칸트는 이 형식에 의존하는 조화 관계를 형식적 합목적성이라고 표현했다. 여기서 구상력에도, 오성에도 특정한 목적이 전제되지 않으므로 '목적이 없는 합목적성'이라고 한다. 그리고 그것이 대상의 유용성이나 객관성을 추구하는 것이 아니므로 주관적 합목적성이라고 할 수 있다. 칸트의 판단력비판에서는 바로 이러한 형식적 합목적성과 형식에 의존하는 무관심적인 만족이 하나가 되어 보편적인 판단을 내린다.

포스트모더니즘을 예견하다

칸트는 인식을 현상계로 제한했는데, 이는 이성의 한계를 넘어서 이성의 적극적인 효용을 위한 서막이었다. 즉, 이것은 도덕적 영역의 확보였다. 칸트는 진리 탐구를 위한 인식 활동을 현상에 국한시켜서 인간의 윤리적 행위는 현상을 넘어서 본질적인 문제라는 주장을 하려고 했다. 그래서 그는 순수이성을 비판하고, 『실천이성비판』에서 인간의 의무인 정언명령을 주장하고 결국 윤리론으로 넘어갔다.

'인간을 수단으로 대하지 말고 오직 목적으로만 대하라'라고 하는 칸트의 말은 순수이성이라는 진리 영역과 인간의 의무라는 도덕 영역을 매개시키는 것이었다.

인간의 도덕은 현상계에서 실현되어야 한다. 그래서 현상을 단지 과학적 탐구가 아니고 도덕적 영역으로 파악해야 할 근거가 생기게 된다. 세상의 현상계를 모두 과학적으로 판단하면 도덕이나 존중의 영역이 없어지지만, 감정적으로 보게 된다면 숭고함, 아름다움이라는 자연 전체의 합목적적 조합이 해명될 수 있다. 그래서 우리는 판단력비판을 할 수 있다.

실천이성 관점에서 현상계를 판단하는 것은 잘못이고 이론이성이나 실천이성으로만 현상계를 보아도 오류이다. 그래서 실천이성이라는 기준으로 미의 가치를 평가하는 것도 오류다. 이성주의 이전 시대인 중세에는 종교 가치로 미를 평가했다. 그러나 오늘날에는 예술작품을 윤리 가치로 평가하면 미의 고유성이 손상된다. 윤리와 예술을 연계시켜 철학적으로 해명한 것이 칸트의 3대 비판서로 이해되고 철학적 완성으로 평가된다.

이러한 승화를 통해서 칸트의 철학은 포스트모던의 서곡으로 볼 수 있다. 근대성은 인간 이성이 만개한 시대이다. 데카르트는 이성은 정신 진리성을 대변한다고 하였고, 인간은 이성적 존재라고 했다. 이러한 이성중심주의의 시대가 모더니즘이다.

칸트는 3대 비판서를 통하여 이론이성으로 진리를, 실천이성으로 윤리를, 판단력으로 미를 명백하게 드러냈다. 『순수이성비판』과 『실천이성비판』은 이성을 비판하고 『판단력비판』은 판단력을 비판한다. 오늘날에는 비윤리적인 것이 매력으로 다가오는데, 이는 과학과 윤리만으로 해명될 수 없는 현상이다. 그래서 오늘날 칸트의 판단력의 해명 방식이 주목받는다. 그의 『판단력비판』은 과학과 윤리만으로 미를 설명하는 것이 불가능함을 보여주는 책이다. 세상은 이성적이지도 합리적이지도 않고 과학과 윤리만으로 설명할 수도 없다. 사람들은 예술이 말하는 미(美)와 진리가 과학과 윤리의 보조 역할이라고 하지만 실은 그렇지 않다. 오늘날은 과학의 시대를 넘어 문화예술의 시대로 가고 있다. 그래서 순수이성으로부터 시작하여 실천이성을 거쳐 판단이성을 완성한 칸트는 이미 18세기에 모더니즘을 완성하였고, 포스트모더니즘을 예언하였다.

칸트의 영향

칸트는 생존 기간에도 유명한 철학자로 알려졌기에 18세기에 이미 칸트주의가 있었다. 그래서 슐츠(Johann Schulz), 라인홀트(Karl Leonhard Reinhold), 실러(Friedrich Schiller) 등이 칸트주의의 선구자로 알려져 있다. 하지만 칸트는 빠르게 계몽주의의 이성적인 대표자들의 비판적 입장을 만나기도 했다. 그래서 모제스 멘델스존(작곡가 멘델스존의 아버지)은 칸트를 모든 것을 부숴버리는 자로 명명했으며, 요한 아우구스트 에버하르트는 칸트에 대해 비판하는 내용의 잡지를 출판했다. 요한 게오르크 하만과 요한 고트프리트 헤르더의 비판은 보다 큰 의미가 있었는데, 이들은 칸트가 언어를 본래적인 인식의 근원으로 생각하지 않는다고 생각했다. 프리드리히 하인리히 야코비는 칸트가 인간의 인식원을 두 개로 나눈 것은 문제가 있다고 보았다. 그래서 그는 칸트의 '물자체' 개념을 공격했다. 칸트의 제자였고 독일 관념주의자인 요한 고틀리프 피히테(1762~1814)마저도 인식의 원천으로서 조망을 거부했고 주관적인 관념주의로 갔다. 또한 셸링과 헤겔도 그들의 절대적인 체계를 통해 칸트를 극복하려고 했다.

아르투르 쇼펜하우어(1788~1860)는 스스로를 가장 중요한 칸트의 제자라고 했다. 그래서 그는 『의지와 표상으로서의 세계(*Die Welt als Wille und Vorstellung*)』에서 칸트의 인식이론을 넘겨받았다. 하지만 쇼펜하우어는 '물자체' 개념을 '의지'와 동일시했다.

막스 슈티르너와 프리드리히 니체는 헤겔의 절대주의를 비판했을 뿐 아니라, 칸트까지에 대해서도 부정적이었다. 왜냐하면 그들은 인간 행위의 제한된 가능성의 환멸적인 인식으로부터 탈출구를 찾았기 때문이다. 프리스(Jakob Friedrich Fries), 헤르바르트(Johann Friedrich Herbart) 그리고 헬름홀츠(Hermann von Helmholtz)는 칸트를 학문적인 — 특히 심리학적인 — 관점에서 수용했다. 그리고 신칸트주의는 19세기 후반에 오토 리프만(Otto Liebmann)의 작품들과 그 영향들이 발전되면서 시작했고, 1차 세계대전 시대까지 이어졌다. 여기서 마부르크 학파의 대표자는 코헨(Hermann Cohen)과 나토르프(Paul Natorp)였는데, 바덴 학파의 리케르트(Heinrich Rickert)과 빈델반트(Wilhelm Windelband)도 그 뒤를 따랐다. 이들 모두가 비판한 것은 '선험적'이란 개념이었다. 이들은 이것을 칸트에서의 형이상학적 요소로 보았다. 그들의 입장은 많은 점에서 관념주의와 아주 가까웠다.

칸트의 영향을 받았지만 독자적인 행보를 한 철학자들도 있다. 바이힝거(Hans Vaihinger), 하르트만(Nicolai Hartmann), 카시러(Ernst Cassirer)가 그들이다.

20세기에는 칸트 학파는 더 이상 없지만 모든 철학이 칸트와 토론하고 소통하고 있다. 이런 현상은 퍼스(Charles S. Peirce), 지멜(Georg Simmel), 후설(Edmund Husserl), 야스퍼스(Karl Jaspers), 셸러(Max Scheler), 하이데거(Martin Heidegger), 블로흐(Ernst Bloch), 아도르노(Theodor Adorno), 포퍼(Karl Popper)까지 이어지고, 분석철학에서도 나타나고 있다. 에를랑겐의 구성주의는 칸트에 매우 긴밀하게 의지하고 있으며 아펠(Karl-Otto Apel)이나 바이체커(Carl Friedrich von Weizsäcker)에서 칸트는 중요한 출발점이고 요타르의 미학과 칸트의 '장엄'의 개념은 깊은 관련이 있다.

20세기 후반부에 비판적 이성성의 의미에서 칸트와 연관되는 철학적 입장들을 견지하는 그룹이 있는데, 홀츠헤이(Helmut Holzhey), 하인리히(Dieter Henrich), 프라우스(Gerold Prauss), 힌스케(Norbert Hinske), 슈나델바흐(Herbert Schnädelbach), 브란트(Reinhard Brandt), 회페(Otfried Höffe) 등이 있다. 미국에서도 가이어(Paul Guyer), 앨리슨(Henry E. Allison), 코스가드(Christine Korsgaard) 등이 이 그룹에 속한다. 또한 칸트의 윤리학은 롤스(John Rawls)의 정의론에 자극을 주었다.[8]

---

8 2000년에 "칸트와 베를린 계몽주의(Kant und die Berliner Aufklärung)"라는 제목으로 베를린에서 1,100명의 학자가 참여하여 칸트 관련 학회를 개최했고, 칸트 서거 200주년이었던 2004년에 1,000편 이상의 논문 모음집이 발간되었다. 할레/잘레(Halle/Saale)에는 칸트연구회가 있는데, 매년 포럼이 개최되고 있다. 그리고 칸트 서거 100주년을 기념해서 칸트학회가 1904년에 창립되었다. 마인츠대학에는 칸트 연구소가 있고 마부르크에는 칸트의 문헌보관소가 있다.

기념물

발할라 기념관에 있는
칸트 흉상

베를린 보데 박물관에 1798년에 만들어진 칸트 흉상이 있다. 베를린 조각가 하게만(Carl Friedrich Hagemann)이 1801년에 두 개의 칸트 흉상을 만들어서 하나는 함부르크 예술회관에 설치해놓았고, 다른 하나는 쾨니히스베르크대학에 설치해놓았다. 독일의 정신적 지도자들의 흉상을 만들어 기념하는 레겐스부르크 발할라 기념관에도 칸트 흉상이 있으며, 슈트라스부르크대학에도 칸트의 동상이 서 있다.

칸트는 '도전하는 사람'의 유형으로, 고집스럽고 놀라운 의지력을 가졌으며 매우 독립적이었다. 그래서 그는 근면 성실하였으며 쾨니히스베르크의 시계라고 할 정도로 일상이 규칙적이었다. 이러한 칸트는 스스로의 규칙과 고철 같은 고집을 유지하기 위해 많은 교류를 하지 않았고, 장소의 이동도 삼갔으며, 스스로 에고에 둘러싸여서 평생을 독신으로 살았다. 그의 평생 소원은 쾨니히스베르크대학의 교수 자리였다. 그래서 세 번이나 타 지역에서 칸트를 교수로 초빙했지만 거절하였고 결국 자신의 근원적인 결핍 ─ 쾨니히스베르크대학 논리학 교수 ─ 을 채우기 위해 장기간을 기다린 후 결국 성취했다. 그의 또 다른 결핍은 그의 인지체계를 지배했던 형이상학의 새로운 접근이었다. 그는 형이상학에서의 오류를 극복하기 위해 자연과학과 경험주의를 조력자로 채택했으며, 새로운 '순수이성'이라는 대상을 획득하였다. 하지만 프리드리히 빌헬름 2세라는 적대적 왕으로 인해 칸트는 한때 강의를 금지당하거나 논문 발표를 할 수 없게 되었다. 잠깐 동안의 시련이 있었지만 결국 칸트는 말년에 자신의 모든 것을 집대성할 수 있는 『도덕형이상학』을 출간하였다. 그래서 그는 "하늘 위의 총총한 별과 마음 안에 있는 도덕법칙"을 조화롭게 일치시킬 수 있었다.

참고한 책과 더 읽어야 할 책

Geier, Manfred, *Kants Welt. Eine Biografie*, Rowohlt, Reinbek, 2003.

Höffe, Otfried, *Immanuel Kant*. 7. Auflage. Beck, München, 2007.

Kant, I. *Kritik der reinen Vernunft*, Felix, 1971.

Kant, I. *Kritk der Urteilskraft*, Felix, 1977.

Klemme, Heiner F. & Lorenz, Ansgar, *Immanuel Kant. Philosophie für Einsteiger*, Paderborn: Wilhelm Fink, 2017.

Stolzenberg, Jürgen(Hrsg.), *Kant in der Gegenwart*, De Gruyter, Berlin, 2007.

Sturma, Dieter & Ameriks, Karl(Hrsg.), *Kants Ethik*. Mentis Verlag, Paderborn, 2004.

고사카 슈헤이, 『철학사 여행』(1~2), 방준필 역, 간디서원, 2004.

디터 타이헤르트, 『쉽게 읽는 칸트 판단력 비판』, 조상식 역, 이학사, 2007.

랄프 루드비히, 『쉽게 읽는 칸트 정언명령』, 이충진 역, 이학사, 2000.

랄프 루드비히, 『쉽게 읽는 칸트 순수이성비판』, 박중목 역, 이학사, 2000.

만프레드 가이어, 『칸트 평전』, 김광명 역, 미다스북스, 2004.

박정호 외, 『현대 철학의 흐름』, 동녘, 1997.

오트프리트 회페, 『철학의 거장들』(1~4), 이진우 외 역, 한길사, 2001.

칸트, 『순수이성비판』, 최재희 역, 박영사, 2001.

칸트, 『순수이성비판』, 정명오 역, 동서문화사, 2015.

칸트, 『도덕형이상학』, 이충진 · 김수배 역, 한길사, 2018.

칸트, 『칸트 전집 6 : 도덕형이상학 정초 · 실천이성비판』, 한국칸트학회, 김석수 · 김종국 역, 한길사, 2019.

프랭크 틸리, 『서양철학사』, 김기찬 역, 현대지성사, 1998.

D.W. 크로포드, 『칸트 미학 이론』, 김문환 역, 서광사, 1995.

https://de.wikipedia.org/wiki/Immanuel_Kant

https://de.wikipedia.org/wiki/K%C3%B6nigsberg_(Preußen)

세상을 변화시킨 독일인들

제4장

빌헬름 폰 훔볼트,
독일 교육제도를 개혁하다

"언어의 상이성은 소리의 상이성이 아니고 세계관의 상이성이다."

Wilhelm von Humboldt

출생과 성장

빌헬름 폰 훔볼트는 프로이센 제국의 학자로 활동하였으며 공직에
도 종사하였다. 그래서 그는 교육개혁가로서 신인문주의 정신을 토대
로 프로이센 교육기관의 조직을 새로이 만들었고, 훔볼트 교육이념이
라 불릴 만한 교육철학을 제안했으며, 자신의 대학이념을 구현할 훔볼
트대학을 베를린에 세웠다.[1]

---

1 그의 동생인 알렉산더 폰 훔볼트는 자연과학과 지역학을 연구한 반면에, 형인 빌
헬름 폰 훔볼트는 교육문제, 국가의 이론, 언어, 문학, 예술의 고찰, 학교기관, 외
교문제 등에 종사해서 독일 문화역사에서 이들 형제는 매우 중요한 인물로 인정
되고 있다. 이들은 어려서부터 긴밀한 관계를 유지하였기에, 알렉산더는 자연과
학자이고 주로 유럽 아닌 곳을 많이 여행하면서 중요한 언어자료들을 형인 빌헬
름에게 전해주었다. 독일에는 형제들이 학문적인 업적을 공유하며 같은 분야에
서 뛰어난 성과를 보여준 예들이 종종 있다. 예를 들어 그림 형제는 동화와 민속
분야에서, 쉴레겔 형제는 민족과 언어학 그리고 철학 분야에서 협력하여 괄목할
만한 결과를 내었다.

훔볼트의 할아버지 한스 파울 훔볼트(Hans Paul Humboldt)는 프로이센 군대의 장군이었기에 1738년에 공작이 되었다. 그의 아들 알렉산더 폰 훔볼트(Alexander Georg von Humboldt, 1720~1779)는 왕세자빈의 시종장이었다. 1766년에 훔볼트의 부친은 엘리자베트(Elisabeth von Holwede, 원래 이름 Colomb)라는 과부와 결혼해서 그녀가 유산으로 물려받은 테겔(Tegel, 독일 베를린 외곽에 소재함)성을 획득하였다.

훔볼트는 1767년 6월 22일에 포츠담에서 출생하였다. 포츠담은 베를린에서 30킬로미터 정도 떨어져 있는데, 이곳은 프로이센 황제의 '상수시(Sanssousi)' 별장이 있는 곳이다.

황제의 시종이었던 아버지는 훔볼트 형제에게 가정교사를 붙여주었고, 형제는 당대의 많은 지적 소양을 그들로부터 흡수하였다. 훔볼트의 부모는 캄페(Joachim Heinrich Campe)와 엥겔(Johann Jacob Engel) 같은 유명한 인사들을 가정교사로 채용했으며, 특히 1777년부터는 10년 이상 동안 프로이센 제국의 교육계획을 기안했고 여러 가지 전공의 강의 방식들을 제안했던 쿤트(Gottlob Johann Christian Kunth)를 훔볼트 형제의 가정교사로 초빙했다.[2]

훔볼트는 13세 때에 벌써 불어, 스페인어, 이탈리아어, 라틴어, 그리스어, 영어 등의 언어를 배웠고, 소수민족들이 사용하는 언어들까지도 배우면서 언어에 재능을 보였고, 당시의 문학에서 중요한 작가의 작품

---

2 훔볼트는 후에 프로이센 개혁 시기에 슈타인 수상의 동역자로 쿤트가 활약하도록 도움을 주었고 1829년 그가 죽자 테겔에 있는 훔볼트 가족 묘지 가까운 곳에 있고자 한 그의 소원을 들어주기도 했다.

까지도 섭렵했다. 1785년부터 훔볼트 형제는 베를린 계몽주의 집단들과 교류했다. 그리고 가정교사 쿤트의 주선으로 이들은 민족경제론, 통계학, 자연과학, 철학의 사설 강의도 수강했다.

청년기에 훔볼트는 헤르츠(Marcus Herz)라는 의사의 집에 자주 드나들게 되었는데, 이 의사는 임마누엘 칸트의 추종자로서 철학과 물리학을 강의하였다. 거기서 훔볼트는 모제스 멘델스존(Moses Mendelssohn, 작곡가 멘델스존의 아버지)을 알게 되었고 그와 함께 칸트의 저서를 공부했으며 계몽주의에 대해 토론하기도 하였다. 이어서 훔볼트는 자연권의 기본원리를 클라인(Ernst Ferdinand Klein)으로부터 배웠고 개념논리학과 판단논리학을 엥겔(Johann Jakob Engel)에게 배웠으며 로크와 흄의 저서들도 소개받았다. 훔볼트는 이때 배운 지식들을 나중에 자신의 언어이론에 풍부하게 응용하였다.

그는 1787년에 법학을 공부하기 위해 프랑크푸르트암오데르(Frankfurt am Oder)대학으로 진학했다. 하지만 그는 그곳에서 1학기만을 수학한 후에 1788년 봄에 괴팅겐대학으로 학적을 옮겼다. 그는 괴팅겐대학에서 법학보다는 철학, 역사, 고대 언어에 더 많은 흥미를 가졌다. 그리고 그는 물리학 강의와 철학 강의에도 참여했는데, 그 결과 그의 여러 논문에서 자연사를 다룰 수 있었으며, 이때 칸트의 저서들을 집중적으로 연구했다.

훔볼트는 1788년 말에는 독일 남부 지역인 카셀, 마르부르크, 기센을 거쳐 라인강과 마인강 지역으로 여행을 했는데, 그 기간 동안에 야코비(Friedrich Heinrich Jacobi)를 만났고 지속적으로 그와 편지 교환을 통해 사상 교류를 했다. 1789년 8월에 그는 그의 인생에서 매우 중요한 여행을 하였는데, 그것은 그의 스승 캄페와 함께 혁명의 도시 파리로 여행한 것이었다. 그로부터 며칠 후에 놀랍게도 파리에서 봉건제도가 폐지되었다. 훔볼트는 새로운 시민들의 대표 장소는 물론 시민들에 의해 무너진 바스티유 감옥도 방문했다. 프랑스 혁명의 시기에 훔볼트는 파리의 예술과 건축에 흥미를 가졌고, 파리 고아들의 상황, 바스티유 감옥, 양로원 노인들의 상태에 대해서도 충격을 받았다. 그래서 그는 "모든 죄악은 부에 대한 빈곤의 불균형에서부터 나온다. 보편적인 안녕이 존재하는 나라에서는 전혀 범죄가 생기지 않을 것이다. 그래서 국가 정부에서 가장 중요한 것은 부하나 국민들의 물질적인 요구를 채워주는 것이다."라고 썼다.

1789년에 훔볼트는 12월에 카롤린 폰 다허외덴과 약혼을 하였다. 또한 같은 해 겨울에 그는 바이마르에 머무르면서 세계적인 문호인 실러(Friedrich Schiller)와 괴테(Johann Wolfgang von Goethe)를 처음 만나 교류를 시작하였다. 실러는 평생의 지기로서 훔볼트와 편지 교환을 하며 학문적 발전을 위해 서로 교제하는데 그 기간이 17년 동안이었다.

훔볼트는 1790년에 대학교에서 4학기를 마치고 처음으로 들어간 공직은 법무부서였다. 하지만 나중에 그는 외교부서로 자리를 옮겼다.

1791년 6월 29일에 에어푸르트에서 약혼녀와 결혼한 후에 훔볼트는 튀링겐 지방에 2년 반 동안 살면서 고대 고리스어, 문화, 예술, 철학 등을 계속 공부했고, 고전 공부는 그가 인간 전반을 철학적으로 인식하게 했다.[3] 그래서 그는 그리스 정신을 인간 자체에서 분출되어야

---

3 이때 할레에 살고 있는 고전문헌학자 볼프(Friedrich August Wolf)와 사상적 교류를

하는 이상으로 여기게 되었고, 1793년에 이러한 헬레니즘 사상을 강조하는 「고대와 그리스의 연구에 대하여(Über das Studium des Altertums und des Griechischen)」라는 논문을 발표했다.

1793년부터 훔볼트는 문헌학적인 작업을 시작하였으며 「아킬레우스」라는 그리스 희곡을 번역하였고 미학 논문도 상당수 발표했다. 훔볼트가 고전 그리스주의의 영향을 받은 신인문주의에 경도되었을 때, 그는 이미 독일 고전주의의 젊은 동지로 인식되었다. 그래서 그는 실러와 괴테에 대하여서도 중요한 역할을 하였는데, 그들의 예리한 분석가, 비평가, 조언가의 역할을 하였다. 예를 들면 실러의 발라드풍의 시(詩)와 『발렌슈타인(Wallenstein)』에 대하여 그리고 괴테의 『헤르만과 도로테아(Herrmann und Dorothea)』에 대하여 많은 비평과 조언을 했다(『괴테의 헤르만과 도로테아』 참조).

그 후 훔볼트는 자신의 생각을 더욱 발전시키기 위해 파리로 이주하여 4년 동안 체류하였는데, 거기서 시에예스(Abbé Sieyès)와 마담 스탈(de Staël), 혁명의 화가 다비드(David)를 알게 되어 그들의 사상과 세계관을 공유하였다. 파리에 가족을 남겨두고 훔볼트는 1799년 11월에서 1800년 4월까지 그에게 없어서는 안 될 여행을 하였다. 즉 스페인 바스크 지역의 여행이었는데, 그곳에는 바스크 민족이 살고 있었고, 바스크인들은 인구어와는 다른 언어를 사용하고 있었다. 훔볼트는 바스크 여행을 한 후 독일에서는 아무도 알지 못하는 바스크어를 배웠고, 모든 알려진 언어들과는 다르게 인도게르만어 이전의 뿌리를 통해 구성된 언

지속했다.

어임을 밝혔다. 이러한 바스크어 문법 연구는 그가 후에 다양한 언어 연구를 하는 데 많은 도움을 주었으며 언어, 정신, 민족, 사상과 관련된 기나긴 학문적 여행을 시작할 수 있었다.

1801년 여름에 훔볼트는 베를린 테겔성으로 돌아왔지만, 바로 1802년 초에 프로이센 대사로 임명되어 로마로 파송되었다. 그사이에 프로이센은 프랑스와 전쟁을 치렀고, 예나와 아우어슈테트 전투에서 심각한 패배를 당했다. 1806년에 결국 프랑스는 프로이센의 수도 베를린을 점령하였다. 그때 훔볼트는 로마의 대사 자리에 있으면서, 1806년 가을에 외무부서 일도 관장하던 하르덴베르크(Karl August Fürst von Hardenberg) 장관에게 다음과 같은 편지를 썼다.

> 저는 제가 살고 있고 사랑하는 나라에서의 지위에 대해 만족하고 있으며 욕심을 낸 적이 없었습니다. 그리고 저는 어떤 다른 곳으로 가기 위해 시도하지도 않았고, 원하지도 않았습니다. 그러나 저는 지금 궁지에 몰린 조국을 위해 여기에서 아무것도 할 수 없다는 것이 매우 괴롭습니다.

이러한 애매한 상황에서 베를린 정부는 결단을 내리지 못하였고, 훔볼트를 1808년 10월까지 로마에 머무르게 하였다.

교육개혁자

전쟁으로 인해 베를린에 있는 훔볼트의 테겔성은 반파되었고 이를 복구하기 위해 그는 독일로 돌아왔지만, 프로이센도 개혁의 과정에 있었다. 그래서 그는 곧바로 1808년 12월 15일에 '문화와 공교육을 위한 분과(Sektion des Kultus und des öffentlichen Unterrichts)'라는 부서의 장으로 소환되었다. 프로이센 개혁의 수장인 슈타인(Freiherr vom Stein)이 그를 그 자리에 임명했다. 프로이센은 나폴레옹에 의해 점령되었고 경제 제재를 당하면서 허약한 나라로 추락하였다. 이 사태에서 벗어나기 위해 슈타인은 프랑스 혁명에 버금갈 만한 프로이센 개혁을 구상 중이었다.

슈타인에 의해 소환되기 전부터 훔볼트의 국가관은 자유 계몽적이었다. 그래서 그는 프로이센에서 이미 자유주의 진영에 속했고, 이론적으로나 실질적으로 전제적 보수 세력에 대항하고 있었다. 그래서 그는 1792년에 저술한 그의 논문 「국가 영향력의 한계를 정하는 시도에 대한 생각들(Ideen zu einem Versuch, die Grenzen der Wirksamkeit des Staates zu bestimmen)」에서 다음과 같이 썼다.

> 인간의 진정한 목적은 전체를 위해서 인간의 능력들을 최고로 교육하는 것이다. 이런 교육을 위해 자유가 최우선이고 절대적인 조건이고 전체를 위한 최고의 교육이다.

이러한 생각을 바탕으로 그는 3단계 보편 교육기관을 위한 계획과 원리를 세워 나가기 시작했다. 그는 교육개혁을 위한 부서의 장으로 소환되었을 때 처음에는 주저했다. 왜냐하면 그를 임명했던 슈타인 백작이 나폴레옹의 압력으로 11월 25일에 수상에서 물러나야 했기 때문이었다. 그리고 다른 한편으로는 그는 내무장관 프리드리히의 지휘를 받는 하위분과의 장이었기에 교육개혁을 하기 위한 자율성이나 창의성이 주어지지 않았기 때문이었다. 그래서 그는 1809년 1월에 교육개혁 수장으로 초빙한다는 문서를 2주 동안 그대로 방치했다가 거절하면서, 동시에 프로이센 왕에게 로마에서의 외교 임무를 계속하게 해달라고 부탁했다. 그러나 이 부탁은 거절되었고 같은 해 2월 20일에 결국 그는 내무부 산하 '문화와 공교육을 위한 분과' 책임자로 임명되었다.

훔볼트는 교육개혁 부서의 장으로 놀랍게도 활동적이고 창의적으로 업무들을 수행했다. 그는 비록 공교육기관을 학생이나 선생의 신분으로 직접 경험하지는 못했지만 동역자였던 니콜로비우스(Nicolovius), 쥐베른(Süvern) 그리고 우덴(Uhden)과 함께 초등학교(Elementar), 국민학교(Volksschule), 고등학교(Gymnasien)에서의 강의계획안, 교사교육, 시험제도를 개혁했다.

당시에는 서민과 중산층이 겪어야 했던 경제적인 어려움과 현실적인 측면에서 훔볼트가 개혁을 시도한 교육이념은 귀족적으로 특권 지워진 실재와 긴밀하게 연관되어 있다고 비판받았다. 그러나 훔볼트 자신은 모든 국민이 받아야 하는 보편적인 교육개혁을 목표로 했다. 예를 들어 평생 배움이 가능할 수 있는 시민 공동체의 신설에 대한 발의 같은 것이 그것이다. 이런 맥락에서 훔볼트는 1809년 12월에 왕에게 다음 같은 편지를 썼다.

일반적으로 있어야 하는 인식들이 있고, 또한 어떤 사람에게 없으면 안 될 특성과 본성의 교육도 있습니다. 모든 사람은 사람 자체로 보아야 하고, 특정한 직업인 이전에 자신의 신분에 따라서 선량하고 겸손하며 계몽된 인간이고 시민이어야만 훌륭한 수공업자, 군인, 회사원, 상인일 것입니다. 만일에 어떤 이에게 필요한 학교교육이 주어진다면 그는 나중에 자신의 직업에서 특별한 능력을 아주 쉽게 배우고, 인생에서 자주 일어나는 것처럼 어떤 사람에서 다른 사람으로 넘어가는 자유를 항상 스스로 보존할 것입니다.

홈볼트는 자신의 교육개혁 구상에서 초등학교(Elementarschule), 학교(Schule) 그리고 대학(Universität)의 3단계 교육제도를 목표로 했다. 그는 이 3단계 교육을 단계별로 이수한 자는 바로 언제나 직업을 선택할 가능성을 가질 수 있게 만들었다.

1809년 가을에 「쾨니히스베르크 학교안(Königsberger Schulplan)」과 「리투아니아 학교안(Litauischer Schulplan)」에서 홈볼트는 자신의 기본적인 방향을 발표했다. 당시에 기사학교, 종교학교, 단지 직업교육만을 지향하는 레알슐레(Realschule)와는 다르게 그의 논문들에서는 보편적인 인간 교육이 강조되었다.

그러나 홈볼트는 인간 교육의 보편성을 너무나 강조한 나머지 고대 그리스어의 과대평가가 「리투아니아 학교안」에 나타났다. 그래서 "학자가 탁자를 만드는 것처럼, 목수가 그리스어를 배우는 것은 전혀 소용없는 일이 아닐 것이다."라고 주장했다. 홈볼트는 왕에게 보낸 보고서에서 3년 기본학교에서는 "어린이는 언제나 그가 모든 순간에 듣고 말하고 행하는 것이 무엇이고, 그리고 왜 그가 그렇게 행해지는지에 대한 완전하고 명확한 의식을 가져야 한다"라고 주장했다.

홈볼트는 「쾨니히스베르크 학교안」에서 다음과 같은 교육의 핵심을 언급했다.

학교교육의 목적은 잠재력이나 능력들의 연습이고 인식들의 습득이다. 이 능력과 인식이 없이는 학문적인 통찰과 예술성은 불가능할 것이다. (…) 젊은 사람은 모든 개별적인 창작과 연결되어 있는 자료를 한편으로는 실제로 현실에서 수집할 수 있어야 하고, 나중에는 징후들에 따라 해당 자료를 모을 수 있어야 하고, 지적이고 기술적인 능력들을 훈련할 수 있어야 한다. 즉 젊은 사람들은 이중적인 방식으로 배움을 진행해야 하는데, 한편으로는 배움 자체에, 그리고 배움의 배움에 몰두해야 한다. 학생은 자기 스스로 배우는 상태에 있음을 배우는 그런 상태에서 배웠을 때 성숙하게 된다. (…) 그래서 대학교 교수는 더 이상 가르치는 사람이 아니고 배우는 대학생도 더 이상 배우는 사람이 아니고, 배우는 학생도 연구하고 가르치는 교수도 학생의 연구를 도출하고 그가 연구하도록 지원하는 것이다.

이곳에서 그는 초중고 교육의 기본안과 베를린대학의 이론적인 토대를 만들었으며 여러 교육행정과 사무 처리 등에 관한 구상들을 하였다.

프리드리히 빌헬름 3세에 의해 후원된 1809년 베를린대학의 창설은 훔볼트가 시도한 교육개혁의 종결이었다. 훔볼트에 의하면 베를린은 학문, 예술, 의학 등의 교육기관이 있어야 할 합당한 도시였다. 훔볼트의 대학 이념은 교수와 학생 사이의 관계와 대학 운영을 위해 연구와 강의의 통일이었다. 그러나 연구와 교육은 또한 국가로부터 자유로워야 한다는 것이 그의 견해였다. 그래서 대학은 책임 있게 자체적으로 운영되면서 높은 가치를 지향하고 국가가 할 수 없는 방법과 수단들을 동원해 국가의 목적들을 충족시켜야 한다고 그는 주장했다. 정부는 대학과 모든 교육기관에 재정을 지원하지만 전제적 국가가 행하는 대학의 재무 통제를 그는 반대했다.

훔볼트는 프로이센의 의회 의원이나 동료들과는 독립적이고 평등하게 활동하려고 했고, 슈타인 백작과 자신의 생각을 왕이 언젠가는 확신과 신뢰를 줄 것으로 희망했었다. 하지만 그의 이런 생각들이 좌절되었을 때, 그는 1810년 4월에 사직서를 제출했다. 그는 교육과 관련된 일을 행할 때 매우 열정적이었으며 피곤을 모르는 일 중독자였지만 지나친 이상을 쫓아가다 현실의 벽에 부딪히고 말았다.

프로이센의 외교관

합스부르크 왕가에서 공직을 수행하던 겐츠(Friedrich Gentz)는 훔볼트의 유년기 친구였는데, 이 친구를 통해서 훔볼트는 오스트리아 외무부장관 메테르니히와 교분을 쌓게 되었다. 이러한 국제적인 인맥으로 훔볼트는 다양한 경험을 하였고, 국제 정세에서 프로이센을 위한 실질적이고 외교적인 문제들을 해결하였다. 예를 들어 그는 하르덴베르크에게 러시아와 나폴레옹의 충돌에 대해 언급해주었고, 나폴레옹으로부터의 해방전쟁에서 오스트리아의 입장에 대해 조언해주었다. 그래서 나중에 오스트리아 연합이 만들어질 수 있도록 후원하기까지 할 수 있었다. 이렇게 육성된 외교적인 능력 덕분에 훔볼트의 외교적인 담판 추진력은 1813년 여름 프라하의 좌절된 평화위원회에서 그리고 라이헨바흐 협정에서 발휘되었고, 프로이센이 외교적 역할을 주도할 수 있게 했다. 훔볼트 스스로도 이러한 외교적인 성과를 자신의 가장 위대한 업적이라고 보았다.

또한 훔볼트는 빈 의회에서 하르덴베르크의 중요한 보좌 역할을 했다. 그래서 그는 수많은 특별회의에 참석했고 의회 활동을 보고하는 편집부에서도 일했다. 그리고 그는 연방의회 활동 내용들을 작성했고, 여러 가지 의정서들은 물론 독일연방에 대한 협정서들을 작성하는 데 기여했다. 이러한 과정에서 오스트리아의 메테르니히와의 관계가 소원해지고 하르덴베르크는 훔볼트를 불신하기 시작했다.

나폴레옹의 워털루 전투 패배 이후에 체결된 빈 조약과 파리 평화조약에서 훔볼트는 프로이센에 이익이 되는 사안들을 반영시키려고 노력했지만 관철되지는 못했다. 그리고 하르덴베르크와의 갈등으로 훔볼트는 빈에서의 역할을 더 이상 할 수 없었다. 왜냐하면 하르덴베르크가 훔볼트를 견제했기에 훔볼트는 더 이상 확실한 공직을 수행할 수 없었기 때문이었다. 그래서 그는 우선 1816년 내내 독일연방에서 있던 영토 문제에 대한 협약을 위해 프랑크푸르트암마인으로 보내졌고, 그 후에 외교사절로 런던으로 소환되었다. 훔볼트는 반 년 동안 가족을 동반하지 않고 런던 대사 업무를 보았는데, 가족과 상봉하기 위해 베를린으로 다시 소환해줄 것을 본부에 요청했다. 하지만 하르덴베르크는 훔볼트를 베를린으로부터 멀리 있게 하기 위해 청원을 들어주지 않았다. 그리고 훔볼트는 새로이 프랑크푸르트암마인에 있는 독일 연방에서 프로이센의 이익을 대변해야 했다.

프로이센 왕은 훔볼트의 충정을 알고 결국 1819년 1월에 그를 '특임 장관(Minister für Ständische Angelegenheiten)'으로 소환하였다. 하지만 훔볼트는 이를 바로 수용하지 않고 심사숙고했다. 그리고 그는 하르덴베르크와 동등한 자리를 원한다고 왕에게 요청했다. 그러나 왕은 제안받은 장관 자리를 수락하든지 아니면 완전히 장관직을 포기하라고 했다. 그래서 훔볼트는 장관직을 포기하고 말았다.

훔볼트는 마지막 영향력을 행사하기 위해 추밀원의 제안으로 헌법 관련 장관으로 취임하였지만 당시의 상황은 그의 헌법에 대한 생각들과 매우 반대되는 방향으로 가고 있었다. 즉 그가 장관직을 수행하자마자 프로이센과 오스트리아 정부 수뇌들에 의해 대학과 대중의 자유에 대한 탄압이 예상되는 칼스바트 협약이 다루어졌다. 그리고 왕에 의해 소환된 헌법위원회에서 훔볼트의 헌법 제안이 다루어졌지만 프로이센에서 요구하는 입헌적 생각과는 반대로 칼스바트 협약이 결정되었다. 또한 훔볼트는 진보적인 정치가들을 박해하는 경찰의 행동을 강력하게 반대했는데, 그 결과 훔볼트는 1819년 12월 31일에 공직을 사퇴함으로써 그의 외교 · 정치적인 활약은 막을 내리게 되었다.

테겔성에서

다양한 경험을 하게 해준 공직과 외국 생활에서 물러난 훔볼트는 어머니의 유산인 베를린 테겔성으로 돌아왔다. 그 성은 그에게 안식처였다. 그곳에서 그는 앞으로 무슨 일을 할지 심사숙고했다. 그 결과 테겔성에서 고전 예술과 문화를 연구하고 발전시키기로 마음먹었다. 그래서 그는 기존의 테겔성의 구태의연한 구조를 개조하고 확장하기 위해서, 로마에서 만났던 건축가 쉰켈(Karl Friedrich Schinkel)에게 조언을 구했다. 쉰켈은 기존의 테겔성을 새로이 네 개의 탑을 가진 고전적인 형태로 확장했고 내부도 대리석으로 장식했다. 훔볼트와 쉰켈의 협력으로 1824년 10월에 개조된 테겔성에 많은 유명인들이 와서 축하를 해주었

베를린 테겔성

다. 이 장소 덕분에 유럽과 전 세계에 대한 포괄적인 지식을 가진 훔볼트는 1825년에 창설된 '예술 애호가들의 동호회(Verein der Kunstfreunde)'의 회장이 되었고, 그 테겔성 안에 고대 박물관을 설치했다.

훔볼트는 말년에 이 테겔성에서 마우러(Michael Maurer), 괴테, 실러 같은 유명인사들과 수많은 편지 교환을 하였고, 이를 모아서 출판하였다. 이러한 편지 교환은 외딴 테겔성에 있는 그가 창의적인 활동을 하는 데 촉매제 역할을 했다.

훔볼트는 1814년에 프로이센 제국으로부터 1등급 철십자 훈장을 받았고, 1830년 프리드리히 빌헬름 3세로부터 검은 독수리 훈장을 하사받았다. 그리고 그는 1815년 덴마크 왕국으로부터 훈장을 받았다. 이러한 명성에 걸맞게 베를린 훔볼트대학 본관 앞에 훔볼트 좌상이 1883년에 오토(Paul Martin Otto)에 의해 만들어졌다. 그리고 독일 언어학협회(Die Deutsche Gesellschaft für Sprachwissenschaft)는 빌헬름 폰 훔볼트 상을 제

세상을 변화시킨 **독일인들**

정하여 매년 훌륭한 언어학자에게 수여하고 있다.

1829년에 그의 부인이 죽은 후에 훔볼트도 파킨슨병을 앓기 시작했고 1835년 영면했다.

베를린 훔볼트대학 기념동상

비교언어학의 창시자

훔볼트는 말년에 25년 동안 베를린 테겔성에서 언어를 집중적으로 연구했다. 그는 언어 연구를 위해 언어 관련 자료들을 자신이 직접 여행한 과거의 현장에서 모았고, 또한 편지를 교환한 데서 얻기도 했으며, 동생 알렉산더가 여행에서 얻은 자료를 참조하기도 했다. 1827년부터 훔볼트 형제는 베를린에서 살았는데, 동생 알렉산더는 형 빌헬름이 있는 테겔성을 자주 방문하여 자신이 여러 여행지에서 얻었던 자료들을 제공하였고 그에 대해 토론도 하였다. 동생 알렉산더는 형 빌헬름이 죽은 후에 20년을 더 살았는데, 편지에서 빌헬름에 대해 다음과 같이 썼다.

그는 매우 열심히 새로운 일반 언어학을 생각했는데, 인류의 정신사에서 기원이 된 유형에 따라서 언어구조가 어떻게 다양하게 발전해 나갔는가를 추적했다. 이러한 다양성 안에서 전체 지구를 파

기념우표

악하고, 마치 언어가 그의 유일한 연구대상이었던 것처럼, 그 구조 안에서 모든 언어를 연구하였다. (…) 그는 동료들 사이에서 거의 모든 언어를 문법적으로 공부했다고 알려져 있었을 뿐 아니라, 또한 모든 언어형식의 맥락과 인류 정신형성에 그것이 미치는 영향을 가장 깊이 그리고 가장 의미심장하게 연구한 사람으로 알려져 있었다.

훔볼트는 청소년 시절에 여러 가지 언어를 배웠는데, 대학생, 외교 사절, 언어 연구자의 신분으로 영어, 이탈리아어, 바스크어, 헝가리어, 체코어, 리투아니아어까지 구사하였다. 그리고 그의 언어 연구의 대상은 이러한 언어를 넘어서 아메리카의 원주민 언어인, 나후아틀 멕시코어(Nahuatl-Mexikanisch), 오토미어(Otomí), 후아스텍어(Huastekisch), 마야어(Maya), 타라후마라어(Tarahumara), 케추아어(Quechua), 무이스카어(Muisca), 구아라니어(Guaraní) 등을 연구했으며, 콥트어, 고대 이집트어, 중국어, 일본어, 인도 산스크리트어, 버마어, 하와이어 그리고 자바섬의 고대 언어들까지도 연구하였다. 또한 훔볼트는 바스크 언어학의 창시자이다. 고대 아메리카 언어를 훔볼트는 1820년에서 1823년까지 열심히 연구하였고 그 결과 대략 30가지 언어의 문법과 사전류를 발행하였다.

훔볼트는「문법 형식의 생성과 그것이 사고발달에 미치는 영향에 대하여(Über das Entstehen der grammatischen Formen und ihren Einfluss auf die Ideenentwicklung)」라는 논문에서 언어들의 가치는 문법적 형식의 풍요함에 따라 규정된다는 것을 보여주려고 했다. 이것과 관련하여 훔볼트가 긍정적으로 평가한 언어는 고대 그리스어, 산스크리트어 그리고 셈족 언어들(die semitischen Sprachen)이었다.

훔볼트가 활약했던 19세기의 독일어학은 역사비교언어학이 주를 이루었다. 당시의 언어 연구는 유럽, 근동, 북인도의 넓은 지역에 퍼져 있는 가상의 언어인 '인구어'를 재구하는 데 집중되어 있었다. 그래서 수많은 언어로 작성된 텍스트를 중심으로 언어들을 '비교'하여 그들의 유사성과 친족어를 찾아내는 것이 이들 연구의 첫째 목적이었고, 그것들을 다시 역사적으로 추론하여 어떤 '원형'을 찾는 과정이 두 번째 목적이었다. 이런 과정의 결과로 독일어가 '음운추이'를 한 사실이 발견되었으며, 독일어의 뿌리와 친족어들이 발견되었다. 여기서 중요한 역할을 한 연구자들로 슐레겔(W. Schlegel), 봅(F. Bopp), 슐라이허(A. Schleicher) 등이 있는데, 이들은 가능한 모든 언어들의 원자료를 수집한 후에, 이 자료들을 비교하여 원시인 구어의 음운, 어휘 그리고 문장의 원형을 찾아가는 노력을 하였다. 그 후에 라흐만(K. Lachmann), 파울(H. Paul), 오스트호프(H. Osthoff), 레스키엔(A. Leskien)과 같은 소장 문법학자들에 의해 그런 연구들이 심화되었다. 훔볼트도 그 시대의 연구가들이 사용한 '비교' 방식을 주로 사용하였다. 하지만 역사비교문법학자들이 인구어원시조어 재구를 위해서 음과 문법을 비교한 것이라고 한다면, 훔볼트는 상이한 언어에 나타난 특수한 '세계상(Weltansicht)'의 모습을 찾아내고, 그것과 인간과의 관계를 규명하기 위해서 언어들을 비교하는 방식을 선호하였다.

언어유형론

훔볼트는 언어란 현실세계의 재료를 사고형식에다가 부어 넣은 것이라는 생각에서 언어의 유형을 구별해내었다. 즉 언어는 경험적인 사실과 이념 사이를 중재하는 수단이다. 재료가 만들어지는 정도에 따라서 언어 진화의 단계는 세 가지 유형으로 나타난다고 했다.

가장 낮은 단계에서 언어는 우선 대상만을 나타내고, 그것들의 연결은 이해하는 사람을 통해서 추가적으로 생각되어야 한다. 예를 들어 이것은 문장 내에서의 위치를 통해서 해결된다. 훔볼트는 이 초보 단계의 언어를 고립어라고 했다.

두 번째 언어군은 첨가어인데, 이 언어에서 문법적인 특징은 접미사의 형식으로 구성요소가 추가된다. 예를 들어 터키어, 한국어, 일본어 등이 그렇다. 이를 통해서 문법적인 특징들이 명확해지는데, 어근과 형식 만드는 구성요소는 명확하게 구분되어 있다.

세 번째 가장 발전된 단계의 언어에서 낱말 자체는 굴절을 통해서, 특히 어근 굴절을 통해서 '문법적인 개별성'을 얻는다. 그래서 이 굴절이 어휘적인 의미 소지자가 될 뿐 아니라, 변화된 낱말 구성요소들을 통해서 문법적인 관계들도 나타낸다. 이에 대한 예는 고대 인도유럽어(산스크리트어, 고대 그리스어) 혹은 셈족 언어들이다. 이 단계에서 어떤 재료도 더 이상 무형식으로 남아 있지 않기 때문에, 즉 모든 음 단위가 개념 단위를 통해 관철되어 있다.

훔볼트가 제안한 이러한 진화론적 언어유형론에 대한 반론도 있었다. 예를 들어 중국어는 매우 발전된 문화를 나타내고 있는 언어인데 훔볼트의 언어유형론에서는 고립어로서 진화가 덜된 언어이고, 훔볼트의 유형론에 의하면 근대 유럽어들은 매우 진화된 언어이고 그 이유가 굴절에 있다고 했는데, 특이하게도 영어에서 굴절이 점차 소멸되어 갔다. 그래서 그는 언어들은 단계적으로 발전한다는 이론을 수정했다. 그래서 그는 굴절이 없다고 해서 지식이 단순한 것은 아니고 상대적으로 형식이 없는 언어라고 해서 정신이 빈약한 것은 아니라고 생각하였다. 굴절과 같은 여러 가지 현상의 소멸은 언어의 발전 단계에서 필수적이다. 즉 그것이 형식들을 다루는 데서 확실하다고 생각한다면, 더 이상 형태적 표시를 통해서 문법적인 관계의 지시가 아니라, 조동사와 전치사의 도움으로 굴절 형식을 해결한다고 생각했다. 그래서 중국어나 영어와 같은 분석적인 언어들은 이성이 굴절 이외의 것을 통해 정신 작업을 할 수 있게 진화했다. 즉, 사고는 언어음성을 넘어 자유로이 운행하며, 굴절형식의 질료적 측면으로부터 자유롭다. 그래서 훔볼트에 의하면 발전유형론에서 굴절어가 미학적 이상을 결국 표현한다고 하는 생각이 동력을 잃어버리게 되었다.

훔볼트는 인간의 핵심은 언어에 있다고 보았다. 그는 인간을 연구하려면 언어를 연구해야 한다고 주장했고 평생 포괄적으로 언어를 연구하게 되었다. 그래서 그는 「언어의 민족적 특성에 대하여(Über den Nationalcharakter der Sprachen)」에서 다음과 같이 쓰고 있다.

> 인간은 언어 안에서만 생각하고 느끼고 살아간다. 그리고 언어를 통해서는 전혀 작동하지 않는 예술을 이해하기 위해서도 인간은 언어를 통해서 교육되어 있어야 한다. (⋯) 몇몇 민족들은 그들의 언어

가 세상으로부터 그들에게 그려주는 그림에 매우 만족하여서, 언어 안에 보다 많은 빛을 비추고, 종합하고, 조화시키려고 시도한다. 다른 민족은 또한 매우 비참하게 사고 안에 묻혀 있어서 사고가 충분히 표현될 수 있다고 믿지 않으며, 또한 그 표현을 알맞게 할 수 있다고 믿지 않으며 그것에 대해서 형식 자체 안에 완성된 것을 무시한다. 이렇게 될 경우 두 민족의 언어들은 그런 것들의 각인된 것을 지니게 된다.

발전된 형식을 사용하는 언어는 인간들 사이의 이해를 도울 뿐 아니라, 학문적인 진보의 수단이기도 하다. 왜냐하면 "이해는 상상하는 방식이 만나는 것이 아니고, 전체적인 것을 전제로 하여 개인적인 부분이 드러나 그것들이 생각으로 나타나 만나는 것이기 때문이다. 이를 통해 사고가 다른 사람으로 전이됨으로써 인류의 정신적 발전이 가능하다." 이러한 인간 집단의 공동언어는 언어적 대상을 마주한 모든 대화를 통해서, 그리고 사고의 지속적인 변형을 통해서 생성될 수 있다. 이런 언어는 훔볼트에 의하면 관습에 따른 결과라는 생각에 대해 다음과 같이 언급하였다.

> 언어는 관습을 통해서 만들어졌고, 낱말은 그 낱말과 무관하게 존재하는 사태의 기호 이외에 아무것도 아니라는 제한된 생각은 모든 언어 연구의 흥미 있는 연구에 불리한 영향을 주었다. 이러한 어느 정도 부정할 수 없지만 옳다고 생각하는, 그러나 또한 잘못된 견해라고 한 이 견해가 주도하자마자, 모든 정신은 죽어버릴 것이고, 삶은 메말라버릴 것이다. (⋯) 언어는 독자적이고 자가적인 존재이고 모든 낱말의 종합이고, 언어는 우리 안에 있는 작용하는 것과 외

부에 있는 것 사이 중간에 놓여 있는 세계이다.

상이한 언어들은 그들에 의해 표시된 개념들을 위해 상이한 연상 공간들을 요구한다. 그래서 언어의 본질에서 수학적 보편성을 통한 특수한 언어기호의 대체는 잠시 가능하지만, 추상적 혹은 경험적 대상들에 대한 낱말을 살펴보면 여러 언어에서 완전한 동의어는 없다. 언어는 훔볼트에 의하면 절대 완결되지 않은 유기적 전체로서 말하는 사람의 사고형태와 매우 밀접한 관계가 있다.

훔볼트는 정치적으로 공직을 수행하면서 프로이센의 국수주의적인 색채를 내보였지만 학문적 연구에서는 범세계적인 사상의 특징을 나타냈다. 즉 그가 쓴 다음 문장에서 그의 세계적인 사상과 인류애를 볼 수 있다.

만일 모든 역사를 관통해서 언제나 적용할 수 있는 어떤 이념이 있다면, 그것은 인류의 이념일 것이다. 그 이념이란 인간들 사이에 적대적으로 존재하는 선입견과 모든 종류의 일방적인 견해들을 만들었던 경계들을 제거하는 노력이며, 종교, 민족, 피부색을 고려하지 않고 모든 인류를 하나의 거대한 종족으로서, 내적 힘의 자유로운 발전과 목적의 도달을 위해 존재하는 전체로서 취급하는 노력이다. 이것이 우리 인간 사회의 마지막 목표이고 동시에 인간을 자연으로까지 확장하는 방향이다.

철학자로서

훔볼트가 기여한 부분이 교육학, 인류학, 언어학 등이지만 이에 못
지않게 철학에서도 그의 활약은 대단했다. 예를 들어 존 스튜어트 밀
은 『자유에 대하여(*On Liberty*)』에서 훔볼트를 소크라테스와 비교하였으
며 가장 의미 있는 철학자 중 하나로 언급했다. 밀은 진리와 지식을 언
급하는 맥락에서 자유, 다양성 그리고 자기 규정을 언급하였다. 이에
대한 추가적인 보완은 훔볼트의 교육이론에서 유일하게 찾을 수 있다.
그래서 게르하르트(Volker Gerhardt)는, 훔볼트가 존 스튜어트 밀의 자유
이론을 지원하는 중요한 보증인이라고 했다.

이처럼 '자유'라는 주제와 관련하여 중요한 기여를 한 훔볼트는 근
대 정치철학자들과 구분되는데, 그는 정치와 도덕의 구별, 정부 형태,
공정, 합법성의 문제들을 다루지는 않았고, 합법적으로 인간의 안녕을
생각하는 국가가 시민의 잠재력의 발전을 위해 무엇을 할 수 있는가에
대해 질문함으로써 다른 정치철학자들과 구분되었다. 그래서 그는 합
법적인 국가를 좋은 국가로 만드는 데 집중했다. 그래서 훔볼트는 인
간의 행복과 만족을 국가의 조건으로 보지 않고, 개인의 감정과 정서
를 위해 노력하는 국가를 좋은 국가라고 했고, 개인의 잠재력을 최고
로 발전시켜주는 국가가 제일 좋은 국가라고 생각했다.

훔볼트의 초기 철학 저서들인 『성별 차이와 그것이 유기적 특성에
미치는 영향에 대하여(*Über den Geschlechtsunterschied und dessen Einfluss auf die or-
ganische Natur*)』 그리고 『남성 형식과 여성 형식에 대하여(*Über die männliche
und weibliche Form*)』는 동시대의 학교 교육이나 보편적인 철학의 주제를

다루지 않았고, 개인의 문제를 다루었다. 그 당시에 훔볼트에게 중요한 것은 개성, 삶 그리고 개별적으로 숙고하는 정신의 문제들이었다. 그래서 교육이란 훔볼트의 사상의 중심에 있었으며, 시민들 개인의 문제일 뿐 아니라, 사회의 공적인 문제로서 국가의 거대한 과제로 자리잡고 있었다. 그래서 이런 국가적인 과제로서의 교육을 위해 그는 잠시 교육개혁자로 열정을 바치기도 했다. 이러한 과제들의 해결을 위해 고민했던 그는 자신의 저서에서 자주 그런 고민을 언급했다.

> 우리의 마지막 과제는 개인들 안에 있는 인류 개념의 실현, 그리고 그것이 실현되도록 하는 내용들이다. 이 과제는 '나' 와 '세계' 의 일반적이고 자유로운 상호작용을 통해서만 해결이 가능하다.

이처럼 훔볼트는 인간이 해야 할 일을 범우주적으로 보았고 더 나가서 주변의 세계와의 연결도 매우 중시했다.

> 인간은 항상 자연과 상황을 통해 받아들인 특성을 가지고 있다고 한다. 그러한 특성을 통해서 인간은 편하게 행동하고 행복하다. (…) 인간은 살면서 모든 자료를 충분히 모을 수 없다. 인간은 더 많은 재료를 형식으로, 더 많은 다양성을 단위로 변형하면 할수록 풍요롭고, 생기 있고, 능력 있고 생산적이 된다. 다양한 관계가 영향력을 발휘할수록 인간에게 다양성이 제공된다. 인간이 이 다양성에 개방될수록, 다양성 안에서 새로운 측면들이 작동하고, 개별적인 것을 훈련하여 전체로 연결하는 내적인 행위가 더 활발해질 것이다.

훔볼트는 언어의 개별성을 강조했고, 그 안에서 세계관 사상을 발전시켰다. 그래서 그는 다양성에 대한 긍정적인 생각을 피력하였다.

세계관 개념과 번역

훔볼트는, 민족과 언어는 밀접한 관련이 있다고 보았다. 그는 여러 민족들의 언어를 인류학적으로 연구하였다. 그래서 그의 「보고와 부록」(1811)을 보면 개별 언어를 "민족의 특성을 나타내는 개별적인 표현"[4]이라고 말했다. 그에 의하면 언어를 구성하는 특징은 바로 민족의 특징이었다. 그는 민족을 하나의 개별성으로 이해하였다. 그래서 「인간언어구조의 상이성에 대하여」에서 민족은 어떤 특정한 언어를 통해서 특징화되어 있는 정신적 형식[5]이라고 했다. 이러한 민족적인 사유나 사상의 방식이 바로 그가 말하는 '언어적 세계관'이다. 언어는 단순히 대상을 모방하는 것이 아니고 세계를 언어에 옮겨놓은 것이다. 그는 언어란 인간과 인간을 중재하고 또한 인간과 자연을 중재한다고 생각했다. 그래서 각 언어공동체의 언어는 그 환경에서 세계로 나가는 출구가 된다. 그러므로 이 세계로의 출구는 언어공동체마다 다르게 나타날 수밖에 없다. 그래서 언어의 상이성이 생기고, 언어의 상이성으로 인해 민족마다 세계를 다르게 본다. 이것이 바로 훔볼트에 있어서

---

4 Wilhelm von Humboldt, *Werke in fünf Bänden III*. Hrsg. v. Andreas Flitner und Klaus Giel. Wissenschaftliche Buchgesellschaft, Darmstadt. 1980, p.296.

5 Wilhelm von Humboldt, *Werke in fünf Bänden VI*. Hrsg. v. Andreas Flitner und Klaus Giel. Wissenschaftliche Buchgesellschaft, Darmstadt. 1980, p.1, 125.

세상을 변화시킨 독일인들

세계관이다. "언어의 상이성은 소리의 상이성이 아니고 세계관의 차이"[6]로 생겨난다고 했다. 그래서 훔볼트는 나라마다 다른 세계관을 가지기에, 언어 1을 언어 2로 번역하는 것은 불가능하다고 생각했다. 하지만 그는 그리스 고전들을 섭렵하였고, 몇 개의 작품들에 심취하여 일반적인 독자들을 위하여 독일어로 번역하기로 결심하였는데, 그것은 아이스킬로스의 「아가멤논」이었다. 그는 이 작품을 수년에 걸쳐 번역한 후에 1816년에야 완성할 수 있었다. 그래서 그는 『아이킬로스의 아가멤논, 훔볼트에 의해 운율적으로 번역됨(*Aeschylos Agamemnon metrisch übersetzt von W. v. Humboldt*)』이라는 제목으로 책을 출간하였다.

이처럼 훔볼트의 세계관 개념에서 언어들을 다른 언어로 번역하는 것은 불가능한 일이다. 하지만 훔볼트는 번역이란 필요한 일이며 문학작품 번역이 가장 필수적인 작업이라고 주장하였다. 왜냐하면 외국어를 잘 알지 못하는 사람들에게 예술을 전하고 인류에게 완전히 알려지지 않은 형식을 알리고, 언어의 의미와 표현 능력의 확대를 위해 이러한 번역이 꼭 필요하기 때문이다. 이러한 맥락에서 그는 번역은 원문에 충실해야 한다고 했다. 왜냐하면 언어는 민족의 정신이기에 원전의 성격에 동떨어져 있다는 것은 원전에 적합한 내용이 될 수 없기 때문이다.

훔볼트는 이러한 기본적인 생각을 실현하기 위해서 「아가멤논」을 '단순함(Einfachheit)'과 '충실함(Treue)'으로 번역했다. 원전에 최대한으로 충실하려고 한 것이 훔볼트의 번역 태도이다. 그는 심지어 번역자들

---

6 Ibid, p.27.

이 가끔 감정에 따라서 임의적으로 선택하는 절충적인 방식을 증오하기도 했다. 그는 번역자란 자신의 의사를 억누르고 희생해야 하며 표현에서 엄격해야 한다고 했다. 독자가 좀 더 잘 이해하기를 바라는 견지에서만 약간의 변화를 추구할 수 있다. 그리고 더 나은 번역은 후임자에게 넘겨야 한다는 것이 그의 생각이었다. 번역이란 영원히 반복되는 작업이기 때문이다. 이처럼 훔볼트 번역관에서 특이한 것은 번역의 유연성이다. 번역은 일단 하나의 작품이지만 "지속적인 작품(dauernde Werke)"으로 그는 이해했다. 즉 번역은 언제나 바뀔 수 있고 개선되어야 한다는 것이다. 왜냐하면 번역이란 어떤 시점에서 언어의 상태를 규정하는 것이기 때문이다. 이는 언어의 유기체적 성품을 그대로 반영한 것이며 번역의 고정된 개념에 반대되는 생각이다. 이러한 여러 가지 사항을 고려하여 훔볼트는 1796년에서 1804년까지 8년 동안의 긴 시간을 이 번역에 투자했다. 그럼에도 매년 그 작품을 교정하고 다듬는 데 시간을 많이 보냈다. 그래서 훔볼트에서 번역이란 원전에 충실해야 하는 매우 정교한 작업이지만 새로운 창조이면서 지속적인 작업으로 이해될 것이다.

훔볼트의 저서들

- Sokrates und Platon über die Gottheit. 1787~1790.
- Ideen zu einem Versuch, die Gränzen der Wirksamkeit des Staats zu bestimmen. 1792.
- Über den Geschlechtsunterschied und dessen Einfluss auf die organische Natur. 1794.

- Über männliche und weibliche Form. 1795.
- Plan einer vergleichenden Anthropologie. 1797.
- Das achtzehnte Jahrhundert. 1797.
- Ästhetische Versuche. Erster Theil. Über Göthe's Herrmann und Dorothea. Braunschweig: Vieweg, 1799. (www.zeno.org)
- Latium und Hellas. 1806.
- Rom. Elegie. 1806.
- Geschichte des Verfalls und Untergangs der griechischen Freistaaten. 1807~1808.
- Denkschrift über die äußere und innere Organisation der höheren wissenschaftlichen Anstalten in Berlin. 1808~1809.
- Über den zukünftigen Zustand Deutschlands. 1813. (Denkschrift)
- Pindars "Olympische Oden". Übersetzung aus dem Griechischen, 1816.
- Aischylos' "Agamemnon". Übersetzung aus dem Griechischen, 1816.
- Über das vergleichende Sprachstudium in Beziehung auf die verschiedenen Epochen der Sprachentwicklung. 1820.
- Über die Aufgabe des Geschichtsschreibers. 1821.
- Über die Entstehung der grammatischen Formen und ihren Einfluss auf die Ideenentwicklung. 1822.
- Über die Buchstabenschrift und ihren Zusammenhang mit dem Sprachbau. 1824.
- Bhagavad-Gitá. 1826.
- Über den Dualis. 1827.
- Über die Sprache der Südseeinseln. 1828.
- Über Schiller und den Gang seiner Geistesentwicklung. 1830.
- Rezension von Goethes Zweitem römischem Aufenthalt. 1830.
- Über die Verschiedenheit des menschlichen Sprachbaus und ihren Einfluss auf die geistige Entwicklung des Menschengeschlechts. 1836.
- Über die Kawi-Sprache auf der Insel Java, 1838, Band 1, Band 2, Band 3.

    훔볼트는 '탐구자'의 성격 유형으로 세상을 관찰하고 심사숙고하는 것
에 익숙했다. 그래서 그는 전문가로서의 지식, 이해, 통찰을 중시했으며, 그
의 이력 초기에 교육과 관련된 개혁을 정확한 통찰을 통해서 프로이센 정
부에 제시했다. 그리고 그의 인생 중반에는 외교관으로서 프로이센의 국익
을 위해 여러 나라를 돌아다니면서 중요한 역할을 했다. 마지막으로 인생 후
반에서 그는 대인관계를 멀리하고 언어의 탐구자로서 비교언어학, 언어유형
론, 번역이론 등에 천착하였다. 그는 평생 두 가지 방향에서 열정을 쏟아 부
었는데, 한편으로는 교육과 외교가 그것이었고 다른 한편으로는 언어 연구
였다. 그에게 교육개혁과 외교가 결핍 대상이었을 때는 캄페, 슈타인, 하르
덴베르크 등이 그의 조력자였다. 하지만 조력자였던 하르덴베르크가 그에게
서 등을 돌리며 적대자가 되었을 때 그는 외교와 정치에서 멀어졌으며, 대신
에 언어 연구에 천착하였다. 그의 언어 연구에서 조력자는 놀랍게도 그의 동
생이었다. 동생 알렉산더는 자연과학자이고 여행가로서 모험심과 개척정신
이 뛰어났으며 여러 나라를 돌아다니면서 형 훔볼트가 원하는 여러 가지 언
어 관련 자료들을 수없이 수집하여 제공하였다. 그 덕분에 훔볼트는 그의 노
작 『언어의 상이성과 언어가 정신에 미치는 영향에 대하여』를 완성할 수 있
었다.

참고한 책과 더 읽어야 할 책

Benner, Dietrich, *Wilhelm von Humboldts Bildungstheorie. 3. Auflage*, Juventa, Weinheim, 2003.

Berglar, Peter, *Wilhelm von Humboldt*, Rowohlt, Reinbek, 1970.

Borsche, Tilman, *Wilhelm von Humboldt*, Beck, München, 1990.

Freese, Rudolf(Hrsg.), *Wilhelm von Humboldt. Sein Leben und Wirken, dargestellt in Briefen, Tagebüchern und Dokumenten seiner Zeit*, Wissenschaftliche Buchgesellschaft, Darmstadt, 1986.

Haym, Rudolf, *Wilhelm von Humboldt. Lebensbild und Charakteristik*, Gaertner, Berlin, 1856.

Humboldt, Wilhelm von, *Werke in fünf Bänden*. Hrsg. v. Andreas Flitner und Klaus Giel, Wissenschaftliche Buchgesellschaft, Darmstadt, 1980.

Menze, Clemens, *Die Bildungsreform Wilhelm von Humboldts*, Schroedel, Hannover, 1975.

Schriften, Gesammelte, *Ausgabe der Preußischen Akademie der Wissenschaften*, hrsg. von Albert Leitzmann, Berlin, 1903~1936.

Tenorth, Heinz-Elmar, *Wilhelm von Humboldt. Bildungspolitik und Universitätsreform*. Verlag Ferdinand Schöningh, Paderborn, 2018.

Trabant, Jürgen(Hrsg.), *Wilhelm von Humboldt. Sprache, Dichtung und Geschichte*, Fink, München, 2018.

김미연, 『훔볼트 형제의 통섭』, 역락, 2014.

빌헬름 폰 훔볼트, 『언어와 인간』(상편), 신익성 역, 서울대학교 출판부, 1993.

빌헬름 폰 훔볼트, 『언어와 인간』(하편), 신익성 역, 서울대학교 출판부, 1998.

빌헬름 폰 훔볼트, 『언어의 민족적 특성에 대하여』, 안정오 역, 고려대학교 출판문화원, 2017.

안정오, 『훔볼트의 유산』, 푸른사상사, 2005.

위르겐 트라반트, 『훔볼트의 상상력과 언어』, 안정오 · 김남기 역, 인간사랑, 1998.

이성준, 『훔볼트의 언어철학』, 고려대학교 출판부, 1999.
https://de.wikipedia.org/wiki/Wilhelm_von_Humboldt
https://de.wikipedia.org/wiki/Alexander_von_Humboldt

세상을 변화시킨 **독일인들**

제5장

리하르트 바그너,
독일 오페라를 완성하다

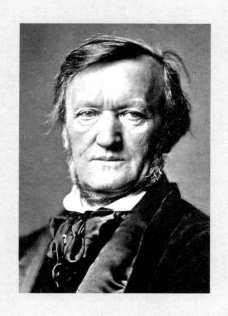

"작품에 전념할 수 있다면 이전에 신봉한 사상을 다 포기할 수 있다"

Richard Wagner

라이프치히 ▶ 뷔르츠부르크 ▶ 마그데부르크 ▶ 파리 ▶ 드레스덴
▶ 취리히 ▶ 이탈리아 ▶ 뮌헨 ▶ 바이로이트 ▶ 베네치아

출생과 성장

리하르트 바그너는 경찰국의 서기이자 아마추어 배우인 프리드리히 바그너와 부근의 빵집 딸 요하나 로지나 페츠의 아홉 번째 아이로 라이프치히에서 1813년 5월 22일에 태어났다. 당시에 나폴레옹이 독일을 침공하였고 아버지는 전쟁 중에 유행성 티푸스로 사망하였다. 어머니는 인근에 사는 유대인 루트비히 가이어와 재혼하였다. 바그너의 계부가 된 가이어는 배우이자 극작가였고 초상화도 그렸으며 가수 생활도 하였다. 다재다능한 계부 가이어는 어린 바그너에게 엄청난 영향을 주었다.

바그너는 어려서 아버지를 잃었기에 항상 수심에 차 있었고 매우 예민한 감수성을 가지게 되었지만 상상력은 풍부했다. 그런 우울한 상황에서 의붓아버지의 영향은 평생을 두고 바그너를 지배하게 되었다. 바그너는 의붓아버지가 유대인이었기에 자신의 유대인 혈통 가능성에 매우 두려움을 가졌다. 그래서 그런지 바그너는 죽을 때까지 반

유대 사상을 표명했고 그의 사상과 음악은 반유대 사상의 토대를 제공하였다.

1810년에 라이프치히에서는 멘델스존, 슈만, 브람스 등이 순수음악을 하는 동안에 바이로이트에서는 리스트, 바그너 등이 바이마르파를 형성하여 활동을 하고 있었다. 이 학파는 음악을 통하여 사상을 전달하려 했는데 이들의 후계자들로 베를리오즈, 브루크너 등이 있었다.

1821년에 바그너의 계부 가이어가 사망한다. 그때부터 바그너의 어머니는 종교에 맹신적으로 빠지게 되면서, 바그너의 교육을 제대로 시키지 못하게 되었다. 하지만 열정이 넘쳐났던 바그너는 오로지 출세하겠다는 야망만을 가슴에 품기 시작했다. 그래서 그는 신화, 소설, 수필집 등을 닥치는 대로 읽는 독서광이 되었다. 라이프치히에서 연주회로 듣게 된 베토벤과 베버가 그의 영혼을 흔들어놓았고 그는 결국 음악가가 되기로 작정하였다.

바그너는 음악이론과 음악에 대한 기본적인 지식을 테오도르 바인리히에게서 배웠다. 이런 기본적인 교육을 받은 후에 그는 1832년에 〈결혼〉이라는 첫 오페라를 썼고, 1833년에 다시 〈요정〉을 발표하였다. 당시에는 프랑스, 영국 그리고 이탈리아의 오페라가 성공을 거두는 시기였다. 독일의 오페라는 실패를 거듭하면서 2류로 전락하였다. 그래서 바그너는 자신의 오페라를 공연하기 위해 구걸하여 극장을 빌려야 했다. 그렇지만 여유가 없는 극장 상황으로 바그너의 오페라는 계속 미루어졌다. 그러는 와중에 바그너는 1836년에 또다시 오페라 〈사랑의 금지〉를 작곡하였다.

21세가 되던 때에 바그너는 유랑극단의 악단장이 되고 여배우 민나 플라너와 교제하게 되었다. 그녀에게는 이미 열 살 된 딸이 있었고 바람기가 있었지만 바그너는 개의치 않고 구혼하여 1836년 그녀와 결혼하였다. 그러나 그들의 결혼생활은 순탄치 못하였는데, 낭비벽이 심한 부인 민나 플라너는 돈 먹는 기계였기 때문이었다. 바그너가 아무리 돈을 벌어다 주어도 그녀의 손을 거치면 남아 있지를 않았다. 그래서 차용금을 갚으라는 독촉이 매일 끊이지 않았는데 설상가상으로 바그너가 속한 베트만 극단은 경영난으로 해체되어버렸다. 그래도 바그너는 끝까지 민나를 버리지 않았으며 성실하게 그녀에게 돈을 대주었다.

바그너는 리가 극장으로 일자리를 옮겼다. 그곳에서 그는 〈리엔치〉를 작곡했고 〈방황하는 네덜란드인〉도 구상했다. 그러나 얼마 가지 못해 해고되고 1839년에 그는 파리에 도착하였다. 그곳에서 그를 알아주는 이는 아무도 없었다. 그는 파리 예술계에서 인정을 받기 위해 각고의 노력을 했다. 당시에 유명한 〈악마 로베르〉와 〈위그노〉를 작곡한 마이어베어에게 그는 "제 속에는 노예 천성이 있습니다. 친애하는 스승이여, 저를 사주십시오."라고 애원하기도 했다. 파리에서 그는 베를리오즈와 하이네를 알게 되었고 먹고살기 위해 가리지 않고 일을 했다. 그래서 그는 음악 신문이나 독일 신문에 사설을 썼으며 유명 오페라의 편곡과 각색도 하였고, 심지어 악보의 필사까지도 마다하지 않고 친구나 가족에게 구걸을 하면서 비참한 생활을 이어갔다.

1840년에 완성된 바그너의 〈리엔치〉가 드레스덴 작센 왕립극장에서 드디어 공연되기로 결정되었다. 이에 힘을 얻은 바그너는 1841년에 〈방황하는 네덜란드인〉을 발표하였다. 그의 오페라가 주목을 받자 바그너는 조국인 독일로 돌아갈 수 있었다. 그의 작품 〈리엔치〉는 엄청난 성공을 거두었고 그가 기대한 것 이상이었다. 후에 발표한 〈방황하는 네덜란드인〉은 〈리엔치〉보다 더욱 성공을 거두었다. 그의 극이 이렇게 성공을 거둔 것은 가수들과 여러 조건이 잘 맞은 결과이지만 무대 장치가 다른 어떤 것보다 웅장하고 대담하였던 것에 기인하였다. 바그너는 "오페라는 인간 본성의 가장 깊은 곳에 자리하고 있는 심연을 재현해야 한다"고 생각하면서 오페라를 진지하고 심오하게 창작하였는데 이러한 전략이 매우 주효했다. 더 나가서 그는 일찍이 지그프리트의 모험, 그림의『독일 신화집』, 게르비누스의『독일 문학사』, 볼프람 폰 에셴바흐의 소설『파르치팔』등을 읽었는데, 이를 통한 다양한 지식과 상식, 그리고 탄탄한 플롯이 바그너가 창작한 오페라의 성공 요인이 되었다. 이런 성공으로 인해 드디어 그는 베버의 후임으로 작센의 드레스덴 궁정악장으로 임명되었다.

1842년 그는 〈탄호이저〉를 발표하였고, 1845년 드레스덴 극장에서 초연되었다. 그러나 기대와는 다르게 이 작품은 성공을 거두지 못했는데, 예술적 부족이 아니라 바그너 지위에 대한 주변의 모함에서 비롯된 것이었다. 그는 고립되었고 콘서트 일정 중간에 그가 좋아하는 베토벤 〈9번 교향곡〉을 삽입시켰는데, 이것 때문에 그는 더 곤경에 빠졌다. 하지만 그 후에 그의 오페라 〈탄호이저〉가 다시 공연되었는데 대성공을 거두었다. 이러한 성공에도 불구하고 그의 경제적 상황은 그렇게 좋지 않았다. 이는 낭비벽이 심한 부인 때문이었고 이로 인해 이들의 관계에 금이 가기 시작했다.

바그너는 이 당시에 가정적으로 행복하지 않았지만 음악적으로는 매우 순행하고 있었다. 그래서 그는 당시에 음악의 거장 리스트와 가까운 친구가 되었고 슈만과도 친분을 과시했다. 하지만 반유대적 사상 때문에 그는 유대인이었던 멘델스존과는 경쟁관계에 있었다. 그는 정체성이 확실하였기에 인간적 관계와 음악적 교류에서 항상 피아간의 구별을 명백히 했다.

당시에 프로이센 제국의 산업화로 노동자 계급이 형성되면서 그들의 비참한 생활이 관심을 받게 되었고, 그로 인해 마르크스의『공산당선언』이 발표되면서 사회주의 사상이 인기를 끌고 있었다. 그래서 바그너도 이러한 사상에 영향을 받았고, 혁명의 선두에 서게 되었다. 그의 혁명적 의지는 독일 예술에 대한 반동이었다. 그는 이전에 사회개혁이나 예술개혁을 위한 대안을 내놓았지만, 정치나 사회적 기득권 세력들은 강하게 반대했고, 이에 그는 많이 실망을 하였고 그 결과 혁명에 매력을 느끼게 되었다. 결국 바그너는 1849년 4~5월의 드레스덴 혁명에 참여하였고 드레스덴에서 논문『혁명』을 발간하자 프로이센 정부에 의해 지명 수배를 당하게 되었다.

그러는 와중에 그는 그에게 오페라 극장의 전권을 달라고 정부에 청원서를 내었다. 그러면서도 그는 반정부활동을 했는데, 사회의 빈곤층을 방치한다고 왕가와 정부를 비판하기도 했으며, 무정부주의자인 미하일 바쿠닌(1814~1876)을 집으로 자주 초대하고 대화하며 그의 사상에 심취하기도 하였다. 그래서 바그너는 그의 사상에 동감하게 되고 결국 혁명에 가담하였다. 이러한 사회정치적 활동에도 그의 창작욕은 멈추지 않았다. 이때 그는 「나사렛 예수」라는 각본을 썼고, 「니벨룽의 신화」도 발표하였다. 이것은 나중에 〈지크프리트의 죽음〉이라는 오페라 각본이 되었다. 1849년 4월 30일에 왕실의 보수파들은 혁명을 진압하자 다수의 혁명가들은 망명길에 오르게 되었다. 바그너는 40세가 되던 해에 바쿠닌과 겨우 야반도주하였고, 스위스의 취리히로 망명을 가서 리스트의 원조금으로 겨우 연명했다.

바그너의 조국 프로이센에서 〈탄호이저〉가 무대에서 공연되기 직전이었지만 그에 대한 프로이센의 생각은 부정적이었고 그의 책들은 신문이나 여론에서 계속 폄하되고 있었다. 그럼에도 그는 1852년 '라인의 황금', '발퀴레', '젊은 지크프리트'(지크프리트) 그리고 '지크프리트의 죽음'(신들의 황혼)이라는 4부작으로 이루어진 〈니벨룽의 반지〉 각본을 완성하였다.

바그너는 취리히 망명 기간 동안에 사업가 오토 베젠동크의 도움으로 자신의 오페라를 3회나 공연할 수 있었다. 1854년에 베젠동크는 바그너의 저작권을 담보로 바그너의 모든 부채를 해결해주고 생활자금의 융자도 해주었다.[1] 그러나 바그너는 오토 베젠동크의 부인 마틸데와 사랑의 불장난을 하였다. 하지만 베젠동크는 이상하게도 그러한 불륜의 관계를 모르쇠하였다고 한다.

1854년 8월 31일 바그너는 〈트리스탄과 이졸데〉에 전념하며 베젠동크의 저택에서 본부인 민나, 베젠동크의 부인이자 당시의 애인인 마틸데, 리스트의 딸이자 미래의 부인이 될 코지마와 함께 극의 낭독회를 열었다. 기묘하게도 그렇게 위대한 바그너는 과거의 부인, 현재의 애인, 미래의 부인을 한 자리에 두고 자신의 작품을 공연하였다. 하지만

---

[1] 바그너는 그해 10월에 쇼펜하우어의 『의지와 표상으로서의 세계』를 발견하고 엄청난 감동을 받기도 했다.

세상을 변화시킨 **독일인들**

이것이 비극의 시작이 되었다. 바그너 부인 민나는 바그너가 자신을 멀리하자 소동을 일으켰고, 오토 베젠동크도 부인이 자신을 멀리하게 되고 그들의 부부관계가 소원해지자, 위기에 빠진 바그너는 이탈리아 베네치아로 피신하였다. 그렇지만 그곳에서도 그는 작센 왕국의 압력으로 쫓겨나 파리로 가야 했다. 그는 작품에 전념하도록 연금을 줄 수 있다면 전에 신봉한 사상을 다 포기하겠다고 선언한다. 결국 다시 스위스로 가서 베젠동크의 도움으로 살아가게 되었는데, 종종 파리로 가서 연주회를 하였고, 몇몇 성공한 파리 명사들과 가까이 지내기도 하였다. 그 결과 바그너를 따르는 사람들이 무리를 이루기 시작하였고, 오스트리아 대사 부인 파울리네 메테르니히는 바그너의 후견인을 자칭했다. 프랑스에서 바그너가 〈탄호이저〉로 별로 성공을 거두지 못하자 프로이센의 동정을 사게 되었다. 그래서 바그너는 수난자처럼 인식되고 독일 음악 대중들의 연민을 받게 되었다. 그래서 바그너주의(파울리네 메테르니히, 구노, 생상스, 보들레르, 마이젠부크 등)는 국가 차원의 이념으로 발전되었으며 바그너는 프로이센 제국의 여권을 재발급 받게 되었고, 1862년이 되어 그는 완전히 사면되었다.

바그너는 이 어려운 시기를 지나면서 건강에 이상 징후가 생겼다. 그래서 그는 신경과민에 걸리고 심각한 정서불안 증세를 보였다. 그 결과 그는 성편력을 보이고 돈을 마음대로 낭비했고 객기를 부리며 이상한 행동을 했다. 그래서 그는 뷜로우의 부인 코지마와 불륜을 저질러 그녀를 임신시키게 되었다. 이런 불륜의 결과를 코지마는 담담하게 받아들이고, 임신한 아이(이졸데)가 남편 뷜로우의 자식이 아니고 바그너의 자식이라고 세상에 공표하였다. 이런 상황은 바그너를 가정적으

루트비히 2세

로, 경제적으로, 음악 경력 면에서 매우 참담한 지경에 빠지게 했다. 하지만 그의 음악의 파급력은 대단하여 바그너를 사모하는 많은 사람들 중에서 어려움에 빠진 그에게 구호의 손길을 내미는 사람이 있었다. 바로 바이에른 왕인 루트비히 2세였는데, 그는 바그너의 모든 부채를 변제해주고 남은 평생 20년을 작품에만 전념할 수 있게 해주었다. 그래서 바그너는 왕의 비호 아래 여러 가지 도덕적인 책임과 경제적인 어려움에서 벗어날 수 있었다. 1864년 5월 3일 바그너는 루트비히 2세 왕에게 다음과 같은 편지를 썼다.

> 오 은혜로 충만하신 왕이시여 천상의 감동에서 솟아난 눈물을 당신께 바침으로써 그리도 비천하고 애정에 굶주려 왔던 제 가련한 인생이 품고 있던 시적 경이감이 드디어 지고한 현실이 되었음을 당신께 알려드리고자 합니다. 이제 이 인생의 마지막 한 단어까지, 마지막 한 음계까지, 당신께 속해 있습니다.[2]

---

2 필리프 고트프루아, 『바그너』, 최경란 역, 시공사, 2001. 71쪽.

1864년 5월 5일 루트비히 2세는 바그너를 매우 존경하였고 그에게 다음과 같은 편지를 보냈다.

> 당신이 지난날의 고통에서 벗어날 수만 있다면 나는 능력이 되는 한 뭐든지 할 것이오. 이제는 하찮은 일상의 고민 때문에 당신의 생각이 방해를 받아서는 아니 되오. 나는 당신께 마음의 평화를 주고 싶소. 밝은 빛으로 충만한 대기 속에서 당신의 천재적 힘을 오로지 예술에만 쏟을 수 있도록 말이오. 어린 시절부터 당신은 내게 유일한 기쁨의 원천이었소. 오, 나의 친구, 친애하는 나의 대가여, 당신은 다른 어느 누구도 하지 못한 일을 했소. 당신은 나의 영혼과 이야기할 줄 알았던 유일한 존재이오.[3]

이후에 이들의 관계는 마치 보호자와 피보호자의 관계처럼 평생 상호보완적인 관계가 유지되었다.

1870년 8월 25일 바그너는 결국 코지마와 결혼했다. 그리고 그가 구상한 페스티벌 계획이 무산되자 코지마와 함께 1871년 바이로이트를 방문하여 낡은 마르그라베 극장을 사용하기로 결정하였다. 바이로이트시는 오래된 극장을 새롭게 보수하여 오페라 전용극장으로 사용하도록 바그너를 도와주었다. 루트비히 2세는 바이로이트 극장의 보수를 위해 지원금을 내놓았고, 이곳에서 바그너는 1876년 8월에 〈니벨룽의 반지〉(젊은 지크프리트, 신들의 황혼, 라인의 황금, 발퀴레) 리허설을 마쳤다.

---

3 위의 책, 71쪽.

그사이 바그너는 그의 추종자 니체에게 「파르치팔」 원고를 우송하고 그와의 결별을 선언하였다. 「파르치팔」은 철저히 기독교 분위기에서 그리스도의 수난과 희생을 표현하였으므로 반기독교적인 니체의 감정을 거슬리게 되었다. 그래서 니체는 이에 대한 답신으로 『인간적인, 너무도 인간적인』을 보내서 바그너와 완전히 결별을 선언하였다.

1882년 바그너는 건강에 문제가 생겼다. 심장비대증으로 심근에 지방이 쌓이고 오른쪽 옆구리가 부어 있었고, 오랫동안 지속된 약의 과다 복용으로 바그너는 심히 허약해졌다. 그는 「파르치팔」을 완성하고 베네치아로 치료차 떠났다. 그러나 그는 그곳에서 1883년에 심장마비로 사망하였다.

니체와의 관계

니체가 바그너를 알게 된 것은 1868년 가을이었다. 당시에 바그너는 라이프치히에 살고 있던 자신의 여동생 오틸리에 브로크하우스를 방문하고 있었다. 그때 리츨 교수 부인을 통해 바그너의 여동생을 알게 된 니체는 어렵지 않게 그 집에서 바그너를 만날 수 있었다. 그들의 만남은 숙명적인 만남이었다. 고전 문헌학을 전공한 니체는 고대 그리스의 비극 작품을 높이 평가하고 있었고 그 안에서 생의 무한한 환희와 긍정을 보았기 때문이었다. 그리스 비극은 말 그대로 강인한 민족만이 누릴 수 있는 최상의 예술로서, 그 예술의 정수를 바그너가 실현한다고 니체는 생각하였다.

니체처럼 바그너도 쇼펜하우어를 열렬히 추종하였다. 그래서 그들은 정신적인 대부인 쇼펜하우어를 공유하고 있었다. 청년 니체는 바그너를 우상처럼 숭배했다. 니체는 바그너에게 모든 것을 걸었다. 바그너는 바그너대로 니체의 재능을 높이 평가한다고 화답했다. 바그너는 니체의 능력을 알아차렸고, 그것을 자신의 어떤 목적을 위해 사용할 수 있을 것이라고 기대했다. 그래서 니체는 이 시기에 『음악정신으로부터의 비극의 탄생(Die Geburt der Tragödie aus dem Geiste der Musik)』(1872, 이하 『비극의 탄생』)을 저술했는데 이것은 바그너에게 헌정된 니체의 첫 번째 저작이 되었다. 이것은 바그너와의 대화에서 출발한 아이디어를 발전시킨 저작이었다. 이 작품에서 니체는 바그너의 음악을 '유럽 문화의 디오니소스적인 부활'이라고 극찬했다.

이 책과 함께 보낸 편지에 니체는 "이 책의 모든 내용에서 당신이 제게 주신 모든 것에 대해 오로지 감사하고 있을 뿐이라는 것을 아실 것입니다"라고 썼다. 바그너는 이에 대해 매우 기뻐했다. 바그너는 1872년에 니체에게 보낸 편지에서 "정확하게 말한다면 당신은 내 아내를 제외하고는 내 삶이 내게 허락한 유일한 소득입니다"라고 썼다. 이러한 각별한 관계로 니체는 1870년대 초반에 바그너의 이너서클에 속할 수 있었다.

니체는 청년 시절에 바그너의 영향을 지대하게 받았다. 이 영향은 니체의 작품에 다양하게 등장하였는데, 초기에는 긍정적으로 나타났고, 하지만 중기 이후에는 바그너가 부정적으로 묘사되었다. 니체는 청년 시절에 그리스 비극에 지대한 관심을 가졌는데 이는 바그너의 오페라에 심취한 후부터였다. 원래 바그너는 독일 신화와 북유럽의 신화를 소재로 많이 사용했는데, 비극에 대한 니체와 바그너의 공통적인 관심은 니체가 바그너에게 매료된 동기이기도 하였다.

니체는 원래 「그리스적 음악극(Das griechische Musikdrama)」(1870), 「소크라테스와 비극(Sokrates und die Tragödie)」(1870), 그리고 「비극적 사유의 탄생(Die Geburt des tragischen Gehanken)」(1870) 등을 통해서 자신의 음악적 이해도를 높였으며 결국 『비극의 탄생』을 저술하게 되었다. 니체는 근대인이 예술을 너무나 가볍게 수용한다고 비판했다. 근대 예술 또한 너무나 경박해서 사람들을 둔감하게 하고 탐욕스럽게 한다고 그는 생각했다. 그래서 니체는 근대 예술은 사람들을 잘못된 길로 인도하고, 부적절한 감성의 노예로 전락시킨다고 보았다. 그러던 와중에 니체는 바그너의 영향하에 새로운 사상에 눈뜨게 되었고 결국 전통적인 형이상학 철학에 반기를 들었다. 그래서 니체의 『비극의 탄생』은 당시의 생각에 매우 부정적인 요소들을 많이 포함하고 있었다. 당시에는 이성적인 아폴론적인 것과 감성적인 디오니소스적인 것이 대립하고 있었고, 아폴론적인 것이 보다 긍정적인 상황이었다. 그러나 이런 이원적인 대립에서 니체는 보다 근본적인 요소는 디오니소스적인 것으로 고찰함으로써, 시대와 고전철학에 반기를 들게 되었다. 니체는 삶의 가치는 어느 한쪽에 우선권이 있는 것이 아니고, 디오니소스적인 내용과 아폴론적인 형식의 조화를 통해서 가능하다고 했다. 이러한 것의 실현은 바그너의 오페라에서 가능하다고 니체는 보았다.

시간이 흐르면서 바그너와 니체의 관계는 애증 관계로 바뀌었고 걷잡을 수 없는 파행으로 치닫게 되었다. 그러다가 그들의 관계는 10년을 가지 못하고 1876년 이후 서로 앙숙이 되면서 결국 파국을 맞고 말았다. 니체는 바그너에 대한 열광이 컸던 만큼 환멸도 컸다.

바이로이트 페스티벌 하우스가 건축되고 개막 시에 니체, 리스트 등 수많은 유럽 문화 인사들이 참석했다. 그러나 그때는 이미 니체와 바그너는 사이가 벌어지기 시작하였고 그 여파로 니체는 연주 도중에 나와버리고 말았다. 1888년 니체는 「니체 대 바그너」에서 다음과 같이 바그너와 그의 극을 비판하였다.

> 바이로이트에서 우리는 그저 단체로서만 정직하다. 개인으로서 우리는 자신을 속이고 있다. 바이로이트에 갈 때 우리는 진정한 자아는 집에다 고이 모셔다 두어야 하고 스스로 결정하고 생각한 대로 자유로이 말하는 권리는 포기해야 한다. 자신의 취향과 심지어 용기마저도 포기해야 한다. 극장 안에서 우리는 상놈, 짐승의 무리, 여자, 위선자, 선거권을 가진 짐승, 교구의 재산관리자, 멍청이가 된다. 우리 개인적인 의식은 평준화라는 다수의 마법 아래 무릎을 끓고 만다. 바그너에게는 애초부터 행위에 대한 환상적인 숭배가 있다. 따라서 음악사에서 바그너는 희극배우의 출연을 의미한다. 결정권이 대중의 손아귀에 떨어지는 쇠퇴하는 문명에서는 언제나 순수는 쓸모없는 것이 되며 배우만이 대대적인 열광을 고취하기 때문이다. 바그너가 유혹한 사람들은 먼저 오케스트라 지휘자, 무대장치가, 그리고 오페라 가수이다. 그들은 바그너에게서 신봉할 만한 표본을 찾아내고 바그너는 그들에게 새로운 의식을 심어준다. 예술적 자질에 대한 의식이 아니라 주인님의 의지에 불타서 자신을 닦달하는 인물일 뿐이다. 그래서 능력이 미치지도 못하는 분야까지 자기의 원칙을 포고하는 그런 인물이다. 바이로이트와 독일제국이 같은 시기에 태동했다는 것은 절대 우연이 아니다.

니체와 바그너는 서서히 관계의 황혼으로 다가가고 있었다. 1878년

급기야 니체는『인간적인, 너무도 인간적인』이라는 글을 써서 바그너를 폄하했고 바그너는「파르치팔」각본을 보냄으로써 결별을 선언했다.

니체는『바그너의 경우』에서 바그너와 결별하게 된 사연을 자세하게 서술했다. 바그너는「파르치팔」에서 기존에 찬양했던 고대 그리스 문화에 등을 돌리고 기독교에 귀의하면서 신의 어린양이 되고 말았다는 것이다. 기독교를 불신하는 니체로서는 도무지 이를 수용할 수 없었다. 더군다나 바그너는 프랑스인들과 유대인을 증오했다. 바그너는 민족주의자였고 그에게는 독일밖에 없었다. 하지만 니체는 라틴 문화와 프랑스의 우월함을 존중했으며, 반유대주의를 반대했는데 바그너는 사사건건 니체와 대립이 되었다. 그래서 니체는 바그너의 여러 가지 행위와 작품들을 용서할 수 없었고, 그와의 결별을 결심하게 되었다.

바그너도 니체를 용서할 수 없었다. 니체는 반계몽철학자 쇼펜하우어의 영향을 벗어나서 계몽철학자 볼테르에게 경도되어가고 있었다. 그래서 쇼펜하우어의 영향을 강하게 받은 민족적이고 국수주의자인 바그너는 니체에 대하여 반발감이 매우 커졌다. 바그너는 니체에게 기독교 색채가 진한「파르치팔」원고를 보냄으로써 그와의 영원한 결별을 결심하게 되었다.

루트비히 2세의 후원

바이에른 왕이었던 루트비히 2세는 음악을 매우 사랑했기에 당시 바그너의 음악에도 매혹되어 있었다. 그래서 두 사람은 서로를 필요로

하였고 서로를 의지하고 도와주는 불가분의 관계가 되었다. 만일에 루트비히 2세가 음악을 사랑하지 않았고 바그너를 몰랐다면 우리는 아마도 바그너의 위대한 오페라를 접할 수 없었을 정도로 루트비히 2세의 후원이 지대했다.

루트비히 2세는 바그너 음악의 광적인 애호가였다. 그는 단지 바그너 음악을 사랑했을 뿐 아니라, 바그너 자체를 존경하였다. 그래서 그는 바그너의 빚도 갚아주고 오페라 공연도 후원했으며 나중에는 바이로이트 극장을 그를 위해 지어주고 그 유명한 바이로이트 페스티벌을 실현시켜주었다.

루트비히 2세가 바그너를 알게 된 것은 그의 어린 시절로 돌아간다. 그는 가정교사에게서 바그너의 이름을 처음 들었다. 루트비히 2세는 소년 시절부터 예술과 음악을 좋아했는데, 바로 가정교사가 이야기해준 〈로엔그린〉이란 작품의 줄거리에 감탄하여 바그너라는 작곡가의 이름이 그의 뇌리에 박힌 것이다.

바이에른 왕가는 전통적으로 화가, 조각가, 건축가, 시인, 배우, 과학자들을 정기적으로 후원하였다. 그래서 당시에 소년 루트비히 2세도 〈로엔그린〉과 관련하여 성배의 기사 이야기, 백조의 기사 이야기, 순결한 엘자의 이야기 등을 듣게 되었고 〈로엔그린〉에 매료되었다. 그래서 루트비히 2세는 바그너를 더 잘 알기 위해 바그너가 쓴 글을 읽기 시작했고, 바그너의 음악과 음악 이론에 감탄하였다. 루트비히 2세가 16세가 되었을 때 뮌헨에서 〈로엔그린〉이 공연되었는데, 이때 처음으로 바그너를 만났다. 첫 번째 만남에서 바그너에게 강한 인상을 받은 루트비히 2세는 그의 활동에 필요한 여러 가지 것을 계속 후원하기

바그너와 루트비히 2세

시작했고, 바그너는 그의 후원으로 독일의 순수한 예술정신을 계속 만들어나갈 수 있었다.

당시에 바그너는 독일 혁명에 참여하였기에 정치적으로 쫓기는 신세였고, 가정은 파탄 나고 다른 여성과 불륜을 저질러 망가진 인생을 이어가고 있었으며, 정신적으로 피폐해졌고, 경제적으로 빚쟁이들을 피해서 도망 다니는 신세였다. 그에게 탈출구는 전혀 없어 보였다. 그때 루트비히 2세가 바그너를 바이에른 수도인 뮌헨으로 불렀다. 그는 바그너가 그의 사상을 자신의 정치철학과 융합시켜서 독일인에 의한, 독일만을 위한, 독일의 음악예술을 만들어줄 것을 기대했다. 그래서 루트비히 2세는 바그너가 예술 활동을 마음대로 하도록 온갖 방법을 동원해 지원해주었다. 바그너의 생활비, 활동비는 물론 극장 건축, 오페라 공연 후원 등과 같은 데 필요한 경비를 그는 꾸준하게 지원했다. 결국 루트비히 2세는 바이로이트 극장 건설에 1백만 마르크를 지원했다. 1883년에 바그너가 죽자, 그의 죽음을 애도하기 위해 루트비히 2

세상을 변화시킨 **독일인들**

세는 궁전에 있는 모든 피아노에 검은 휘장을 덮도록 했다.

바그너가 세상을 떠난 후, 실의에 빠진 루트비히 2세는 뮌헨 남부에 있는 노이슈반슈타인성을 건축하는데, 그는 바그너의 신화적인 오페라에 나오는 마법의 낙원을 그 성에 옮겨 현실화하고자 했다. 하지만 루트비히 2세가 1886년에 세상을 떠나고, 노이슈반슈타인의 나머지 절반은 후에 완성되었다.

바그너와 반유대주의

바그너의 반유대주의는 오늘날에까지 매우 의문으로 남아 있지만 작품이나 저술에 그의 반유대주의 정서의 흔적이 다양하게 남아 있는 것은 사실이다. 그래서 반유대주의는 바그너의 음악과 사상에서 자주 등장하는 주제이다. 특히 그의 세 번째 부인 코지마는 강한 반유대주의 정서에 빠져 있었다. 바그너는 단순히 루터 시대부터 내려오는 반유대적 정서를 반복할 뿐 아니라, 반유대주의 정서를 공격적으로 표현했고 「음악에서 유대주의(Das Judenthum in der Musik)」와 같은 글에서 적극적으로 발전시켰다.

바그너의 세계관은 예술, 정치, 사회가 같이 섞여 있는데, 특히 몰락과 혁명으로 특징지어져 있다(「예술과 혁명(Die Kunst und die Revolution)」참조). 그러한 그의 동기는 자연으로의 회귀, 산업화의 거부, 민족의 통일 등에 대한 동경으로부터 생겨난 인문주의적이고 계몽적인 혁명의 생각으로부터 나온 것이었다.

라트너(Josef Rattner)는 「심층심리학에서 조망한 리하르트 바그너(Richard Wagner im Lichte der Tiefenpsychologie)」(Berlin, 1984)에서 바그너의 반유대주의는 상류계층으로의 진입을 위한 보조수단이었다고 말했다. 유대인을 지속적으로 자극하는 것을 바그너 부부는 일종의 의식으로 생각했다. 그렇게 함으로써 두 사람은 서로에 대해 그들의 독일성, 그들의 인종적 귀족성을 확보해 나갔다. 바그너의 친구와 친지들에 의하면 바그너는 자신을 스스로 높이기 위해 자주 유대인을 욕하는 특징을 보였다고 한다. 그래서 바그너는 「음악에서 유대주의」라는 논문에서 마이어베어(Giacomo Meyerbeer)와 바르톨디(Felix Mendelssohn Bartholdy) 같은 유대인 작곡가를 평가절하하고 비방하였다.

바그너는 「음악에서 유대주의」에서 "유대인은 오늘날 지위를 보면 이미 해방된 것 이상이다. 유대인이 지배하고 있으며, 모든 우리의 행위의 능력을 탈취해가는 돈이 권력으로 남아 있는 한 유대인이 지배하게 될 것이다."라고 했다. 바그너는 1850년에 이 글을 『음악을 위한 새로운 잡지(Neue Zeitschrift für Musik)』라는 곳에 익명으로 게재하였고 1869년에 다시 자신의 이름으로 출판하였다. 그는 자신의 반유대주의 생각을 죽기 전에도 썼다.(1881년 11월 22일에 루트비히 2세에게 쓴 편지)

> 인류와 모든 귀족의 적, 유대인 종족 : 우리 독일인들은 그들 때문에 망하게 될 것이 확실합니다. 그리고 아마도 저는 예술인으로서 현재 모든 것을 지배하는 유대주의에 대항하는 마지막 독일인입니다.

하지만 바그너의 개인적인 친분관계를 보면 그의 계부는 유대인이었고, 친한 고향 친구들은 주로 유대인이었다. 또한 그는 인생의 마지막에 창작한 〈파르치팔〉 초연을 헤르만 레비에게 맡겼는데 그는 바그너의 친구인 어떤 랍비의 아들이었다. 하지만 레비는 나중에 유대인이라는 이유로 바그너 추종자 모임에서 배제되었고 반유대주의적으로 적대시되었다.

보르흐마이어(Dieter Borchmeyer)에 의하면 바그너는 인종주의 이론가인 고비노(Arthur de Gobineau)에 대해 개인적인 감탄과 호의를 보였음에도 그에게 거리를 두었다. 이는 고비노는 인종들이 불평등하다고 주장했는데, 바그너는 그렇긴 하지만 불평등을 해독하는 예수의 피가 존재한다고 주장했기 때문이었다. 즉 바그너는 「영웅주의와 기독교(Helden-tum und Christentum)」(1881)에서 모든 인류라는 종족의 신적 승화물로서 예수의 피가 흐르고 있다고 생각했기 때문이었다. 바그너는 한편으로는 반유대운동을 하였지만, 다른 한편으로는 인종들의 대립은 반대했다. 그래서 바그너는 반유대주의자이지만 인종주의자는 아니었고, 고비노는 인종주의자였지만 반유대주의자는 아니었다.

아우어바흐(Berthold Auerbach)는 1881년에 쓴 자신의 글에서 바그너는 유대인에게서 예술의 창의성과 예술적 권리를 제거한 최초의 사람이라고 했다.

바그너의 반유대주의적 입장이 그의 음악극 작품 안으로 들어가 있는지에 대한 것은 의견이 분분하다. 음악비평가인 카이저(Joachim Kaiser)는 바그너의 작품들 안에 반유대적 표현들은 증명될 수 없다고 강조했던 데 반해서, 아도르노(Theodor W. Adorno)는 〈니벨룽의 반지〉에 나오는 미메(Mime) 혹은 알베리히(Alberich)와 같이 바그너에 의해 부정적으로 표현된 인물들이 유대인의 모습이라고 주장했다. 1970년대부터 독일에서는 바그너 오페라에 나오는 반유대적 주제에 대한 논쟁이 여러 번 다루어졌다. 젤린스키(Hartmut Zelinsky)는 바그너를 나치의 이전 모습으로 나타냈으며, 바그너주의자들은 그런 주장에 맹렬히 반대했다. 바그너 전기 작가인 밀링턴(Barry Millington)은 1992년에 젤린스키의 이러한 주장에 반대했지만, 바그너의 〈뉘른베르크의 마이스터징어〉가 반유대주의 주제인가에 대한 질문에 대해서는 긍정적으로 답변했다. 1995년에 미국 반유대주의 연구자인 로즈(Paul Lawrence Rose)는 이미 〈방황하는 네덜란드인〉 안에 반유대주의적 이념이 실려 있다고 말했다. 바그너는 체임벌린(Houston Stewart Chamberlain)에게 이러한 영향을 주었다. 그래서 체임벌린은 1200쪽에 달하는 반유대적인 저서를 1899년에 출간하였고, 나중에 바그너의 두 번째 딸 에바와 결혼했다.

바그너와 관련된 이러한 논쟁들 속에서 바그너는 아돌프 히틀러의 나치 정부에 의해 심하게 오용되기도 했다. 나치는 바그너를 독일의 위대한 작가로 미화했으며 바그너의 음악들을 정치적인 홍보물로 오용하였다. 이는 히틀러가 청년 시절에 빈에서 직업 없이 방황할 때 규칙적으로 바그너의 오페라를 감상했으며 바그너에게 깊은 영향을 받은 결과였다. 그 당시 히틀러에게 바그너는 신과 같은 존재였고, 삶의 전형이었다. 히틀러는 후에 바그너 이전에 그런 훌륭한 예술가가 없었다고 고백했으며, 바그너를 독일 민족이 보유한 가장 위대한 선각자적인 모습으로 표현하기도 했다. 1919년에 히틀러는 음악이론가인 에카르트(Dietrich Eckart)를 통해서 바이로이트 서클을 알게 되었고 1923년에 에카르트의 소개로 바그너의 아내 코지마와 며느리 비니프레트 바그너(Winifred Wagner) 그리고 사위 체임벌린을 개인적으로 알게 되었다.

나중에 히틀러는 독일 제3공화국의 총통으로서 바이로이트 페스티벌 등에 많은 영향력을 행사했다. 이러한 바그너와 히틀러의 관계를 젤린스키와 쾰러(Joachim Köhler)가 깊이 연구하였는데, 이들은 바그너의 사상이 히틀러의 생각과 행동에 영향을 주었다고 했다.

작품들

바그너는 극본, 대본, 기사, 자서전 등 많은 글들을 남겼다.『나의 인생』이라는 자서전도 썼다. 그 안에서 그는 솔직했지만 비밀스런 이야기들은 은폐했다. 즉 드레스덴 정부의 정치적인 입장, 코지마와의 비밀스런 일들(딸 에바가 일기 등을 다 태워서 밝혀지지 않음), 베젠동크와 그의 아내와의 일은 기록하지 않았다.

바그너의 작품들이 꽃을 피우고 오늘날까지 인기를 누리고 있는 것은 아마도 바이로이트 극장 페스티벌 덕분일 것이다. 당시에는 오페라만을 위해 지어진 극장이 어디에도 없었다. 그러나 바이로이트 페스티벌 하우스는 개관 당시 루트비히 2세의 지원으로 오페라만을 위해 건축되었다. 그리고 그의 작품〈니벨룽의 반지〉가 30년 만에 그곳에서 초연되었다.

이 오페라에서 오케스트라에는 16개의 바이올린, 12개의 비올라, 12개의 첼로, 8개의 콘트라베이스 등이 들어갔고, 4개의 트럼펫, 8개의 호른, 플루트, 피콜로, 오보에, 클라리넷, 바순, 타악기 등이 들어갔다.

바그너에게 음악과 문학은 동전의 양면과 같았다. 바그너는 낭만적인 언어, 감정언어를 활용했고 두운법을 부활시켰다. 그는 오페라를 창작할 때 민중문학, 민족신화 등과 같은 중세의 소재들을 즐겨 사용했고, 낭만주의, 포이어바흐의 사상, 쇼펜하우어의 염세주의 등에 많은 영향을 받았다. 그래서 그의 작품은 문학, 음악, 극예술과 조형미술을 규합한 종합예술이다.

바그너는 자신만의 새로운 독일 음악을 위하여 작품에서 새로운 시어나 운율을 사용하였다. 기존의 고전적인 운율은 바그너의 음악세계를 다 표현할 수 없었기 때문이다. 그래서 그는 두운법에 의존하는 자유시 형식을 즐겨 사용했고 각본의 내용과 시어의 리듬 및 대칭성을 조화롭게 구성했다. 그리고 성악과 오케스트라가 서로 대화하듯 구성해서 새로운 성악 양식을 발전시켰다.

바그너의 '음악극'의 특징은 다음과 같다.

첫째, '유도동기(Leitmotiv)'. 이것은 악극을 작곡할 때 중요한 주제를 설정하고 그 주제를 계속 변형해서 그 악극에 제시하는 효과를 말한다. 〈니벨룽의 반지〉에서는 100여 개가 넘는 유도동기들이 나오는데 이 동기들은 음조, 오케스트라 편성, 하모니, 리듬을 무한히 변형시키며 무대 위에서 일어나는 사건들과 상호 교감한다.

둘째, 선율적인 장치. 이것은 극과 음악이 분리된 번호들로 나뉘어져 연속성이 단절되는 것을 막기 위한 것이다. 선율이 끊어지지 않고 계속 이어지는 방식이 무한선율이고 이것을 통하여 그는 이탈리아의 오페라와 독일 오페라를 구별 지으려고 노력했다.

셋째, 반음계적 화성의 사용. 〈트리스탄과 이졸데〉의 전주곡에서 전통적인 조성 체계가 흔들리는 '트리스탄 화음'이 등장한다. 이것이 쇤베르크의 무조음악에 동기를 주었다.

넷째, 아리오소 양식. 이것은 말하기와 노래 부르기의 중간 형태이다. 그는 이를 통해서 말하기(speech)와 노래를 통일시키고, 드라마와 음악을 일치시키고자 했다.

다섯째, 두운법. 고대 북유럽의 시에서는 두운(Stabreim)이 사용되는데 이 기교는 자음들의 첫소리를 운으로 만들어서 테제와 반테제를 통하여 줄거리를 강화할 수 있는 장점이 있다. 극적인 연기, 독백, 대화 등에서 많이 사용되는 방식이 두운법인데 바그너가 '라인의 황금'에서 즐겨 사용하였다.

바그너는 작곡을 하고 그에 맞는 스토리를 창작해내었다. 그는 신화, 소설, 수필 등을 종합적으로 활용한 종합예술가였다. 그래서 사람들은 그를 창작가, 사상가, 작곡가, 지휘자, 연출가, 현대음악의 선구자, 독일 오페라의 선구자 등으로 부른다.

바그너는 마르틴 루터, 임마누엘 칸트, 프리드리히 니체와 더불어 가장 독일적인 인물로 불린다. 그는 스스로 비망록에 "나는 모든 독일인 중에서 가장 독일인이다"고 적었다. 그가 저술한 자서전, 에세이, 오페라 대본, 서신들, 자신과 아내 코지마가 쓴 방대한 양의 일기와 비망록 등과 논문 등을 매거해보면 1만 편에 달한다. 영국의 음악학자 어니스트 뉴먼은 이런 모든 자료를 참조하여 1947년에 『리하르트 바그너의 생애(*The Life of Richard Wagner*)』(도합 네 권으로, 총 2700쪽에 달함)를 출간했다.

바그너의 가장 인기 있는 작품 〈트리스탄과 이졸데〉 그리고 〈니벨룽

트리스탄과 이졸데

의 반지〉의 줄거리를 살펴보면 다음과 같다.

〈트리스탄과 이졸데〉

이야기는 중세 잉글랜드 남서부 콘월에서 일어난다. 트리스탄의 아버지는 아들이 태어나고 얼마 있다가 죽는다. 트리스탄은 숙부인 콘월의 왕 마크를 찾아간다. 왕궁에 도착한 트리스탄은 동료들의 증오심을 덜기 위해 가장 위험한 임무를 떠맡아, 콘월을 아일랜드에서 해방하기 위해 아일랜드 공주 이졸데의 약혼자 모롤드를 죽인다. 그러나 자신도 중상을 입고 이졸데에게 구원된다. 그녀는 그를 자기 손으로 죽이려고 신분을 감추고 그를 먼저 간호한다. 마지막 순간 이졸데가 트리스탄의 가슴에 검을 찌르려는 때에 트리스탄은 눈을 뜨고 서로 오가는 눈길 속에서 사랑이 싹튼다. 궁정으로 돌아온 트리스탄은 다시 여러 사람의 시기를 받게 된다. 그래서 숙부에게 이졸데를 선사하기로 한다. 그러자 이졸데는 배신감을 느끼고 죽고 싶어 한다. 그래서 이졸데를 배에 태우고 돌아오는 길에서 이졸데는 트리스탄에게 망각과 용서의 잔을 바친다. 그는 그 안에 독약이 있음을 알아차렸으나 그냥 마신다. 이졸데도 같이 나누어 마신다. 그러나 사실은 이졸데의 시녀가 타둔 사랑의 묘약이 들어 있었다. 시녀는 트리스탄이 홀로 사랑의 묘약을 마시고 이졸데에게 빠져들면 이졸데의 수치를 복수할 수 있으리라고 생각했었다. 트리스탄은 숙부의 부인이 된 이졸데와 만나기로 했다. 그러나 그날 숙부 마크가 나타나고 트리스탄은 멜롯의 검에 몸을 던져 죽는다. 바로 그때 이졸데가 트리스탄을 만나러 오자 트리스탄은 벌떡 일어났다가 다시 넘어진다. 이졸데는 트리스탄의 검에 다시 몸을 던져 죽는다.

〈니벨룽의 반지〉

이 작품은 4부작인데, '라인의 황금', '발퀴레', '지크프리트', '신들의 황혼'으로 구성되어 있다. 바그너는 〈니벨룽의 반지〉에서 "증오와 부패로 신음하는 세상은 오직 사랑과 희생만으로 구원될 수 있다"고 말했다.

이 작품의 등장인물을 보면 먼저 신들이 나온다. 보탄, 프리카(보탄의 아내), 프라이아(프리카의 자매), 도너(프라이아의 형제), 프로(프라이아의 형제), 로게(반신), 에르다, 거인들. 그리고 파졸트, 파크너, 그의 형제들, 난쟁이들, 알베리히, 미메, 그의 형제들 그리고 라인의 딸들인 보클린데, 벨군데, 플로스힐데, 세 명의 노르네스, 에르다의 딸들이 나오고,

보탄과 인간들 사이에 태어난 자식들인 지크문트, 지클린데, 지크프리트, 지비홍스, 군터, 구트루네, 하겐, 크림힐데, 알베리히가 등장하고, 발퀴레들인 뢴힐데, 발트라우테, 오르틀린데, 로스바이세, 그림게르데, 헬름비게, 슈베르틀라이테, 게르힐데가 등장한다.

등장인물이 매우 다양하고 플롯이 복잡하여 어려운 책을 독파하듯 줄거리를 인물들과 따라가야만 〈니벨룽의 반지〉는 이해될 수 있다. 여기서 이 작품의 내용을 간단히 살펴보면 다음과 같다.

여신 프리카는 형제인 도너(구름)와 프로(광명과 기쁨), 프라이아(젊음)를 지배하고 있었다. 보탄은 프리카와 결혼하여 강력한 권력을 얻으려 했다. 여신의 사랑을 구하기 위해 그는 지상으로 내려가 지식의 샘에서 물을 마신 후 보답으로 한쪽 눈을 지불한다. 보탄은 모든 종족에게 자신의 절대적 권력을 강요했다.

하늘은 신에게, 지상은 거인에게, 지하세계는 난쟁이 족속 니벨룽에게 돌아갔다. 신의 방황에 종지부를 찍기 위해 그는 거인에게 성을 하나 지으라고 주문한다. 그리고 건축 대금으로 프라이아를 주겠다고 약속한다.

1부 : 라인의 황금

라인강 깊은 곳에 난쟁이 알베리히가 사랑을 포기하는 대가로 강의 황금을 독차지하여 이것으로 모든 권력을 상징하는 반지를 만든다. 거인들로부터 성을 건축한 대금을 지불하라는 독촉을 받은 신들은 프라이아 대신 알베리히의 황금을 훔쳐서 지불하기로 한다. 보탄은 알베리히를 붙잡아 반지와 투구(몸을 보이지 않게 사라지게 하고 다른 사람으로 변하게 하는 마법 투구)를 내놓으라고 한다. 그러자 니벨룽은 이 반지에게 저주를 내려 이 반지는 시기심과 살인자를 양산할 것이라고 예언한다. 보탄에게 건축 대금으로 반지를 받은 거인 파프너는 형제 파졸트를 죽이고 보물을 안고 사라진다. 그러는 사이 성은 완성되고 그 성은 신들이 차지하고 이름을 발할이라 붙인다.

2부 : 발퀴레

보탄은 반지를 되찾기 위해 새로운 영웅족을 만든다. 이들이 지크문트와 지클린데 쌍둥이다. 보탄은 그들에게 사랑의 법칙만 빼고 어떤 것도 어겨도 된다고 말한다. 그러나 지크문트와 지클린데는 사랑에 빠져 함께 도주한다. 이들을 처벌하기 위해 보탄은 딸이자 발퀴레인(발퀴레는 죽은 영혼을 발할까지 인도하는 사명을 가지고 있다) 브륀힐데에게 자기의 이야기를 해준다. 그러자 브륀힐데는 오히려 동정심을 느껴 지크문트가 남긴 부러진 검과 지클린데를 안전한 곳에 데려가 보호한다. 분노한 보탄은 발퀴레를 바위에 뉘고 잠재운 뒤 주위에 불의 장막을 두른다. 사랑의 법규를 두려워하지 않는 자만이 그 불길을 뚫을 수 있다고 한다. 그 영웅이 바로 지클린데가 안고 있는 아들 지크프리트이다.

3부 : 지크프리트

난쟁이 알베리히의 동생 미메가 지크프리트를 몰래 키운다. 용으로 변신한 거인 파프너를 살해하기 위해서였다. 성장한 후에 지크프리트는 미메에 의해 용 앞에 인도되어 용을 죽이고 새의 충고에 따라서 미메까지 죽이고 반지를 탈취한다. 새의 인도로 발퀴레의 바위에 간 그는 보탄과 만난다. 보탄은 그에게 미메와 파프너의 땅을 약속한다. 지크프리트는 불 속으로 뛰어들어 브륀힐데의 잠을 깨우고 그들은 사랑에 빠져 망각과 쾌락에 빠진다.

4부 : 신들의 황혼

브륀힐데에게 반지를 끼워주고 지크프리트는 기비홍스 궁전에 도착한다. 그곳에서 알베리히의 아들 하겐이 그를 죽이려 한다. 그들은 지크프리트에게 망각의 약을 먹이고 브륀힐데를 정복하여 데려오면 구트루네를 준다고 약속한다. 그는 군터로 변신하여 브륀힐데를 생포하고 그녀의 손에서 반지를 빼어 자기 손에 낀다. 브륀힐데는 구트루네와 함께 있는 지크프리트를 보고 경악한다. 하겐, 군터, 브륀힐데는 지크프리트를 죽이기로 결정한다. 다음 날 하겐은 그를 찔러 죽인다. 그리고 군터마저 살해한다. 모든 비극의 전말을 알아차린 브륀힐데는 보탄을 비난하고 영웅을 위해 나뭇단을 태우도록 한다. 그리고 자신도 불 속에 뛰어들어 자살한다.

〈니벨룽의 반지〉는 영화 〈반지의 제왕〉에 그대로 모티브로 사용된 바 있다.

바그너 이후

바그너는 독일 민족주의자들에게는 정신의 샘물이었다. 바그너는 반유대주의를 옹호했으며, 프랑스의 퇴폐주의와 미국의 물질주의를 반대했다. 이러한 생각들이 독일의 기상을 높이고 민족주의를 강화시키는 데 풍성한 영양분을 제공했다. 그래서 바그너주의가 생기기도 했다. 바그너주의는 바그너의 철학, 미학, 음악을 따라서 각 분야에서 바그너의 정신을 확장시키는 이념이다. 이들은 이 바그너의 생각을 따라 활동하는 것을 마치 독일 민족주의의 성전처럼 여기기도 했다.

바그너가 죽고 나자 코지마는 모든 바그너의 오페라를 바이로이트 페스티벌 하우스에서 공연하게 하고 바그너의 의도를 철저하게 표현하도록 감시했다. 그녀는 1907년에 그녀의 아들 지크프리트에게 이 모든 운영권을 넘겼다. 하지만 오케스트라 지휘자이고 감수성이 뛰어난 아들은 어머니의 신조를 무시하였다. 더욱이 세계대전으로 경제사정이 좋지 않자 1914년 바이로이트 페스티벌 극장은 문을 닫게 되었다. 그로부터 10년 후에 여러 곳에서 모금을 한 후에야 비로소 외국 자본의 도입으로 페스티벌 하우스는 다시 문을 열었다. 이 극장은 다시 코지마의 사위인 체임벌린에게 넘어갔다. 하지만 아들 지그프리트의 아내 비니프레트에 속아 바그너의 극장과 음악은 정치적 함정에 빠져들게 되었는데, 비니프레트는 히틀러의 추종자였기 때문이었다. 히틀러는 골수적인 민족주의자였고 반유대주의자였으며 바그너 예찬자였다. 1930년에 코지마는 물론 그녀의 아들 지그프리트도 사망하였다. 그래서 지그프리트의 아내인 비니프레트는 극장 운영권을 물려받았고, 바이로이트는 히틀러의 비호 아래 최고의 수준으로 발전하였다. 하지만 이 극장은 나치스의 문화 프로파간다의 온상으로 변해버리고 유대인 예술가들과 유대주의 예술가들은 이 극장으로부터 떠나게 되었다. 나치 정권은 이 여인을 그들의 프로파간다에 매우 잘 활용했다.

히틀러는 바그너를 매우 좋아했고 바이로이트에 가기를 즐겨했으며 그곳을 개인적인 통제하에 두었다.

전쟁 후에 1947년 비니프레트는 나치스에 협력한 죄과로 모든 바이로이트 활동을 금지당하고 두 아들 빌란트와 볼프강에게 이 극장 권리가 넘어갔다. 하지만 이들은 할아버지 바그너의 이미지를 다시 부활시키고 바그너라는 문화 아이콘을 재창조했다. 그래서 이들은 바그너의 공연을 음반으로 취입하고 비디오로 녹화했으며 해마다 라디오로 공연 실황을 방송했다. 그 결과 1973년에는 바이로이트 페스티벌 하우스가 재단으로 승격하였다.

바그너는 전 세계적으로 음악극에 가장 중요한 작품을 남겼고 독일 전설에 살아 있는 혼을 불러 넣었다. 그는 특출한 극작가, 과감한 심리 분석가, 천재적인 작곡가였다.

바그너의 주요 저술

- Zu Beethovens Neunter Symphonie(1846)
- Der Nibelungen-Mythos als Entwurf zu einem Drama(1848)
- Die Kunst und die Revolution(1849)
- Das Kunstwerk der Zukunft(1850) (Digitalisat und Volltext im Deutschen Textarchiv)
- Das Judenthum in der Musik(1850, erheblich erweitert 1869)
- Über Staat und Religion(1864) -eine theoretische Abhandlung für König Ludwig II.
- Deutsche Kunst und Deutsche Politik(1868)
- Beethoven(1870)
- Das Bühnenfestspielhaus zu Bayreuth(1873)
- Was ist deutsch?(1878)
- Religion und Kunst(1880) mit Nachtrag: Was nützt diese Erkenntnis?
- Heldentum und Christentum(1881)

바그너 관련 영화

- Wagner-Das Leben und Werk Richard Wagners-biographische Miniserie, Regie: Tony Palmer, 1983(Eintrag in der IMDb)
- Wagnerdämmerung-Dokumentationsfilm, Regie: Petrus van der Let, 1996(Eintrag in der IMDb)
- Leuchtende Liebe-lachender Tod-Das Familientheater der Wagners-Dokumentarfilm, Regie: Oliver Becker, 2005(Eintrag in der IMDb)
- Der Wagner-Clan. Eine Familiengeschichte-Fernsehfilm, Regie: Christiane Balthasar, 2013(Eintrag in der IMDb)

- Der Clan-Die Dokumentation-Dokumentarfilm zum Fernsehfilm, Regie: Gero und Felix von Boehm, 2014(Eintrag in der IMDb)
- Wagner, Bayreuth und der Rest der Welt-Dokumentationsfilm, Regie: Axel Brüggemann, 2021(Eintrag in der IMDb)

요약

바그너는 개인주의 성향이 매우 강한 사람이었다. 그는 본인이 남과 매우 다르다고 생각했으며, 변화무쌍한 감정으로 인해 여러 사람들과 갈등을 많이 겪었다. 그래서 그에게는 부정적인 자아가 형성되었고, 시기심과 질투가 많았으며 자기비하의 성품을 보이기도 했다. 하지만 그는 보헤미안적 성향을 예술가로서 백분 발휘하여 매우 창조적인 음악 활동을 하였다. 그는 평생 독일적인 음악을 위해 고군분투했다. 당시에 이탈리아와 프랑스의 음악에 영향을 받은 독일 음악은 모방하기에 급급했지만 바그너는 독일만의 음악을 위해 독일의 신화, 역사, 문화를 철저히 연구하여 독일 음악의 정체성을 찾으려 무던히 노력했다. 이를 위해 그는 의부 가이어, 음악 선생 바인리히의 도움을 초기에 받았으며, 중기에는 스위스 사업가 베젠동크의 조건 없는 도움으로 망명 생활을 음악과 함께 보낼 수 있었다. 그리고 말년에는 다행스럽게도 바그너에게는 엄청난 조력자인 루트비히 2세가 그를 위해 물심양면으로 도움을 주었다. 하지만 방탕스러운 낭비벽을 가진 첫 번째 부인과 그의 변화무쌍한 다혈질의 성품은 그를 중요한 시기에 방해했다. 프리드리히 니체는 바그너에게 양면적인 존재였다. 니체는 초기에 바그너를 위한 조력자 역할을 했지만 나중에 적대자로 돌아섰다. 결국 바그너는 독일 오페라라는 새로운 영역을 생성함으로써 결국 독일 민족에게 결핍된 음악과 문화의 정체성을 제공할 수 있었다.

참고한 책과 더 읽어야 할 책

Bauer, Hans-Joachim, *Reclams Musikführer Richard Wagner*, Reclam, Stuttgart, 1992.

Bermbach, Udo, *Mythos Wagner*. Rowohlt, Berlin, 2013.

Borchmeyer, Dieter, *Richard Wagner: Werk, Leben, Zeit*, Reclam, Stuttgart, 2013.

Fischer, Jens Malte, *Richard Wagners 'Das Judentum in der Musik'. Eine kritische Dokumentation als Beitrag zur Geschichte des europäischen Antisemitismus*, Insel, Frankfurt am Main, 2000.

김문환, 『바그너의 생애와 예술』, 느티나무, 2006.

로이 잭슨, 『30분에 읽는 니체』, 이근영 역, 중앙M&B, 2003.

뤼디거 슈미트, 『차라투스트라는 이렇게 말했다』, 김미기 역, 이학사, 1999.

리하르트 바그너, 『니벨룽의 반지』, 엄선애 역, 삶과 꿈, 1997.

버나드 쇼, 『니벨룽의 반지』, 유향란 역, 이너북, 2005.

오트프리트 회페, 『철학의 거장들』, 이엽 외 역, 한길사, 2001.

프리드리히 니체, 『바그너의 경우』, 이상엽 역, 세창출판사, 2020.

프리드리히 니체, 『인간적인 너무나 인간적인』, 황문수 역, 글방문고, 1986.

필리프 고트프루아, 『바그너』, 최경란 역, 시공사, 2001.

한국바그너협회, 『바그너와 우리』, 삶과 꿈, 2013.

https://de.wikipedia.org/wiki/Richard_Wagner

https://de.wikipedia.org/wiki/Bayreuther_Festspiele

세상을 변화시킨 **독일인들**

제6장

프리드리히 엥겔스,
노동자 계급을 발견하다

"나는 중산층으로서 누릴 수 있는 사치와 향연, 붉은 포도주와 샴페인을 포기했다.
대신에 나의 자유 시간을 오로지 노동자들과의 교류에 바치겠다."

Friedrich Engels

출생과 성장

프리드리히 엥겔스는 1820년 11월 28일 독일의 부퍼탈(Wuppertal)의 바르멘(Barmen)에서 성공한 면직 사업가의 첫째 아들로 태어났다. 선조 대대로 섬유공업을 이어온 그의 부친은 16세기부터 독일 중부 베르크(Berg) 지방에 거주했기에 루터교에 경도되어 있었다.

엥겔스는 부퍼탈의 지역 중 하나인 바르멘에 있는 시립학교에 다녔고 1834년에는 엘버펠트(Elberfeld)에 있는 김나지움(인문고등학교)에 입학했다. 엥겔스는 언어에 상당한 재능을 보였고 인문주의적 이념에 몰입했다. 그는 엘버펠트에서 히브리어, 라틴어, 그리스어, 프랑스어, 종교, 역사, 지리, 수학, 물리를 배웠고 더 나가서 성악, 회화, 철학, 문학, 역사까지 공부하였다. 그는 12개 언어를 자유로이 구사하였으며 6개 언어는 해독이 가능하였다. 그는 김나지움 재학 때 프로이센이 봉건적 억압 조치를 취하는 것을 경험하였고 그런 정부에 반항하는 생각을 가지기 시작했다. 하지만 아버지는 그런 아들을 달가워하지 않았다. 엥겔스는 아버지의 압박으로 1837년 졸업시험 1년 전에 김나지움을 그만두었다. 그는 우선 바르멘에서 아버지의 공장 일을 도와야 했다. 그리고 아버지의 지시에 따라서 1838년 7월에서 1841년 4월까지 그는 브레멘에 있는 로이폴트가 운영하는 거대한 무역회사에서 훈련을 받았다. 그곳에서 그는 목사의 집에 거주했는데, 회사에서 무역 관련 훈련을 받았을 뿐 아니라, 목사와의 대화, 신문, 다양한 서적을 통해서 자유로운 이념을 접할 수 있었다. 특히 그는 젊은 독일의 시인들과 저술가들에 의해 나오는 여러 가지 생각들에 감동했으며 그 스스로 자유주의적인 행동과 글쓰기 시도를 했다.

이는 그의 어린 시절의 관심과 무관하지 않았다. 그는 어렸을 때부터 글쓰기를 좋아했었고, 이미 소설『해적』을 고교 때 습작으로 발표하였고, 시와 희곡 습작을 쓰기도 했다. 그래서 그는 바르멘에 있는 문학 서클의 회원이 되었다. 이러한 그의 청소년기의 취미와 활동은 후에 그를 능력 있는 기자로, 영향력 있는 저술가로 성장하게 해주었다.

노동자의 삶에 공감

1839년부터 엥겔스는 그의 가정이나 아버지의 회사에서 중요시했던 급진적인 경건주의와 거리를 두기 시작했으며 1839년에는 '독일을 위한 전보'라는 편지에서는 부퍼탈에 있는 종교적인 신비주의가 삶의 모든 영역을 어떻게 압박하는가에 대해 연구하여 서술하였다. 그리고 그는 경건주의적 삶의 입장과 사회적 비참함 사이의 상관성에 주목했으며 1840년에는 브레멘의 교회논쟁에 대해 보고하기도 했다.

엥겔스는 브레멘에 머무를 때 슈투트가르트『모르겐 블라트』의 브레멘 통신원으로 활동하기 시작하면서 저널리스트로서의 활동을 시작했는데, 1840년부터는 아우크스부르크의『알게마이네 차이퉁』에도 기사들을 기고했고, 여러 매체에 수많은 문학평론, 시, 드라마, 기사들을 투고했다. 더 나가서 그는 이주민 문제와 증기선 운항에 대한 보고서도 썼다. 그는 1839~1841년까지 프리드리히 오스발트(Friedrich Oswald)라는 가명으로 기사를 투고했는데, 아버지가 피해 입을 것을 걱정하여서 그렇게 한 것이다. 엥겔스가 가명을 벗고 자신의 이름으로 처음 쓴 글은「부퍼탈 통신」이었다. 그 글에서 그는 부퍼탈 노동자들의 비참한 상황, 공장주들의 위선과 유산계급들의 비인간성 고발 등을 다루었다. 당시에 독일에서 어린이 노동, 과로, 노동자의 빈곤, 전염병(매독, 폐병), 산업재해 등은 산업화에서 나온 심각한 문제들이었다.[1] 엥겔스의 고발 기사는 부퍼탈과 독일 전역에서 엄청난 파문을 불렀다. 이러한 현실을 직면하여 종교적 의심에 사로잡힌 그는 "성경 지식을 이성과 철학, 자연과학과 연결시킬 수 있는가?"를 고민하다가 헤겔의 사상을 만났고, 세상에 대해 비판적인 의식을 가지기 시작했다. 그래서 초기에 그는 부유층들이 당시에 즐겨 듣던 모차르트의 〈마술피리〉, 베토벤의 〈5번 교향곡〉을 좋아했으며, 수영과 승마로 취미생활을 하기도 했지만 후에 노동자들을 연민해서 이 모든 것을 포기했다.

　1841년에 엥겔스는 1년 동안 자유의사에 따라서 베를린에 있는 보병연대에 입대하여 병역 의무를 다했다. 당시에 그는 베를린 클라라

1　터렐 카버,『엥겔스』, 이종인 역, 시공사, 2000, 18쪽 참조.

체트킨 43번지에서 1842년 4월 10일까지 살면서 베를린대학교 강의를 청강하였는데, 어학과 철학 강의를 집중적으로 청강했다. 그때 특히 젊은 헤겔 학파의 강의를 많이 수강했는데, 1841~1842년도 학기에는 셸링의 헤겔 강의에 감동받아서 한 편의 논문과 셸링의 철학에 반대하는 두 편의 보고서를 발표했다.

영국의 노동자들을 위하여

1842년 11월부터 엥겔스의 부친은 아들 엥겔스에게 합작회사인 맨체스터의 '에어맨 앤 엥겔스(Ermen & Engels)' 방적공장에서 일하도록 종용하였다. 그래서 엥겔스는 공장 소유자의 장남으로 일을 하기는 했지만, "나는 중산층으로서 누릴 수 있는 사치와 향연, 붉은 포도주와 샴페인을 포기했다. 대신에 나의 자유시간을 오로지 노동자들과의 교류에 바쳤다."라고 고백하며, 직접 노동자 계급이 처한 처참한 상태를 파악하려고 빈민가를 찾아다녔다. 이 과정에서 맨체스터에 도착한 지 얼마 안 되어 만난 메리 번스라는 면화방직 공장의 여공이 많은 도움을 주었는데, 그녀는 엥겔스의 조력자를 넘어 애인이 되었다가 결국 부인이 되었다. 하지만 그들이 결혼하기까지의 여정은 수월하지 않았다. 그들이 서로의 매력에 이끌려 사랑에 빠졌지만 신분을 벗어난 정식 결혼이란 당시에 불가했기 때문이었다. 그래서 그들은 비밀리에 교제하였고, 1850년에 엥겔스가 맨체스터를 떠나면서 잠시 떨어져 지내기도 했으며, 엥겔스가 6년 후에 다시 맨체스터로 돌아오면서 재회했지만 결혼은 꿈도 꾸지 못한 채 동거를 시작하였다. 그리고 엥겔스의 부친

이 사망하고 상당한 시간이 흐른 후에도 그들은 결혼하지 못했다.[2]

엥겔스는 영국의 산업혁명을 놀라운 시각으로 바라보며 감탄하기도 했지만 산업혁명에서 희생되는 노동자들의 비애를 누구보다도 뼈저리게 경험하였다. 그는 영국의 산업도시에서의 노동자들의 비참한 거주지와 프롤레타리아의 노동 상황을 서술했다. 당시의 가게에서 설익은 송아지 다리를 훔쳐 먹은 두 소년을 경찰이 체포하여 그들의 집을 방문하니 다음과 같은 광경이었다고 한다.

> 경찰이 그녀의 집에 갔을 때 그들은 문자 그대로 조그마한 구석방에 쑤셔 박힌 여섯 아이들과 어머니를 발견했다. 그 방은 낡은 의자 두 개와 다리가 부러진 작은 탁자, 깨진 컵과 작은 접시가 있을 뿐 별다른 가구라곤 찾아볼 수 없는 조그만 방이었다. 난로에는 거의 불씨가 없었으며 한쪽 모퉁이에는 여자의 앞치마 크기만 한 낡은 누더기가 쌓여 있었다. 그것은 온 가족이 깔개이불로 사용하는 것이었다. 그녀는 식품을 얻기 위해 음식점 주인에게 침대를 저당 잡힌 상태였다.[3]

이들은 결국 기업가들에게 이용당하는데, 기업가들이 생필품을 사

---

2 1863년에 첫사랑 메리 번스가 병으로 사망하자 엥겔스는 그의 여동생 리디아 번스와 동거하였고, 1876년부터 리디아가 병마에 시달리면서 죽기 전에 공식적인 부인으로 인정받게 해달라고 엥겔스에게 부탁하여 그들은 1878년 11월 결혼하였다. 하인리히 젬코프, 『맑스 · 엥겔스 평전』, 김대웅 역, 시아출판사, 2003, 460~470쪽 참조.

3 터렐 카버, 『엥겔스』, 이종인 역, 2000, 37쪽.

서 준비해놓은 거주지에서 노동자들은 살아야 하고 이를 통해 노동자 가족은 노동 이외에 거주의 추가적인 속박까지도 당해야 했다. 이런 상황을 계속해서 엥겔스는 주목하고 신문기사로, 이론을 무장한 책으로 사회 전반에 알리는 노력을 지속하였다.

엥겔스는 1843년에 「국민 경제학 비판 강요」와 「영국인의 상태」라는 두 편의 논문을 『독불연보』에 게재하였다. 이 논문에서 엥겔스는 시민 사회의 모든 악의 원인은 사적인 소유에 있다고 보았으며 자본가 계급과 노동자 계급이 가지는 재산은 엄청난 차이가 있다고 밝혔다. 이런 내용의 논문은 당시 생면부지의 마르크스(Karl Marx)에게 엄청난 관심을 불러일으켰으며 마르크스는 엥겔스를 주목하였다.

1844년 8월 22일에 『독불연보』는 폐간되었지만 엥겔스와 마르크스는 편지 교류를 하였고, 서로 공유되는 사상을 교환하다가 엥겔스가 맨체스터에서 독일로 소환 명령을 받았을 때 독일로 귀국 도중에 파리에 잠시 체류하면서 두 사람은 만나게 되었다. 파리의 어느 극장 앞 작은 카페 '라 레장스'에서 두 사람은 동지로서 혁명가로서 만났다. 그들은 노동자만이 새로운 사회를 창조할 주체라는 데에 합의했다. 그들은 이 카페에서의 대화가 부족하여 마르크스 집으로 옮겨가서 며칠간 대화를 계속했다. 이들은 10일간 파리에 체류하면서 『신성가족, 비판적 비판에 대한 비판』(신성가족은 바우어 형제의 관념론을 말한다)이라는 공동 저작을 준비하였다. 여기서 그들은 노동자들은 아무 생각도 못 한다는 부르주아의 독선적 생각에 반대했고 초자아적인 힘, 영웅, 엘리트들이 역사를 만든다는 관념론도 거부했다. 대신 민중이야말로 역사의 진정한 창조자라고 그들은 주장했다. 엥겔스와 마르크스는 행복한 삶을 포기하고 민중을 위해 과감히 궁핍한 생활을 선택했다. 이들은 행복은 물질이 아니라 정신적으로 충족된 생활임을 깨달았기 때문이었다.

엥겔스는 1845년 5월 말에 독일의 부퍼탈 바르멘으로 돌아가 영국의 실상을 고발하는 「영국에서 노동자 계급의 상태(Die Lage der arbeitenden Klasse in England)」라는 글을 기고했다. 이 글에서 엥겔스는 영국 부르주아들을 비판하였는데, 부유한 자들은 노동자의 피 한 방울까지도 착취하려고 경찰과 법률을 동원한다고 주장했다. 이 저술은 엥겔스가 처음으로 독자적인 출간을 한 것이었다. 그때는 독일에서 독일 정부, 부르주아 계층과 일반시민, 노동자 계급의 관계가 긴장과 충돌로 이어지던 시기였다. 이러한 상황에서 영국의 비참한 상황에서 출발한 엥겔스의 비판적 시각은 상당히 주목을 받았다.

망명 생활

영국에서 프로이센(통일된 독일제국 이전의 국명)으로 돌아온 후부터 엥겔스는 익명으로 기사 투고 활동을 하지 않았으며, 부퍼탈 엘버펠트 노동자 집회에 강사로 나서기도 했다. 그래서 프로이센 정부는 그를 체포하려 했고 집회를 방해했다. 더욱이 그의 부모님과 의견도 매우 달라서 엥겔스는 바르멘을 떠나야 했다. 엥겔스는 국경을 넘어 스위스 로잔으로 도주하였고 그때『독일제국 헌법 운동』을 저술하였다. 그러나 그는 로잔에서 다시 영국으로 망명하였지만, 궁핍한 망명 생활은 견디기 어려웠다. 그래서 그는 1850년 11월에 다시 아버지 회사인 '에어맨 앤 엥겔스'에서 근무하였는데, 1861년에 그의 아버지가 사망하자 엥겔스는 회사의 책임자로 근무해야 했다.

1851년 8월에 미국 신문인『뉴욕 데일리 트리뷴』편집장인 찰스 다나가 마르크스에게 논문 기고를 부탁한 적이 있었는데, 마르크스는 엥겔스에게 기사를 쓰도록 부탁하였다. 그래서 엥겔스는 1848년부터 1849년까지 9회에 걸쳐서「독일에서의 혁명과 반혁명」이라는 기사를 기고했다.

이론적 비판

엥겔스는 마르크스보다 먼저 당시의 정치와 경제에 대한 비판적 의식을 가지고 있었다. 그래서 1844년에 나온 엥겔스의『민족경제에 대한 비판』은 마르크스에게 있어서 여러 가지 저술의 중요한 출발점이었다. 그리고 1845년에 엥겔스는 마르크스와 함께『신성가족(*Die heilige Familie*)』이라는 책을 출간했다. 1848년에 이들은 이를 토대로『공산당 선언』을 공동으로 집필했다.

엥겔스의「영국에서 노동 계층의 상황(Die Lage der arbeitenden Klasse in England)」(1845)은 사회를 실증주의적으로 연구한 선구적인 연구에 속하는데, 이러한 저술 활동은 마르크스가 주장한 여러 가지 이론들이 널리 퍼지는 계기가 되었다. 그리고 그의「반듀링론(Anti-Dühring)」(1877)과「사회주의 발전, 유토피아에서 학문으로(Die Entwicklung des Sozialismus, von der Utopie zur Wissenschaft)」(1880)는 커다란 반향을 불러일으켰다. 1883년 마르크스가 죽은 뒤에 엥겔스는 마르크스의『자본(*Das Kapital*)』,『정치적 경제론의 비판(*Kritik der politischen Ökonomie*)』등과 같은 주요 작품들을 계속 출간했다. 더 나가서 그는 「가족, 사유재산, 국가의 기원(Der Ursprung der Familie, des Privateigenthums und des Staats)」(1884)과 「루트비히 포이어바흐와 독일 고전철학의 종말(Ludwig Feuerbach und der Ausgang der klassischen deutschen Philosophie)」(1888)에서 계속해서 이론적으로 마르크스와 함께 생각했던 세계관을 발전시켜 나갔다.

이러한 경제적 연구와 철학적 연구뿐 아니라 엥겔스는 수학과 자연과학의 발전에도 관심을 가졌다. 그래서 나중에 「후기 변증법적인 유물론」에 대한 기초를 세우기도 했다.

엥겔스는 정치, 경제, 자연과학에 대한 저술을 토대로, 당시의 철학적 흐름에도 중요한 의견들을 개진하였다. 즉 그는 셸링에 대한 논문을 발표하였는데 이것은 당시에 철학계에서 커다란 주목을 받았다. 그리고 그는 헤겔의 작품을 연구했고 처음으로 종교비판적인 연구들의 상태를 자세하게 주목했다. 1842년에 그는 종교와 헤겔의 관념주의를 비판한 포이어바흐의 저술 『기독교의 본질(Das Wesen des Christentums)』 (1841)에 대해 토론했다. 이러한 연구의 바탕에서 그는 점차로 젊은 헤겔학파의 이념에서 멀어졌으며, 유물론의 입장을 수용하게 되었다. 그래서 1842년 4월부터 그는 당시에 독일에서 시민의 반발운동의 진보적인 기관지인 『라인신문』에 프로이센의 정책에 반대하는 기사를 실었다. 이는 엥겔스가 젊은 헤겔학파를 많이 연구한 데서 기인하는데, 특히 슈트라우스(David Friedrich Strauß)의 저술들을 비판적으로 많이 읽은 결과였다. 이미 그는 1842년에서 1843년의 기간 동안에 베를린에 거주하면서 셸링의 헤겔 강의에 감동을 받았고, 셸링에 대한 논문 그리고 셸링의 헤겔 비판에 대한 논문을 발표한 바 있는데 이 논문에서 그는 셸링이 기독교 종교를 정당화한 것을 비판했으며, 헤겔의 변증법을 옹호했다. 그는 셸링의 철학은 스콜라주의와 신비주의로의 후퇴라고 했으며 철학을 신학의 시녀로 평가절하하는 시도라고 했다. 이러한 그의 학문에 대한 노력과 노동자들을 위한 이론적 근거를 위한 학습은 너무나 맹렬했다. 1842년 여름에 엥겔스는 루게(Arnold Ruge)에게 다음과 같은 편지를 썼다.

> 나는 당분가 모든 문학적 활동을 정리하고 대신 공부에 전념하기로 했습니다. 이유는 명백합니다. 아직 어린 나는 혼자서 철학을 공부해 자신만의 신념을 에우고 그것을 주장할 만큼의 성과는 얻을 수 있었지만, 그것만으로는 부족합니다. 더구나 내가 가진 신념을 이루기 위해 무언가를 실천할 수 있는 수준도 되지 못합니다. 사람들은 내가 철학적 외판원 노릇을 했을 때나 박사학위를 땄을 때보다 더 많은 것을 앞으로도 계속 요구할 것입니다. 내가 다시 한번 나 자신의 이름으로 무언가를 쓰게 된다면 나는 그러한 요구를 만족시킬 생각입니다. 나는 좀 더 많은 노력을 통해 나 자신을 갈고 닦아 타고나지 않은 자질을 배워 나가는 것이야말로 나에게 주어진 의무라고 생각합니다.[4]

이론에서 실천으로

19세기 중반에 영국 산업이 독일 산업보다 더 발전되어 있었다. 하지만 영국에 체류하는 동안 영국 노동계층의 삶이 너무나 비참하고,

---

4 하인리히 젬코프, 『맑스 · 엥겔스 평전』, 95쪽.

산업 현장이 열악한 것을 보고, 그의 정치적 입장은 변화하기 시작하였다. 당시에는 산업화의 영향으로 영국에서의 봉건제도는 점차 사라지고 있었으며 부르주아와 노동자 계급이 생겨났고 그들 계층은 자주 충돌하였다. 이러한 충돌의 결과는 주로 노동자들에게 피해로 이어졌으며 이를 안타깝게 생각한 엥겔스는 영국의 노동자운동에 많은 관심을 가졌고, 스트라이크, 집회, 법안의 발의 등에 대해 배웠다.

이러한 영국의 상황을 체휼한 엥겔스는 1843년에 런던에서 독일 혁명 노동조직과 접촉했고 거기서 노동조직 회원인 바우어(Heinrich Bauer), 몰(Joseph Moll), 샤퍼(Karl Schapper)를 만났다. 동시에 그는 리드에서 영국 차티스트들과도 접촉했으며, 최초로 영국 노동자들에 관한 기사를 썼는데 이 기사들을 『뉴 모럴 월드(The New Moral World)』와 『노던 스타(The Northern Star)』라는 영국 신문에 기고했다. 이 기간에 그는 프롤레타리아 운동에 자극받아 자본주의 사회의 이론에 대한 공부에 열중하였고 영국과 프랑스 유토피아주의자들의 작품(로버트 오언(Robert Owen), 샤를 푸리에(Charles Fourier), 클로드앙리 드 생시몽(Claude-Henri de Saint-Simon))과 고전적 정치경제학자들(애덤 스미스(Adam Smith), 데이비드 리카도(David Ricardo))의 작품들을 심도 있게 읽었다. 그는 자신의 연구 결과들을 『라인 신문』, 『영국 노동신문』 그리고 스위스 신문 등에 기고하기도 했다.

엥겔스가 영국에 도착했을 당시에는(1842년 말) 차티스트주의와 노동운동 사이에 토론과 충돌이 있었는데, 그는 노동의 사회정치적인 상관성에 집중하였다. 그는 사회적 발전의 중심 동력은 물질적인 관심의 투쟁이라는 확신을 하게 되었다. 그는 이런 사상이 계급투쟁에서 정치적으로 표현될 수 있다고 생각했다. 그는 당시의 상황과 자신의 생각을 대조해가며 자신의 이론적인 견해를 「민족경제의 비판에 대한 개요(Umrisse zu einer Kritik der Nationalökonomie)」에서 피력하였다. 예컨대 관념적인 철학과 유물론적인 철학에 대한 그의 비판이 이 논문의 주요한 주제였다. 그는 자본주의의 중심적인 범주는 사유재산주의라고 했는데 이는 노동의 낯설게 하기, 독점의 양성, 반복적 위기를 불러일으킨다고 생각했다. 그래서 엥겔스는 자본주의문제를 해결하려면 생산을 이성적으로 조직해야 한다고 주장했다.

1844년 2월에 엥겔스는 「영국의 상태와 민족 경제의 비판에 대한 개요(Die Lage Englands und Umrisse zu einer Kritik der Nationalökonomie)」를 『독불연보』(파리에서 마르크스와 루게가 창간한 신문)에 기고했다. 그는 이 글에서 인간 사회의 발전을 위해 경제적인 조건과 관심이 어떤 역할을 하는가에 대한 질문에 처음으로 답을 주려고 시도했다.

마르크스와 공동작업

엥겔스는 1844년 9월에 영국에서 독일의 부퍼탈 바르멘으로 돌아온 후에 이전과는 다른 변화된 모습을 보였다. 1844년 6월에 프로이센 정부는 노동자들의 커다란 반발에 부딪치고 있었다. 즉 프로이센의 변방인 슐레지엔에서 열악한 작업환경과 낮은 보수에 불만을 품은 직조공들이 봉기했고, 이것을 계기로 다른 분야의 노동자들까지도 스트라이크를 일으키기 시작했다. 이런 노동자들의 봉기는 프로이센 정부에 불만을 품은 라인강 부근의 시민 조직들에게도 영향을 미쳤다. 노동자의 편에서 모든 생각과 활동을 집중했던 엥겔스도 당시에 야당을 지지하기 위해 라인란트 지역에서 영향력 있는 사회주의자인 모제스 헤스와 접촉했고, 헤스와 협력하여 화가들이나 시인들과 함께 1844년 가을부터 부퍼탈 엘버펠트에서 여러 가지 노동지원 활동들을 열성적으로 하였다. 1845년 2월에 엘버펠트 연설에서 엥겔스는 공산주의 사회에 대해 소개하고 홍보했는데, 이로 인해 그는 지방정부로부터 모든 공적 집회를 금지당하기도 했다. 그는 언더그라운드에서 (당시의 정부가 주장하는) 불법적으로 일하는 사회주의 집단들을 서로 연결하여 공동전선을 펴려고 노력했으며, 영국 사회주의자 그리고 차티스트주의자들과의 접촉도 지속적으로 유지해 나갔다.

그는 이미 영국의 체류 당시에 함께 작업했던 사회주의 잡지『뉴 모럴 월드』에 수많은 기사를 기고했는데, 주된 내용은 독일에서의 사회주의의 발전에 대한 것이었다. 이 시기에 그는 마르크스와 그에 의해 대표되는 이념을 알리기 위해 여러 집단들을 포섭하였고, 당시에 주를 이루었던 관념적이고 유토피아적 사회주의 개념을 극복하기 위해 노력했다. 그래서 1845년 2월에 마르크스와 공동으로『신성가족』을 저술하였다.

엥겔스가 다양한 사회주의적인 신문 기고와 여러 가지 학문적인 저술들을 빈번하게 발표하자, 그의 이러한 유물론적이고 사회주의적인 이념은 수많은 공세를 받게 되었다. 그래서 그는 자신의 새로운 계급투쟁의 이론을 계속 진행하기 위해 부퍼탈 베멘에서『영국 노동자 계급의 상태(Die Lage der arbeitenden Klasse in England)』를 집약적으로 저술하여 1845년 3월에 라이프치히에서 출간하였다(Otto Wigand의 출판사). 이 책은 독일의 중요한 신문과 잡지에서 언급되었고 당시의 시민 민주주의 단체들의 커다란 관심을 불러일으켰다.

1845년 4월에 엥겔스는 마르크스를 지원하기 위해 브뤼셀로 이사했다. 당시에 마르크스는 프로이센의 박해로 인해 프랑스 정부에 의해 프랑스에서 추방당했으며 벨기에로 도피하여 망명한 상태였다. 마르크스와 엥겔스는 공산주의 운동을 하면서 계속해서 그들의 이념들을 전파해 나갔다. 그래서 그들은 공동으로 『독일이데올로기(*Die deutsche Ideologie, die eine Kritik an Feuerbach*)』 그리고 『기존의 독일사회주의(*Seitheriger deutschen Sozialismus*)』를 1846년 5월에 완성하였다. 그리고 1847년에 엥겔스는 독자적으로 『진정한 사회주의자(*Die wahren Sozialisten*)』를 집필했다.

1846년부터 그들은 보다 적극적으로 노동자를 위한 운동으로 전개했는데, 노동자들이 함께하는 프롤레타리아당의 형성을 위한 노력이 그것이었다. 그래서 엥겔스와 마르크스는 1846년 2월에 공동으로 브뤼셀에서 여러 나라에 있는 공산당원들과의 연락을 위해 '공산당 통신위원회(das Kommunistische Korrespondenz-Komitee)'를 조직했다. 그 결과 1846년부터 계속해서 수많은 유럽 도시에 그러한 위원회들이 조직되었고 이 조직은 그들의 이념을 노동운동으로 승화시키기 위한 근간이 되었으며 그 당시의 노동자들의 이념을 규정했던 세계관적 개념과 논쟁하는 강력한 무기가 되었다.

1847년 1월 말에 마르크스와 엥겔스는 '의인동맹(Bund der Gerechten)'에 가입하여 열정적으로 활동했는데, 그들의 이념이 이 동맹과 많은 공통점을 가졌기 때문이었다. 그래서 그들은 그 동맹을 노동자 계급의 당으로 바꾸려고 열심히 작업했다.

이러는 동안에 마르크스는 브뤼셀에서 『철학의 빈곤(*Misère de la philos-*

ophie, 독일어로 *Das Elend der Philosophie*)』을 집필하였다. 이것은 1847년 7월에 프랑스에서 출간되었고, 엥겔스는 이 책에서 다루어진 이론적인 문제들을 독일 공산주의자들과 프랑스 사회주의 지도자들에게 파리에서 열심히 홍보했다.

1847년 6월에 드디어 엥겔스가 바라던 대로 '의인동맹'이 '공산주의자 동맹(Bund der Kommunisten)'으로 개명되었다. 이때 엥겔스는 파리지부를 대표하여 제1차 공산주의자 동맹회의에 참석했다. 1847년 8월에 드디어 엥겔스는 마르크스와 함께 브뤼셀에서 독일의 노동자연맹을 창설했다. 이를 계기로 1847년 11월에 엥겔스는 파리에 있는 공산주의자 동맹의 기안을 근거로『공산주의 원리』를 저술하였다.

3월 혁명 이후

1848년 1월 엥겔스는 파리에서 추방되었고 벨기에로 도피하게 되었다. 베를린과 빈에서 1848년 3월 혁명이 일어난 후에 마르크스와 엥겔스는 파리에서 만났고 거기서『독일에서 공산주의자당의 요구(*Die Forderungen der Kommunistischen Partei in Deutschland*)』를 완성했다. 그 후에 이들은 파리를 떠났고 4월에 쾰른에서『신라인신문(*Neue Rheinische Zeitung*)』의 창간을 준비하기 위해 만났다.

투쟁의 결과 언론의 자유가 보장되고 일간신문은 정치적인 목적을 모든 대중에게 알리는 가장 효과 있는 수단으로 등장하게 되었다. 그래서 마르크스는 새로운 신문『신라인신문』을 만들어서 6월 1일에 창간호가 발간되었고, 마르크스는 편집장, 엥겔스는 부편집장이 되었

『신라인신문』

다. 엥겔스는 체포 위협으로 인해 1848년 9월에 쾰른을 떠나야 했고 노동자연합의 조직에 동참하기 위해 스위스로 갔다. 1849년 1월에 그는 쾰른으로 돌아왔지만, 5월에 부퍼탈 엘베펠트 봉기에 참여했다는 이유로 체포영장이 발부되었다. 그리고 5월에 『신라인신문』은 폐간되었다.

한 달 후에 그는 바덴팔츠 군대(Die badisch-pfälzische Armee)에 입대했다. 그리고 바덴에서 프로이센에 대항하는 혁명적 전투에 참여했다. 거기서 그는 처음으로 바덴 민족수호대의 장군 베커(Johann Philipp Becker)를 만났다. 엥겔스는 나중에 그와 친구가 되었다. 엥겔스는 「독일제국 헌법 운동(Die deutsche Reichsverfassungskampagne)」에서 바덴 혁명정부의 내키지 않은 정치에 대하여 비판을 가했다. 엥겔스는 3월 혁명의 패퇴 이후에 많은 망명자들처럼 스위스를 거쳐 영국으로 도피했다.

1850년 9월에 공산당 연맹은 나뉘어졌다. 두 달 후에 엥겔스는 다시 맨체스터에 있는 '에어맨 앤 엥겔스' 공장에서 일을 했다. 그는 나중에 아버지의 지분을 넘겨받았는데 결국 1870년에 에어멘에게 그것을 팔았다.

엥겔스는 1850년 11월부터 군사학을 공부하기 시작했다. 그는 수비대에 근무하면서 얻은 군사적인 경험을 근거로 군사전문가로 발전하였다. 이것은 그에게 '장군'이라는 별명을 가져다주었다. 1850년 말에 그는 러시아어와 다른 슬라브어를 배우기 시작했으며 슬라브 민족의 문학과 역사를 공부했다. 그는 언어에 지대한 관심을 가지고 있었기에 1853년에는 페르시아어도 공부했는데, 실제로 엥겔스는 12개 언어를 구사했다고 한다.[5]

이 시기에 엥겔스는 마르크스와 지속적으로 편지 교환도 하면서 마르크스의 이름으로 1851년부터 1862년까지 『뉴욕 데일리 트리뷴』에 기사를 게재했으며, 1853년에서 1856년까지 크림전쟁과 다른 국제적인 사건에 대한 기사를 『뉴욕 데일리 트리뷴』과 『신오데르신문(Neue Oder Zeitung)』에 기고했다.

엥겔스는 유럽 전역에 있는 노동자들의 삶의 질에 지대한 관심을 가지는 동시에, 유럽의 민족주의에 대해서도 주목하였다. 그래서 1850년 말과 1860년 초에 그는 민족주의에 관한 논문도 발표하였다. 1859년 4월에 베를린에서 「포강과 라인강(Po und Rhein)」을 익명으로 발표하였는데, 이 논문에서 그는 이탈리아에서의 오스트리아 헤게모니를 반대했으며 독립적인 이탈리아만이 독일의 이익이 된다는 생각을 대표했다. 또한 1860년 초에 그는 역시 익명으로 「사보아, 니스 그리고 라인강(Savoyen, Nizza und der Rhein)」을 발표했는데 거기서 그는 나폴레옹 3

---

5 예를 들면 엥겔스는 고대 그리스어, 고대 노르딕어, 아랍어, 불가리아어, 덴마크어, 영어, 프랑스어, 프리즈랜드어, 고딕어, 아일랜드어, 이탈리아어, 라틴어, 네덜란드어, 노르웨이어, 페르시아어, 포르투갈어, 루마니아어, 러시아어, 스코틀랜드어, 세르비아어, 스페인어, 체코어 등을 구사하고 이해할 수 있었다.

세에 의한 사보아와 니스의 합병에 반대했으며, 러시아와 프랑스의 연합에 대해 경고하였다.

엥겔스는 1860년대 초에 아버지의 죽음(1860)과 그의 애인이자 부인인 메리 번스의 죽음(1863) 그리고 오랜 투쟁의 친구인 볼프(Wilhelm Wolff)의 죽음(1864)으로 충격을 받았다. 하지만 슬퍼할 겨를도 없이 두 가지 커다란 정치적 사건이 엥겔스의 주목을 끌었다. 하나는 미국 시민전쟁(1861~1865, 남북전쟁)이었다. 이 사건을 엥겔스는 프롤레타리아 투쟁과 매우 유사한 사건으로 보았다. 엥겔스는 북군이 전쟁을 혁명적 방법으로 이끌어야 한다고 생각했고 군중을 보다 강하게 끌어들여야 한다고 주장했다. 그는 흑인의 자유를 위한 미국의 남북전쟁은 노동계층이 처한 유사한 사태라고 강조했고 노예가 존재하는 한 백인 노동자도 자유로울 수 없다고 강조했다. 또 다른 사건은 러시아에 대항한 폴란드 봉기였다. 이것을 엥겔스는 유럽에서의 차르주의의 영향을 약화시키고 프로이센, 오스트리아 그리고 러시아에서 민주주의 운동을 발전시키는 중요한 전제조건으로 보았다.

1850년대 이래로 마르크스가 『자본』이라는 저술을 시작하고 나서 첫 번째 책이 1867년 9월에 나왔다. 당시에 마르크스는 경제적으로 매우 어려운 망명 생활을 영국에서 이어가고 있었는데 엥겔스는 마르크스 가족의 생계비의 많은 부분을 지원함으로써 마르크스가 중요한 저서를 저술하는 데 집중하도록 도왔다.

엥겔스는 경제적 이론의 모든 분야에서 마르크스에게 조언을 주었다. 그의 조언은 현실적인 질문에서 커다란 가치를 발휘하였다. 엥겔스는 『자본』에 있는 이념의 확산을 위해 아직 노동자 신문을 활용하지 못했기에 엥겔스는 일반 신문들에 마르크스 작품의 서평을 많이 실었다.

1863년에 지병을 앓고 있던 메리 번스가 런던에서 사망하자 엥겔스는 그녀의 동생인 리디아 번스와 동거를 시작하였는데, 1870년 10월에 그들은 함께 런던에 있는 마르크스 집 가까이로 이사했다. 이웃이 된 엥겔스와 마르크스는 1870년 7월에 프로이센 제국이 프랑스와 전쟁을 시작하는 것에 대해 많은 부분에서 공감했고, 그들은 프랑스 측면에서의 전쟁은 보나파르트의 개인적 권력을 보장하려는 제국적 전쟁이라는 견해를 냈다. 그리고 독일은 나폴레옹 3세의 프랑스 쇼비니즘에 대항하여 방어한다는 견해를 대변했다. 더 나가서 독일 노동자들은 보불전쟁이 독일 민족국가 통일의 주적인 나폴레옹 3세를 대항하는 방어전쟁인 한에서는 프로이센을 지지해야 한다고 주장했다. 이러한 견해를 엥겔스는 런던에 있는『팔 말 가제트(*Pall Mall Gazette*)』라는 신문에「전쟁에 관하여」라는 시리즈로 59개의 기사를 1871년 2월까지 게재하였다.

엥겔스는 1870년에 마르크스의 제안으로 인터내셔널 총평의회 상임위원회 위원으로 선출되었다. 그리고 그는 벨기에, 스페인, 포르투갈, 이탈리아, 덴마크와 소통하는 책임자가 되었다. 이 평의회는 '파리 코뮌'의 패퇴 이후에 런던으로 밀려드는 파리 피난민들을 위한 피난민 위원회를 구성했다. 마르크스는 엥겔스의 자극을 받아「프랑스에서 내전(Der Bürgerkrieg in Frankreich)」이라는 글을 쓰기 시작했다. 이 글에서 그는 인터내셔널의 회원 모두를 위해 파리 투쟁의 의미를 살려야 한다고 했다. 엥겔스는 1871년 중반에 영어로 쓰여진 이 논문을 독일어로 번역했다.

자연과학에 대하여

1873년부터 엥겔스는 자연과학의 철학적 문제를 다루었다. 그는 자연과학의 이론적 인식에 대한 변증법적이고 유물론적인 일반화를 제공하고자 했다. 그래서 그는 「자연변증법」의 초안을 작성하였다. 리프크네히트와 마르크스는 이러한 연구를 통하여 엥겔스가 독일에서 듀링전염병(Dühringsseuche)을 퇴치해주기를 바랐다. 엥겔스는 1876년에서 1878년까지 「반듀링론 : 오이겐 듀링 씨의 과학혁명(Herr Eugen Dührings Umwälzung der Wissenschaft)」이라는 논문을 마르크스와 공동으로 저술함으로써 이 과제를 해결하고자 했다. 여기서 그는 듀링이 현실철학, 세계의 변증법적 발전 과정을 이해하지 못하였고, 듀링은 무능력한 형이상학적 특징을 보인다고 주장했다.

1873년부터 1882년까지 『단편, 자연의 변증법(Das Fragment, Dialektik der Natur)』이 출간되었는데, 엥겔스는 헤겔의 철학에 대한 자연과학의 비판과 자연과학 이론의 사회에 대한 적용을 시도했다. 그래서 엥겔스는 역사에도 적용되는 이러한 동일한 운동법칙이 자연에서 발견되는 것을 증명하려고 했다. 그는 운동과 물질이 영원하다는 생각과 함께 변증법의 세 가지 기본 법칙을 만든다(① 대립들의 관철에 대한 법칙, ② 질로부터 양으로, 양으로부터 질로의 변형의 법칙, ③ 부정의 부정에 관한 법칙). 엥겔스는 모순적인 진행 대신에 정지된 범주를 지향하는 형이상학적 사고를 변증법에 대립시켰다. 수많은 예들을 근거로 엥겔스는 자연은 형이상학적이 아니고 변증법적으로 구조화되어 있다는 것을 보여주려고 하였다. 그래서 그는 당시의 모든 자연과학적 견해와 발견들을 자세하게 연구하였다.

「반듀링론」을 근거로 발전되어 1880년에 출간된 엥겔스의 논문 「공상에서 과학으로의 사회주의 발전(Die Entwicklung des Sozialismus von der Utopie zur Wissenschaft)」은 역사적 유물론의 기초를 발전시켰다. 엥겔스에게 있어 초기 사회주의자(생시몽, 푸리에, 오언)들은 유토피아적이었는데, 그것은 반변증법적으로 무제한적인 이성 진리를 호소하였기 때문이다. 헤겔은 이 전체적인 현실을 변증법적인 발전과정으로 간주함으로써 이러한 결함을 제거했다.

마르크스 이후

마르크스가 1883년에 죽은 뒤에 엥겔스는 독일 노동자운동에서 중요한 마르크스주의 영향력을 발휘하는 사람이 되었다. 그는 독일 사회민주주의 발전에 영향을 주었고 '에어푸르트 프로그램'(1891)을 발전시켰다. 게다가 그는 마르크스 저작의 발간 작업 및 새로운 번역을 감독하였다. 엥겔스는 독일에서 사회주의자 법률의 조건하에서 1883년에 『자본』의 첫 번째 권의 신판을 발간했다. 1884년에 그는 마르크스 수기본을 근거로 한 논문 「가족, 사적 소유 및 국가의 기원(Der Ursprung der Familie, des Privateigentums und des Staats)」을 출간했는데, 거기서 그는 고대사회에서 노예사회를 거쳐 봉건주의와 자본주의를 지나 공산주의로의 사회 형태의 진화적인 5개 단계 모형을 가정했다. 엥겔스는 이때

베를린에 있는 엥겔스와
마르크스 동상

마르크스의 수기본을 정리하고 해독하기 시작했다. 그래서 그는 1885
년에 마르크스의 『철학의 비참함(*Das Elend der Philosophie*)』을 출판했고 『자
본』 2권을 출간했다. 1887년 『자본』 1권의 영어 번역본이 나왔는데 엥
겔스는 이것을 그의 친구 무어(Samuel Moore)와 마르크스의 사위 애블링
(Edward Aveling)과 함께 준비했다. 1890년에 『자본』 4판이 나왔는데 엥
겔스는 『자본』 1판을 다시 정리했고, 몇 개의 각주를 보완했다. 또한
엥겔스는 마르크스의 1864~1865년도 수기본을 9년 동안 공격적으로
수정하여 『자본』 3권을 1895년에 출간하였다. 엥겔스는 1886년 『자본』
의 출간과 더불어 논문 「루트비히 포이어바흐와 독일 고전철학의 종
말」을 출판했고 1891년에는 마르크스에 의해 1875년에 저술된 『고타
강령 비판』을 출간했다.

　마르크스와 공유한 생각들을 정리하고 출판하며 열정적으로 활동
하던 엥겔스는 건강이 악화되었다. 그를 괴롭히던 후두암이 재발하여
그는 런던에서 1895년 8월 5일에 74세의 나이로 사망했다. 그는 이스

트본(Eastbourne)이라는 휴양지를 매우 사랑하였다. 그래서 그의 유지에 의해 그의 유골함은 이스트본 해변가에 수장되었다.

엥겔스는 자신의 삶을 사랑했지만, 죽음도 미리 준비했다. 그래서 그는 '자연변증법'에서 죽음에 대해 다음과 같이 썼다.

> 삶의 본질적 동인이며 삶에 대한 반대 개념이므로 (…) 삶은 항상 그 미연에서부터 자체 내에 존재하고 있는 필연적 결과, 즉 죽음과 연관지어 생각해야 한다. (…) 이러한 사실을 이해한 사람에게는 영혼의 불멸성에 대한 잡다한 설명들이 그다지 신경 쓰이지 않을 것이다.[6]

엥겔스는 평생 동안 가치 있는 삶을 살기 위해 노력했다. 그러한 삶이 인간의 사명이며, 의무라고 그는 생각했다. 그의 삶을 단적으로 보여주는 마지막 발언(1894년 시칠리아 노동자에게 했던 연설)을 통하여 그의 삶이 어떤 것인가를 가늠할 수 있을 것이다.

> 새롭고 좀 더 나은 사회의 서광이 전 세계의 피억압계급을 향해 눈부시게 솟아 오르고 있습니다. 곳곳에서 피억압자들은 대오를 정비했으며, 국경과 언어의 벽을 넘어 손에 손을 맞잡았습니다. 세계의 프롤레타리아는 대군을 형성했고 다가오는 새로운 세기에는 그 대군이 큰 승리를 거두게 될 것입니다.[7]

---

6 하인리히 겜코프, 『맑스 · 엥겔스 평전』, 559쪽.
7 하인리히 겜코프, 『맑스 · 엥겔스 평전』, 564쪽.

다양한 관심거리

엥겔스는 철학, 사회학, 과학, 언어, 군사학 등 여러 가지 분야에 연구를 다양하게 했지만 독일 역사도 매우 자세하게 연구했다. 그래서 그는 독일 노동자전쟁을 마무리하는 과정에서 독일 전체 역사의 핵심은 독일 농민전쟁이라고 주장하였다. 그리고 독일 민족국가의 생성과 비스마르크의 정치도 연구하였는데, 1887년에서 1888년까지 작성한 논문「역사에서 폭력의 역할(Die Rolle der Gewalt in der Geschichte)」에서 보다 상세하게 연구하였다. 하지만 이 논문은 완성되지는 못했다. 계속해서 엥겔스는 러시아와 프랑스의 역사에 대해서도 연구했다. 1889~1990년에「러시아 차르주의의 대외 정치학(Die auswärtige Politik des russischen Zarentums)」이 나왔다. 그리고 엥겔스가 서문을 쓴 마르크스의「프랑스에서의 시민전쟁(Bürgerkrieg in Frankreich)」이라는 논문 증보판이 나왔다. 그는 초기 기독교 역사에도 관심이 있었는데, 근대 노동자운동과 접촉점 때문이었다. 초기 기독교는 원래 억눌린 자들의 운동의 역사라는 것이었다. 그래서 그에게 초기 기독교운동은 노예, 억눌린 자, 가난한 자들의 역사로 나타났다. 이를 증명하기 위해 엥겔스는 역사 비판적 성서 연구를 하였고, 1883년에 나온「계시의 책(The book of revelation)」이라는 논문은 그가「요한계시록」을 자세히 연구한 결과이다. 그는 이 책을 고대 기독교의 역사 연구를 위한『신약성서』적 원전으로 보았다. 1894년 여름에 그는「원시기독교의 역사에 대하여(Zur Geschichte des Urchristentums)」라는 논문에서 고대 기독교 주제를 한 번 더 자세하게 다루었다.

엥겔스는 변증법에 대해서도 매우 명확한 자기만의 이론을 제시하였다. 그는 변증법을 역사적인 원리로 이해했을 뿐 아니라, 존재론적 원리로 이해했고, 인식론적 원리로도 이해했다. 그에게 변증법은 모든 존재자의 운동과 발전 방식이고 사유의 방식이었다. 그는 변증법은 대립들의 관철에 대한 법칙, 질로부터 양으로 그리고 양으로부터 질로의 변형의 법칙, 부정의 부정에 관한 법칙의 단계로 발전한다고 생각했다.

엥겔스에 있어 재료는 원래 움직임에 있다. 동작은 모순투성이라서 동작된 몸은 어느 한 장소와 다른 장소에서 같은 시간에 있지 못한다. 엥겔스의 모든 실질적인 것은 물질적이며 모든 재료는 본질적으로 움직인다라는 전제조건을 근거로 모든 실질적인 것 안에 모순들이 들어 있고, 현실 안에 필연적으로 대립들이 존재한다고 말할 수 있다. 양에서 질로의 변환의 법칙은 자연에서 질적인 변화가 양적인 첨가를 통해서만 일어날 수 있거나 재료나 동작의 양적인 탈취를 통해서 일어날 수 있다고 말할 수 있다.

엥겔스에 의하면 부정의 부정의 법칙은 자연, 역사, 사고의 일반적인 발전법칙이다. 그래서 씨앗에서 나온 나무는 그 씨앗의 부정이고 식물이 낳는 수많은 곡식도 부정의 결과이다. 엥겔스는 형이상학적 사고방식을 변증법적 사고방식에 대립시킨다. 이 형이상학적 사유방식은 고정된 범주로 나타나고 변증법적인 사유방식은 반대로 유동적인 범주로 나타난다. 엥겔스의 견해에 따르면 형이상학적 사유방식의 원인과 결과, 동질성과 차이, 가상과 본질의 고정된 대립은 고정되어 있지 않다. 왜냐하면 그때마다의 극은 이미 다른 극에 존재하고 어느 시점에서 그 하나의 극은 다른 극 안에 포함되기 때문이다. 형이상학적 사유방식은 세상을 파악하기 위해서 평상시의 사고는 물론 학문적 사고도 필요로 하는 일반화된 사유방식이다. 그래서 이런 방식은 일상적이고 학문적인 인식의 필수적인 단계이다.

엥겔스에게 이념이란 소위 사상가의 의식과 완전히 결합되어 있지만 나쁜 의식과 결합된 하나의 과정이다. 이러한 이념의 역사적인 작용에도 그는 주목했다. 엥겔스에게 있어 이념이 전형적으로 발전된 예들은 도덕과 종교이다. 그에게 도덕은 계급도덕이었다. 그 계급도덕은 지배권과 지배하는 계급의 이익을 정당화하지만 억눌린 계급이 강하게 되자마자, 이 지배권에 반대하는 모반과 억눌린 자들의 미래 이익을 대변했다. 그래서 종교의 이념적 형식의 기원은 자연에 대한 인간의 무력함이다. 자연 지배의 가장 낮은 단계는 경제적·기술적 그리고 학문적 미개발의 보상에 대한 종교적이고 마술적인 실행 방식들을 요구한다.

엥겔스는 마르크스와 함께 인류의 역사는 '계급투쟁의 역사'라는 기본 인식을 가지고 있었으며, 그 인류의 역사에서 본질적으로 경제적인 관계의 역사라고 생각했다. 「반듀링론」에서, 그리고 그의 후기 작품에서 엥겔스는 계속 역사철학적 개념을 완성해 나갔다. 엥겔스의 역사 개념은 기본적으로 낙천주의에 의해 특징지어진다. 헤겔처럼 그는 인류의 역사를 의미 없는 폭력 행위의 사막이 아니라, 내적인 규칙성이 감지될 수 있는 발전 과정으로 파악하였다. 엥겔스에 의하면 역사는 인간의 작품이고 우리가 만들어가는 것이다. 그리고 역사적으로 행위하는 인간의 실질적인 동인들은 역사적 사건의 마지막 원인이다. 오히려 이러한 동인 뒤에 다른 움직이는 힘이 숨어 있다. 개인의 자유와 역사적 흐름의 법칙성 사이의 관계는 엥겔스에게 변증법적으로 파악될 수 있다. 행위의 목적은 의도되었지만, 행위로부터 실제로 끝나는 결과는 아니다. 역사적인 사건들은 그래서 우연에 의해 지배된 것처럼 내적인 숨어 있는 법칙을 통해서 지배된다.

개인의 자유와 역사적인 흐름의 법칙성 사이의 관계란 엥겔스가 보기에는 변증법적으로만 파악될 수 있는 것이었다. 그는 행위의 목적들이 원래 의도되었지만 실제로 행위로부터 나온 결과는 아니라고 생각했다. 그래서 역사적인 사건은 우연에 의해 지배되는 것처럼 나타나지만 내적으로 숨겨진 법칙의 지배를 받는다. 이것이 효과를 발휘할 수 있기 위해서, 역사의 발전에서 성숙의 어떤 정도에 도달되어 있어야 한다. 역사는 자기 고유한 길을 가지고 있고, 그래서 이 역사는 변증법적으로 진행되고 변증법은 오랫동안 그러한 역사를 기다려야 한다. 역사적인 발전을 위한 결정적인 조건은 경제적인 관계를 나타낸다. 즉 인간들이 그들의 삶을 생산하고 그들의 생산품을 교환하는 그런 방식을 나타낸다.

엥겔스는 자신의 후기 작품에서 경제적인 요인들의 포괄적인 개념을 발전시켰다. 그는 보르기우스에게 쓴 편지에서 생산과 배달의 기술, 지리, 전통 그리고 인종들도 그 개념에 산입시켰다. 엥겔스에게 있어 경제적인 법칙들은 역사의 영원한 자연법칙이 아니고 생성되고 사라지는 역사적인 법칙들이다. 그것들이 순수하게 시민적인 관계를 나타내는 한 근대적 시민사회보다 오래되지 않은 것이다. 그것들은 계급지배권과 계급 약탈을 지탱하는 이런 사회가 존재하는 만큼만 적용성을 가진다. 엥겔스는 이런 맥락에서 맬서스의 인구법칙에 대해서도 동의한다. 그것은 시민사회를 위한 법칙일 뿐이고, 이 시민사회는 발전의 한계에 도달했고, 그래서 망해야 함을 증명한다고 한다. 엥겔스는 데이비드 리카도, 존 스튜어트 밀, 애덤 스미스와 같은 학자들의 고전적인 민족경제학을 '부유하게 하는 학문'으로 비판하였다. 이 경제학의 대표자들은 기존의 경제 상황의 모순을 연구할 준비가 되어 있지 않으며 자유 경제제도는 특히 이 제도의 기본이 되는 경쟁원리 때문에 거부되어야 한다고 그는 주장하였다. 경쟁원리는 매매자와 매수자 사이의 지속적인 갈등을 만들어냄으로써 사람들을 갈라놓고, 거래는 합법적인 사기가 되고 이것은 독점 형성으로 이어진다. 이것을 엥겔스는 부도덕의 최고점이라고 비판하였다. 왜냐하면 이것을 통해서 역사 안에서 인류는 수단으로 격하되기 때문이다. 엥겔스에 의하면 경쟁은 결국에는 인간 자유의 상실로 이어진다. 경쟁은 모든 우리 삶의 상황을 관통했고, 인간이 지금 처한 노예제를 완성시켰다. 엥겔스에게 자본주의적 경제제도에서는 모든 이성적인 관계가 최상위에 포진해 있으며, 사적 소유의 폐지를 통해 비로소 자연적인 상황이 다시 만들어지고 인류에게 가치 있는 상태가 만들어진다고 그는 생각했다. 그래서 그는 이것을 통해 공동체를 위한 계획경제의 구상을 머리에 떠올렸을 것이다.

영향

엥겔스는 마르크스주의의 발전에 지대한 영향을 끼쳤다. 그리고 그는 독일, 오스트리아, 프랑스, 이탈리아, 스페인 노동운동가들에게 큰

영향을 주었다. 그의 영향을 받은 대표적
인 인물로 리프크네히트(Wilhelm Liebknecht),
카우츠키(Karl Kautsky), 번슈타인(Eduard Bern-
stein), 아들러(Victor Adler), 라파르그(Paul Lafar-
gue), 투라티(Filippo Turati), 메사(José Mesa) 등
이 있다.

엥겔스의 저작물들 또한 마르크스와 엥겔
스 이론의 수용에서 큰 역할을 했다.

『공산당선언』 표지

- Die Rezension von Marx' Zur Kritik der
  politischen Ökonomie(1859).
- Der Anti-Dühring(1877~1878).
- Die Spätschrift Ludwig Feuerbach und der Ausgang der klassischen deutschen
  Philosophie(1886).
- Der Nachtrag zum dritten Band des Kapital (1894/1895).

엥겔스의 『루트비히 포이어바흐와 독일 고전철학의 종말』과 『공산
당선언』이라는 저술은 러시아 공산주의자인 레닌에게 큰 영향을 주었
으며, '국가는 역사적 산물'이라는 엥겔스의 국가이론은 오늘날에도
주목받고 있다.

흔적들

베를린의 마르크스 · 엥겔스 포럼에 엥겔스 동상이 있는데 이것은

1986년에 동독 정부가 주도하여 베를린 750주년 기념으로 만들어진 것이다. 드레스덴에도 엥겔스 동상이 있다. 그리고 베를린, 부퍼탈, 빈, 모스크바 등에 엥겔스 이름을 따서 명명한 도로, 건물, 광장, 구조물 등이 많이 있다. 부퍼탈에는 엥겔스 가문의 사업 현장, 엥겔스의 집, 엥겔스의 정원, 엥겔스 동상이 보존되어 있다. 런던 프라임로즈 힐 (Primrose Hill)에는 엥겔스와 그의 가족의 체류를 기억하게 하는 집이 있다. 샐포드(Salford)에는 엥겔스의 집이 남아 있고 맨체스터에는 엥겔스가 1858년 4월에서 1864년 5월까지 살았던 장소에 기념 플래카드가 다음과 같이 걸려 있다. "프리드리히 엥겔스(1820~1895, 사회주의 철학자이고 저술가)가 한때 이곳에 있었던 톰클리프 그루브 6번지에 살았다."

엥겔스 얼굴이 또한 구동독의 50마르크 지폐에 들어 있다. 러시아에는 엥겔스라는 도시도 있으며, 동독의 국민군대는 1970년대에 경계부대 이름을 프리드리히 엥겔스의 이름을 따서 명명하기도 했다. 베를린에 프리드리히 엥겔스라는 병영이 있었다. 그리고 1959년에서 1969년까지 '프리드리히 엥겔스'라는 해안 경비정이 동독의 해군 소속으로 존재했었다. 1904년에 건조된 일명 '파괴자'라고 불리는 '보이스코보이'는 1920년에 '프리드리히 엥겔스'로 개명되었고 러시아 시민전쟁 때 카스피해에 정박해 있었다.

　　엥겔스는 '돕는 사람' 혹은 '봉사자'의 특징을 가지고 있다. 그는 이타주의 자였으며, 선한 의도로 남을 지속적으로 도왔으며, 주변인들에게 좋은 일들을 많이 했다. 즉 평생을 마르크스와 노동자를 위해 살았다. 부친이 경영하는 면직사업 현장에서 노동자들의 비참한 삶을 연민의 정으로 바라보았고, 이를 비판하고 고발하는 내용의 글들을 썼으며, 노동자들을 위한 이념과 이론을 정립하기 위해 평생을 노력했다. 그리고 친구이자 동역자인 마르크스의 조력자로서 그를 재정적으로 도왔으며, 이론적으로 토론하였고 수많은 저서를 공동 집필하였다. 그가 일생 동안 채우고 싶어 했던 것은 노동자들의 삶의 개선이었다. 그의 결핍을 채우는 데 조력자는 마르크스와 메리 번스였다. 마르크스는 이론적으로, 메리 번스는 노동 현장에서 엥겔스가 시련을 헤쳐 나갈 수 있게 도와주었다. 그의 인생 노정에는 내외적으로 적대자가 존재했는데 내적으로는 부친이었고, 외적으로는 비스마르크였다. 사회주의 운동에 열정을 쏟고 있는 엥겔스가 사업가로 성공하길 바랐던 부친은 엥겔스의 진로에서 방해자였다. 즉 엥겔스는 부친에게는 아픈 손가락이었고 엥겔스에게 부친은 적대자였다. 엥겔스의 방해자로서 비스마르크는 사회주의 탄압법을 공표했다. 이로 인해 엥겔스는 여러 번 사회주의 운동에서 좌절했고, 수차례 해외로 망명할 수밖에 없었다. 하지만 엥겔스는 그러한 시련을 언론 기고와 『공산당선언』 등과 같은 저서를 통하여 모두 극복하고 노동자들의 정체성을 확립할 수 있었다.

참고한 책과 더 읽어야 할 책

Blume, Dorlis, *Friedrich Engels*, Tabellarischer Lebenslauf im LeMO (DHM und HdG).

Schriften von Marx und Engels im Marxists Internet Archive.

Werke von Friedrich Engels bei Zeno.org.

Werke von Friedrich Engels im Projekt Gutenberg-DE.

Zeitungsartikel von und über Friedrich Engels im Pressearchiv des ZBW-Leibniz Informationszentrum Wirtschaft.

김정로 · 전종덕, 『프리드리히 엥겔스』, 백산서당, 2021.

위르겐 쿠친스키, 『역사적 유물론연구』, 김정로 역, 백산서당, 2018.

카를 마르크스 · 프리드리히 엥겔스, 『공산당선언』, 이진우 역, 책세상, 2018.

카를 마르크스 · 프리드리히 엥겔스, 『마르크스 엥겔스 주택문제와 토지 국유화』, 김대웅 역, 노마드, 2019.

칼 맑스 · 프리드리히 엥겔스, 『칼 맑스 · 프리드리히 엥겔스 저작선집』(1~6), 최인호 역, 박종철출판사, 2001.

터렐 카버, 『엥겔스』, 이종인 역, 시공사, 2000.

트리스트럼 헌트, 『엥겔스 평전』, 이광일 역, 글항아리, 2010.

프리드리히 엥겔스, 『가족, 사유재산, 국가의 기원』, 김대웅 역, 두레, 2012.

프리드리히 엥겔스, 『루트비히 포이어바흐와 독일 고전철학의 종말』, 양재혁 역, 돌베개, 2015.

하인리히 겜코프, 『맑스 · 엥겔스 평전』, 김대웅 역, 시아출판사, 2003.

https://de.wikipedia.org/wiki/Friedrich_Engels

https://de.wikipedia.org/wiki/Karl_Marx

제7장

오토 폰 비스마르크,
프로이센을 독일제국으로

"나의 고향은 프로이센이다. 나는 고향을 앞으로도 떠나지 않을 것이다."

Otto von Bismarck

1815   쇤하우젠 출생

1822-1827 베를린 플라만초등학교

1832   괴팅겐대학교 수학

1835-1838 베를린과 아헨 법원 사법관 근무

1847   통합지방의회 의원 선출. 결혼

1848   3월 혁명에 반대 투쟁

1849-1850 프로이센 하원의원

1850-1851 에어푸르트 하원의원

1851   프랑크푸르트 의회 공사

1859   페테르부르크 공사

1862   파리 공사 후에 9월 프로이센 수상 취임

1862-1864 프로이센의 헌법분쟁

1863-1864 덴마크와 전쟁, 슐레스비히와 홀슈타인 해방

1865   가슈타인 조약

1866   오스트리아와 전쟁

1867   북독일연방 결성

1870   프랑스와 전쟁(엠스 전보 문제), 9월 스당 전투

1871   베르사유궁에서 독일제국 선포

1873   1차 삼제동맹(독일, 오스트리아, 러시아) 결성

1881   삼제협상

1882   삼국동맹(독일, 오스트리아, 이탈리아)

1890   수상에서 해임

1898   프리드리히스루에서 사망

역사적인 배경

나폴레옹이 1806년 프로이센을 패퇴시키고 베를린을 점령하였다. 프로이센은 1807년 틸지트 평화조약에 서명하고 프리드리히 빌헬름 3세의 지위마저도 위태롭게 되었다. 프로이센은 브란덴부르크, 동프로이센, 슐레지엔으로 구성된 동유럽 주변국가로 전락하고 인구는 천만 명에서 450만으로 줄어들어버렸다. 패전 후에 15만 명의 프랑스 군인이 프로이센에 주둔하며 감시하였고 1억 5천만 프랑의 배상을 지불해야 했다.

이러한 시대적인 어려움에서 프로이센과 주변 나라들은 개혁을 하지 못하면 정말로 유럽의 삼류국가로 전락할지 모른다는 두려움을 갖기 시작한다.

1807년에 카를 폼 운트 춤 슈타인과 아우구스트 하르덴베르크가 연이어 수상을 하면서 독일은 각 분야에서 개혁을 시작하였다. 그래서 법률, 교육, 토지, 농민정책, 무역, 관세 등이 바뀌게 된다. 이 중에서

18세기의 독일

신성로마제국은 18세기 초에 약 300개의 영토로 나뉘어져 있었다. 북쪽은 북해와 발트해에 접해 있었고, 서쪽은 라인강과 마스강에, 동쪽은 바이크셀과 폴란드에 접해 있었으며, 남쪽은 북이탈리아까지 이르렀다. 이 제국에는 오스트리아, 브란덴브루크, 프로이센 같은 강한 나라는 물론 공작령인 작센, 바이마르 그리고 제국 백작령이었던 카스텔과 같이 작은 지역도 속해 있었다. 1648년 베스트팔렌 조약 이후에 제국의 귀족들은 그들끼리 연합할 수 있다는 묵약을 맺은 바, 모든 영주는 내부 혹은 외부의 힘을 연합해서 행사할 수 있었다. 그러나 1681년에 새로이 구성된 제국군대는 매우 드물게만 소집될 수 있었으므로 어떤 나라가 영토를 탈취하기 위한 전쟁은 제국의 힘으로 불가능하였다. 게다가 이 제국에는 영국과 프랑스와는 다르게 중심이 되는 도시가 없고 기능적인 도시들이 여럿 있었다. 제국의회는 레겐스부르크, 제국법원은 베츨라르에 있고, 빈은 황제의 거주지이자 업무지였다. 황제는 7명의 선제후가 선출하였다. 300년 이상 강력한 힘을 행사한 합스부르크 가문은 이 제국에서 어마 무시한 전권을 가지고 있었다. 그렇지만 황제는 언제나 제

가장 획기적인 것은 군대개혁이었다. 군대에서 상명하복의 규율이 폐지되고, 군사력을 증강시켰으며, 계급제도를 단순화했고, 전술을 개발하였다.

1813년 이후에 프로이센 병력은 14만 명이었고, 프랑스는 40만 명, 오스트리아는 30만 명의 병력을 보유하고 있었다. 그래서 프로이센에서는 병사들이 3년간 의무복무하고 예비군으로 4년을 복무해야 했으며, 군사비도 확장하여 주변 국가와 수준을 맞추었다.[1]

1812년에 프랑스는 영국이 대륙과 교역하는 것을 금지시킨다. 그럼에도 반항적인 러시아가 계속 영국과 교역하자 나폴레옹은 프로이센군 2만, 오스트리아군 3만을 합하여 70만의 대군을 이끌고 러시아를 침공하였다. 하지만 모스크바 점령에 실패하고 나폴레옹이 귀국하자 많은 동맹국들이 그에게 등을 돌렸다. 그 결과 1813년 러시아와 프로이센은 칼리슈 조약을 체결하고 공동의 적인 프랑스에 대항하여 서로 군사적으로 원조하기로 합의했다. 프로이센은 1813년 3월 17일

---

1   김장수, 『비스마르크』, 살림, 2011, 50쪽 참조.

견디다 못해 프랑스에 선전포고를 하고 민족주의를 강하게 불러일으킨다. 프로이센은 28만 명의 병력을 동원하여 러시아와 오스트리아와 공동으로 전선을 형성하여 프랑스에 대항하지만 초반에 밀리다가 라이프치히 전투에서 나폴레옹을 치명적인 상태로 빠트린다. 그 결과 1814~1815년에 빈 회의가 개최되었다.

국을 보호하고, 강한 지방영주들이 제국에 대해 어떻게 행동하는지 잘 살펴야 했다. 예를 들어 그들이 독립적인 행동을 하는지 아니면 제국에 도움이 되는지 등을 보고 제국은 정책을 입안하고 군사력을 동원할지 안 할지를 결정했다.

전쟁 후에 영국은 프랑스의 힘을 견제하기 위해 프로이센의 영토는 라인강까지 확장되어야 한다고 주장하였다. 러시아도 프로이센을 편들고 나섰다. 그래서 독일 연방이 성립되는데 프로이센, 체코, 프라하와 오스트리아를 포함한 34개 국가와 자유도시국가 브레멘, 프랑크푸르트, 함부르크, 뤼베크로 구성되었다.

하르덴베르크는 계속 개혁을 추진하였고 혁명 이전의 절대주의 체제로 되돌아가는 것을 방해하는 것이 그의 죽는 날까지 계속되었다. 그럼에도 자유주의자들에게는 미흡했다. 자유주의자들은 계속 강력한 개혁을 요구했고 프로이센 군대를 장악하고 있는 귀족들은 진보적인 정치를 거부했으며 이로 인해 비스마르크의 철혈정책이 선포되었다. 전제적이고 귀족적이며 관료적인 국가에 산업사회가 들어왔지만 자유주의자들의 정치적 권리와 자유는 제한되어 있었다.

1816년에 작센의 바이마르에서는 자유주의 헌법이 도입되었고 계속 바덴, 뷔르텐베르크, 헤센 등이 대의적 정부체제를 갖추게 되어 유럽에서 가장 진보적인 국가들로 성장하였다.

1840년대에 프로이센에서는 심각한 기근으로 슐레지엔 지방에서 8

브란덴부르크 프로이센은 18세기 중반까지, 조각나서 수선되어야 할 왕국에 지나지 않았다. 이 나라의 영토는 니더라인과 베스트팔렌에서 시작하여 마그데부르크, 브란덴부르크와 폼메른을 거쳐 프로이센까지 이어졌다. 한쪽 끝에서 다른 쪽까지 가려면 약 1000킬로미터나 되는 거리를 가야 했고 수많은 지방 경계선들은 너무나 복잡하여 해결해야 할 사안이 많았다. 니더라인 서쪽을 제외하고는 농업 인구가 적은 지방이 많은 것도 문제였다. 생산성이 높은 지방은 몇 개에 불과했다. 브란덴부르크 주민의 50퍼센트를 앗아간 30년전쟁과 18세기 초에 프로이센을 덮친 페스트가 전체 인구를 감소시켰다. 프리드리히 왕이 태어난 시기에 프로이센 브란덴부르크 인구는 165만이었다. 그들 대부분은 세습농노로서 몹시 가난하고 비참한 생활을 하였다.

만 명이 영양실조에 걸리고 16,000명이 사망하자, 1847년에는 100건이 넘는 반란이 일어났다. 즉 1847년 4월에 베를린에서는 감자혁명이 일어났으며, 1844~1847년 사이에 직조공들의 실질 노임이 반으로 줄어들면서 비참한 사회가 계속되고 새로운 무산계급이 등장하였다. 뷔흐너와 같은 극작가는 이런 현상을 작품으로 공격했으며 마르크스 같은 공산주의자가 나오고 시인 하이네, 소설가 하웁트만, 화가 콜비츠 같은 인물들이 직조공에 관한 글과 그림들을 발표하였다.

출생과 성장

오토 폰 비스마르크는 독일 북부 쇤하우젠이라는 작은 동네에서 1815년에 태어났다. 아버지는 프로이센 장교를 지내다 낙향한 소박한 시골 귀족이었고, 어머니는 추밀고문관의 딸이었다. 그래서 그의 어머니는 아들을 출세시키려는 생각을 계획적으로 했다. 아버지는 단순하였고 어머니는 복잡하고 외관을 중시하고 화려한 것을 사랑하였다.

비스마르크의 교육은 대부분 어머니의 뜻에 따라서 진행되었다. 비스마르크는 베를린 플라만초등학교, 프리드리히빌헬름고등학교와 그라우 수도원에서 교육과정을 밟았다. 그는 학교에서는 너무나 평범한 학생이었고 17세에 대학을 가기 위해 괴팅겐으로 갔고 거기서 법학을 공부하였다.

비스마르크는 대학 시절에 매우 장난을 많이 했고 즐겁고 개방적으로 지냈으며, 그래서 방탕한 생활로 대학 당국과 많이 충돌하였다. 비스마르크는 어떤 친구에게 "나는 최고의 방탕아가 되거나 프로이센의 최고가 될 것이네"라고 편지를 쓴 적이 있다.

1835년 그는 사법관 시보 시험에 합격하였고, 베를린과 아헨에서 실무를 익혔다. 규칙적인 일상과 상관의 명령에 짜증이 난 그는 방탕한 생활을 계속하였다. 그는 사법관 시보를 오래할 수 없었고, 그래서 낙향하여 농장을 경영하면서, 다양한 독서(셰익스피어, 바이런, 포이어바흐, 브루노)를 통하여 자신을 이론적으로 무장하게 되었다.

그러나 비스마르크는 군복무 때문에 농장 일을 그만두어야 했다. 그는 군복무 동안에 여행을 많이 하였다. 하지만 대학생활과 비슷하게 그는 규범에 어긋난 행동들을 자주 하였다. 그래서 그 당시에 사람들은 그를 미친 비스마르크라고 했다.

비스마르크는 경건주의 동아리에서 마리 폰 타텐이라는 여성을 알게 되면서 생각이 바뀌었다. 하지만 그녀는 병으로 죽기 전 비스마르크에게 개종하라고 하면서, 자신의 친구 요한나 폰 푸트가머를 소개하였다. 비스마르크는 마리가 죽자 요한나에게 청혼하여 1847년 그들은 결혼하였다.

정치 입문

1847년 5월 비스마르크는 프로이센 통합지방의회 의원으로 선출되었다. 이 의회는 독일 역사에서 최초의 실제적인 대의회였다. 이곳에서는 온건한 자유주의자들과 우익단체들이 주를 이루었다. 그는 보수적이었고 그가 쓴 첫 번째 신문 기고도 농부의 토지를 몰수하는 지주들의 이익을 대변하는 내용이었다. 그는 극우 신봉자이자 엄격한 정당인으로 일했다.

그는 어떤 정치 연설을 통해서 유명해졌고 그 후로 계속해서 모든 연설은 투쟁욕과 적에 대한 경멸적인 태도를 견지했다. 그는 유대인에 대해서도 매우 강하게 적대심을 보였다.

그는 귀족의 특권을 위해 투쟁했고 민중들이 융커회의(귀족지주회의)라고 불렀던 '사유재산 보호와 모든 민중계층의 복지 증진을 위한 협회'의 발기인 대회에도 참여했다. 그는 자유주의와 민주주의를 위한 노력을 단호하게 반대했다.

당시의 프로이센 국내 정치 상황은 프랑크푸르트 국민회의의 '독일구상'(대독일)이었다. 하지만 그는 대독일주의 구상을 반대했고 "프로이센으로 남기를 원한다"(소독일주의)며, 이런 그의 주장을 공공연히 알리고 다녔다. 이런 경향으로 어떤 자유주의를 지지하는 의원은 비스마르크를 "독일의 탕아"라고 불렀다. 그때 그는 "나의 고향은 프로이센이다. 나는 고향을 아직 떠나지 않았고 앞으로도 떠나지 않을 것이다."라고 대답했다. 하지만 그는 오스트리아를 절대 다른 나라로 보지는 않았다. 프로이센 연방의회도 당시에 오스트리아와 우호관계에 있었다.

프랑크푸르트 대사

비스마르크는 연방의회에서 파견하는 프랑크푸르트 대사로 가게 되었다. 비스마르크는 매우 중요한 직책인 대사를 여러 번 맡은 바 있는데, 페테르부르크 대사 그리고 파리 대사가 그것이다. 외교적인 사전 경험이 전혀 없는 그가 중책을 맡은 것은 왕의 보좌관이자 그의 친구인 레오폴트 폰 게를라르 덕분이었다.

프랑크푸르트 대사를 지내면서 그는 오스트리아와 대등한 권리를 위해 노력하였고 오스트리아를 프로이센의 영원한 적대 국가라고 보고하기도 하였다.

오스트리아라는 국가의 존재로 프로이센의 정체성은 당시에 항상 불안정했었다. 그래서 비스마르크는 독일을 통일시키고 맹주로 군림하게 하기 위해 파리의 나폴레옹 3세와 면담을 하며, 유럽의 정세를 살피기도 하였다. 이러한 행동으로 게를라르와 정치적인 의견 충돌을 빚게 되었는데, 게를라르에 의하면 프랑스와의 동맹은 이적 행위이고 전혀 도움이 안 되는 악마 같은 행동이었기 때문이었다. 그래서 비스마르크는 프로이센 왕과 게를라르와 정치적으로 결별하게 되었다.

비스마르크는 프로이센의 정치적인 독립을 요구했고 오스트리아의 연방이라는 개념을 부정하려고 했다. 하지만 섭정관인 프로이센 빌헬름 왕자는 오스트리아와 좋은 관계를 원했기에 이러한 주장은 수용되지 않았다. 비스마르크는 다른 독일 정치가들에게 크게 인기가 없었다. 그러는 사이에 오스트리아의 외교력으로 눈엣가시 같은 비스마르크는 프랑크푸르트 대사에서 해임되고, 나중에 페테르부르크의 대사로 발령을 받아 본부에서 멀리 떠나게 되었다.

비스마르크의 지지 기반은 개신교 지역과 독일 북부지역이었다. 그는 의회 내에서도 상당히 극단적인 주장을 펼쳤다. 예를 들어 외교정책은 왕가의 동의를 받지 않고 진행될 수 있어야 한다고 했으며 야당 의원들에게 극단적인 방식으로 대항하였고 관계를 좋지 않게 이끌고 갔다. 이런 일로 인해 그는 다시 페테르부르크에서 베를린으로 소환되어 파리 대사로 발령을 받았다. 그는 파리에서 1862년 4월부터 9월까지 근무했지만 그렇게 많은 일이 주어지지 않았으므로 휴가 기간이나 마찬가지였다. 그는 가족들도 데리고 가지 않았다. 페테르부르크 대사 시절 이래로 그는 건강이 좋지 않았는데, 결국 1859년 업무 과다로 대사기능 장애라는 중병에 걸리게 되었다.

그의 언어능력은 매우 뛰어났다. 예를 들면 그가 작성한 보고서들은 19세기의 뛰어난 산문으로 취급받기도 했다. 그가 작성한 보고서와 편지 중간에 나타나는 수많은 풍경 묘사는 어느 문학가 못지않았다. 동시에 그는 매우 가정적이었고 좋은 아버지에 남편이었으며 자식들을 사랑하였고 언제나 부인을 도와주었다.

프리드리히 대왕 이후 모든 프로이센 왕들은 실권이 없이 수상이나 다른 사람들과 권력을 반반씩 나누어 가지고 있었다. 그래서 빌헬름 1세가 '헌법분쟁'[2]에서 궁지에 몰리게 되자 1862년 9월 23일 추진력이

2　테오도르 론 장군이 군대 개혁을 하는 과정에서 25% 군사비 증가와 보병대대 증가를 골자로 한 법안을 제출하자 의회에서 자유주의자들이 개혁안을 반대하게 되고 1861년 빌헬름 1세는 의회를 해산한다. 그래서 의회가 국가를 다스려야 한다는 주장에 맞서 국왕이 헌법을 지키지 않고 오직 권력을 수호하려는 데서 발생

강한 비스마르크를 수상으로 임명하였다. 임명 당시에 아무도 비스마르크 내각이 오래가리라고 생각하지 않았다. 그러나 그가 1864년에 슐레스비히 홀슈타인 문제를 외교적으로 해결하자 넓은 계층에서 그를 믿게 되었고, 점차 많은 사람들이 그를 탁월한 외교가로, 그리고 훌륭한 정치가로 인정하기 시작했다.

홀슈타인과 슐레스비히 병합

프로이센이 어려운 시기에 비스마르크는 수상이 되었는데, 대내적으로는 헌법 문제로 하원의원들과 왕의 의견이 엇갈리고 있었으며, 대외적으로는 오스트리아와 국경 문제로 신경을 곤두세우고 있었다. 그는 "빈 협약에 따른 프로이센의 국경은 견실한 국가적인 삶에 이롭지 못하다. 시대의 큰 문제는 연설이나 다수결에 의해 결정되지 않고 철과 피를 통해 결정될 것이다."라고 말했다. 이 '철과 피'에 대한 말은 흔히 그를 공격하는 사람들이 자주 사용했지만 실은 이탈리아인 카부르가 이미 이 표현을 사용한 바 있었다.

덴마크가 슐레스비히 홀슈타인을 복속시키려고 할 때 비스마르크는 외교적인 힘으로 이를 방해하고 1863년 덴마크로 하여금 두 지역에 대한 계승권을 포기하도록 하였다. 덴마크가 이 제안을 수용하지 않자 오스트리아와 프로이센은 덴마크를 공격하고 항복을 받아내었다.

한 투쟁을 말한다. 그래서 빌헬름 1세 황제는 비스마르크를 수상으로 임명하여 이를 해결하게 한다.

결국 덴마크는 라우엔부르크, 슐레스비히, 홀슈타인을 양도하였다. 이 시기에 비스마르크는 프로이센과 오스트리아가 합하면 강한 독일을 만들 수 있다고 주장했다. "만약 프로이센과 오스트리아가 힘을 합한다면 그것이 바로 독일이다. 그들을 제외한 다른 독일의 건국은 독일적인 것에 배신하는 행위와 같다."고 말했다. 더 나가서 "프로이센과 오스트리아가 힘을 합하지 못한다면 독일은 정치적으로 결코 살아남지 못할 것이다. 만약 그들이 힘을 합친다면 그들에게 주도권이 주어질 것이다."라고 했다.

비스마르크는 주변국들이 프로이센을 견제하는 어려운 상황에서 지혜롭고 실리적인 외교정책을 수행하였다. 프랑스를 향해서는 프랑스가 다시 독일을 공격하지 못하도록 주변국을 동맹국으로 만드는 정책을 폈다. 그래서 러시아나 영국과 외교를 강화하고 프랑스를 러시아, 영국, 오스트리아로부터 격리시키는 전술을 펼쳤다. 예를 들어 1873년 러시아, 오스트리아, 독일이 삼제협정을 체결했는데, 이는 비스마르크의 실리외교와 프랑스를 고립시키는 정책의 결과였다. 그리고 이에 더 나가서 1882년에는 오스트리아, 헝가리, 독일이 그리고 나중에 루마니아까지 삼국동맹을 체결했다. 1887년 러시아가 동맹으로부터 탈퇴하자 다시금 러시아의 니콜라이 2세와 재보장 조약을 체결하였다. 이 조약은 독일과 러시아 중 한 국가가 전쟁을 할 경우 중립을 지킨다는 약속이었다.[3]

---

3   김장수, 『비스마르크』, 52~61쪽 참조.

오스트리아와 전쟁

비스마르크는 대내 정책을 입안하는 데 하원의원들의 방해를 자주 받았는데, 이는 여러 가지 특권 중에서 하원의원과 의회가 가지고 있던 표현의 특권이 있기 때문이라고 생각하여 이 특권을 매우 비난했다. 그리고 그는 고용법에서 노동자들의 순종적인 태도를 강조해서 지주나 기업가들의 편에서 정책을 펼쳤기에 노동자들의 반발을 많이 받고 있었다.

비스마르크는 대외적으로는 오스트리아와 외교적인 노력으로 슐레스비히 홀슈타인을 덴마크로부터 유보시켜놓았다. 그러나 아직은 공동 관리 지역으로 남아 있는 것이지 그 지역이 독일에 완전하게 이양된 것은 아니었다. 항상 오스트리아와 전쟁의 불씨는 남아 있었다. 그렇지만 이 지역을 소유하기 위해 오스트리아와 전쟁하는 것은 프로이센에게는 아직 시기상조였다(1865년 2월에도 역시 그랬다). 이 두 지역에 대해서 프로이센 왕은 오스트리아와 전쟁을 치를 수도 있다고 생각했지만 비스마르크는 타협을 원했다. 그래서 1865년 8월 가슈타인 협정을 체결하면서 프로이센과 오스트리아는 타협하게 되었고 그 결과 오스트리아는 홀슈타인을 독일은 슐레스비히를 관할하는 것으로 결정하였다. 프로이센 왕은 이 결정을 매우 긍정적으로 수용했고, 이에 대한 공로로 비스마르크에게 백작의 작위를 수여하였다.

비스마르크는 그럼에도 불구하고 계속 오스트리아 세력을 견제하였고 홀슈타인을 독자적으로 인수받기를 희망하고 있었다. 결국 그는 대외적으로 협상과 조약을 통하여 유럽의 각국을 자신의 편으로 이끌었다. 그는 프랑스의 나폴레옹 3세를 빈번하게 방문하고 대화하여 오스트리아 편을 들지 못하게 했으며, 오스트리아와 프로이센이 전쟁을 하면 이탈리아가 프로이센 편을 들도록 손을 써놓았다. 그러나 비스마르크의 이러한 계획이 왕과 일치된 의견은 아니었다. 그래서 왕을 설득하여 오스트리아와 전쟁하는 것은 어려운 일이었다. 하지만 오스트리아가 1866년에 무장을 시작했으므로 프로이센의 전쟁 결정은 어려운 일이 아니었다. 이런 상황에서 프랑스 황제는 오스트리아와 프로이센이 전쟁하기를 은근히 바랐다. 그럴 경우 프랑스는 중재 역할을 하여 이권을 챙길 수 있으리라 생각했기 때문이다. 프랑스는 그러는 과정에서 은근히 슐레지엔 광산 지역을 프랑스에 양보하도록 프로이센에게 요청을 했지만 비스마르크는 가능성만을 시사했지 정확한 답을 주지는 않았다. 오스트리아와 전쟁이 일어날 경우 작센과 바이에른 지방은 당연히 오스트리아 편에 설 것이었다. 그렇지만 바이에른의 중재안으로 비스마르크는 1866년 6월 14일 전쟁을 시작할 수 있었다. 바이에른이 제시한 중재안은 프로이센이 전쟁에서 이기면 남부 독일의 군사권을 바이에른에게 주는 조건이었다. 전쟁을 결정하기까지 비스마르크와 의회 간의 분쟁은 상당히 치열하여서 비스마르크 암살 기도까지 이어졌다. 그래서 의원들은 그를 '분쟁재상'이라고 부르기도 했다.

당시에 비스마르크는 대외적으로는 이러한 복잡한 주변국과의 상황에 있었지만 대내적으로는 가톨릭 세력과도 '문화투쟁(Kulturkampf)'을 해야 했고, 노동자들에 대해서도 철혈정책(반사회주의)을 펼쳐야 했다.

1870년에 창당된 가톨릭 중앙당은 바이에른, 남독, 알자스 로렌 지방의 가톨릭계 후원자들을 등에 업고 신교국가인 프로이센 주도로 독

일이 통합되는 것을 못마땅하
게 생각했다. 그래서 당시에
노동자 계급이 부각되면서 노
동자들을 위한 사회적 법률 제
정을 주장하였다. 그러나 비스
마르크는 오히려 교회를 국가
의 감독에 두어야 한다고 하며
강경하게 중앙당에 맞섰다. 이
러다 보니 교황 비오 9세가 진
보, 자유, 근대문명을 반대한
다는 입장을 천명함으로 '문화
투쟁'이 시작되었다. 제국회의

문화투쟁

는 가톨릭 성직자에 대한 감독을 강화하고, 출생과 사망 신고를 교회
가 아니라 행정 당국에 하도록 했으며, 수도원들을 해산시켰다. 이렇
게 해서 국가와 교회의 투쟁이 확장되어서 결국 교황과 화해를 모색하
기에 이르렀다.

　사회적으로는 1873년부터 불어닥친 불황으로 기업 도산과 노동자
대량실업 사태가 독일을 어렵게 하였다. 비스마르크는 당시에 노동자
들을 억압하고 산업을 육성하는 자본가의 편에서 정치를 하였다. 그러
자 경제적 평등을 주장하는 사회주의자들이 등장하였고, 마르크스의
계급이론이 등장하면서 1869년 사회민주노동당이 결성되게 되었다.
결국 1878년 비스마르크는 사회주의자 탄압정책을 하고 제국회의에
서 사회민주주의 탄압법을 통과시켰다. 그리고 당근과 채찍의 형태로

1881년에 황제 교서로 노동자 보호와 부양 정책을 실시하겠다고 발표하였다. 1883년 사회복지제도가 제정되었고, 병 치료비, 부상 수당, 노년보험, 노동재해보험 등이 입법되었다.[4]

이러한 국내의 사회문제 등을 뒤로하고 비스마르크의 신속한 전쟁 결정으로 프로이센은 매우 위험해 보였다. 비스마르크는 전쟁 전에 다음과 같이 비장하게 말하였다.

> 전투는 진지할 것이다. 프로이센이 패할 수도 있지만 우리는 용감하고 명예롭게 싸울 것이다. 우리가 패한다면 나는 여기 돌아오지 않을 것이다. 나는 최후의 전투에서 전사할 것이다. 사람은 단지 한 번만 죽을 수 있다. 패배한다면 죽는 것이 더 좋다.

전쟁 초기에 많은 사람들과 여러 국가들은 오스트리아가 우위라고 생각했다. 그러나 오스트리아 사령관 베네데크는 승리를 전혀 믿지 않았고 프로이센 사령관 몰트케는 상황이 불확실했음에도 승리를 확신했다. 몰트케는 처음으로 전쟁을 수행했지만 현대기술인 전신과 열차를 전쟁에 사용했다. 오스트리아 군대는 보헤미아 근처의 쾨니히그레츠 근교에 진을 쳤다. 프로이센 군대는 이전 지역에서 벌어진 두 번의 치열한 전투로 상당히 지쳐 있었다. 초반에 프로이센 군대가 밀렸으나 황태자 프리드리히 빌헬름의 군대가 지원군으로 도착하여 합세하자 오스트리아 군대는 패퇴하였다. 이런 와중에 프랑스는 전쟁 후에 여러 가지 전리품을 부수적으로 얻으려고 기다렸으나 아무것도 돌아가지

---

4 김장수, 『비스마르크』, 48~51쪽 참조.

않았다.

1866년 8월 프라하에서 평화협정이 조인되었다. 그 결과 하노버와 쿠르헤센은 프로이센에 합병되고 작센은 북독일연방에 속하게 되었다. 더 나가서 헤센과 다름슈타트까지 북독일연방 가입이 확정되었다. 비스마르크는 패배자들을 그렇게 강하게 다루지 않았다. 오스트리아는 영토 양도를 요구받지는 않았지만 독일 연방의 꿈을 포기해야 했다. 이러한 결정으로 인해 프로이센은 매우 강대해졌으며 독일 영토에서 신교의 힘이 매우 강화되었다.

비스마르크는 전쟁 전에는 독일에서 가장 미움을 받는 인물이었다. 그러나 전쟁 후에는 모든 사람들이 그를 위대한 인물이라고 하였으며 정적들조차도 그가 정치적인 목적을 이룰 위대한 정치가라고 칭송하였다.

북독일연방 결성

전쟁이 끝난 후에도 승리에 도취해 있을 수 없이 비스마르크는 합병의 마무리, 북독일연방 헌법 제정, 관세동맹의 문제 해결, 룩셈부르크 위기 진압 등의 문제를 해결해야 했다.

1867년 2월에 일반, 평등, 직접 선거권이 보장된 북독일연방 헌법으로 북독일 제국의회를 구성하는 선거가 치러졌다. 그러나 그는 이러한 일반선거와 비밀선거가 게르만 민족에게 맞지 않는다고 불만을 토로했다.

대외적으로는 프랑스의 나폴레옹 3세가 비스마르크와 프로이센 제국의 신경을 거슬리고 있었다. 예컨대 프랑스는 호시탐탐 룩셈부르크와 작센 지방을 탈취하고자 했다. 그러나 독일 연방에 속한 룩셈부르크는 도저히 손아귀에 쥘 수 없게 되자 네덜란드령으로 되어 있던 그 땅을 팔도록 네덜란드에 강요하였다. 그러자 비스마르크는 프랑스를 비난하고 공격하는 동시에 룩셈부르크는 프랑스에 절대 양보하지 않겠다고 다짐하였다. 그러자 네덜란드는 룩셈부르크를 팔겠다는 생각을 취소하고, 그 결과로 프랑스에서 비스마르크에 대한 반감이 커지게 되고 전의를 불태우는 결과로까지 이어지게 되었다. 하지만 비스마르크는 프랑스와의 전쟁이나 선제공격을 원치 않았다. 1867년 5월 영국 국제회의에서 프로이센이 점령지 룩셈부르크에서 물러나고 그 지역을 영국이 중립으로 보장한다는 데 합의하게 되었다. 이러한 위기를 비스마르크는 기회로 삼았다. 즉 그는 남독의 연방 긴밀도를 강하게 했고 오스트리아와 관계 개선을 도출해내었다.

대내적으로는 북독일연방 헌법이 제정되었다. 이 헌법은 나중에 1871년 독일제국 헌법의 기초가 되었는데, 핵심은 연방제, 국회의 권한 최소화, 연방의 심의권 제한, 군사기관 영향력 제한 등이었다. 이 초안을 보고 프로이센 동료 장관들은 물론 의회의원, 많은 소국가들이 경악했다. 특히 함부르크가 많이 저항했다. 하지만 대외정치적인 현안 문제들이 이 문제에 대한 관심을 마비시켰다. 1867년 이후에는 프랑스보다는 오스트리아·헝가리 외상인 보이스트 백작이 가장 위험한 적이었다. 오스트리아는 헝가리, 프랑스, 이탈리아를 묶어 대프로이센 연맹을 만들어가려고 여러 번 시도했다. 그래서 비스마르크는 독일의 지방분권주의를 반대하고 통일을 자주 주장하였다. 하지만 그는 국

내외의 여러 가지 일로 의회, 왕, 지방 책임자, 각료들과 수많은 의견 충돌을 겪게 되고 결국 질병에 시달렸고 사직서를 제출하였다. 그래서 그는 "나의 정력은 다시 탈진 상태에 이르렀다. 나는 왕과 다투는 것을 정서적으로 견딜 수 없다."라고 했다. 그래서 그는 다음과 같이 "장관은 냉담해야 하며 민감하지 않고 무엇보다도 현재의 나보다 건강해야 합니다."라고 사직서에 썼다.

그러나 빌헬름 왕은 사직서를 돌려주었고 "당신의 이름은 프로이센 역사에서 그 어떤 프로이센 정치가보다 더 높은 곳이 있습니다. 내가 당신을 해고해야 합니까? 결코 안 됩니다. 휴식과 기도가 모든 갈등을 해소시킬 것입니다."라고 했다.

비스마르크는 두 개의 영혼을 가지고 있었다. 하나는 왕의 충신의 영혼이었고 다른 하나는 민족주의 운동의 영혼이었다. 건강 문제와 내적인 긴장에도 불구하고 프랑스가 독일 국민감정을 자극함으로써 그는 다시 중요한 결정을 해야 했고 급속도로 건강을 되찾게 된다.

프랑스에 선전포고

독불전쟁의 원인은 실질적으로 서로의 직접적인 문제로 불거진 것은 아니었다. 당시에 스페인의 왕위가 비어 있었다. 비스마르크는 빌헬름 1세에게 알리지도 않고 호엔촐레른 가문의 먼 친척인 왕자 하나를 천거하였다. 비스마르크의 생각으로 이 왕자가 스페인 왕이 되면 독일 연방의 버팀목이 될 것이라고 기대했기 때문이다. 그러나 프랑스는 스페인에서 호엔촐레른 가문의 왕자가 왕으로 즉위하는 것을 매우 호엔촐레른 가문은 독일 남서쪽에서 유래한다. 슈바벤 지역 헤힝겐에서 멀지 않은 촐레른부르크는 1061년 처음으로 서류상 언급된 가문의 원래 거주지였다. 1415년 호엔촐레른 가문은 브란덴부르크 영지를 수여받았다. 이 영지를 획득함으로써 그들은 황제선출권을 가지는 선제후 지위도 얻게 되었다. 그런데 1539년 브란덴부르크 선제후는 로마 교회와 등지고 루터를 옹호했다. 호엔촐레른 가문은 1613년 2차 종교개혁에서 결국 칼뱅파로 개혁되었다. 하지만 주민들은 루터교로 남아 있었다. 그리고 이 가문은 1614년에 상속계약을 통해서 니더라인을 얻었고, 또한 경제적으로 의미가 있는 지역인 클레베, 마르크, 라벤베르크가 브란덴부르크에 속하게 되었다. 4년 후 영지는 공작령 프로이센으로까지 확장되었다. 여러 조각으로 나뉘어져 있는 나라를 방어하기 위해서 선제후 프리드리히 빌헬름은 군대를 강화했고 내부개혁을 실시했다. 강력한 군대와 경제적인 성공을 통하여 브란덴부르크 선제후의 지위는 보다 강화되었다. 선제후의 아들은 1701년 1월 18일에 프리드리히 1세가 되었고 쾨니히스베르크에서 왕관을 썼고, 프로이센의 왕(König in Preussen)이라고 불렸다. 그러나 이 명칭은 신성로마제국 내에서는 정당성을 크게 갖지는 못했다. 이 명칭은 법적으로 고찰하

못마땅하게 생각했다. 그래서 이에 대한 반응으로 엄청난 대토론이 시작되었다. '언론전쟁'이라 할 정도로 서로의 의사를 관철시키기 위해 지상토론을 벌였다. 비스마르크는 궁지에 몰리자 이는 호엔촐레른 가문의 가족 문제라고 발표해버렸다. 그러자 초긴장한 프랑스는 베네데티 대사를 엠스에서 요양 중이던 프로이센의 빌헬름 1세에게 보냈다. 전쟁의 위협에 직면한 빌헬름 1세는 그 친척으로 하여금 왕위를 포기하도록 하였다. 그러자 프랑스 대사는 앞으로도 영원히 호엔촐레른 가문에서 왕이 나오지 않도록 동의할 것을 요청하였지만 프로이센 왕은 이를 완곡히 거절하고 이 사실을 비스마르크에게 전보로 알렸다. 비스마르크는 이 엠스의 전보를 요약하여 새로이 발표하였다. 이때 그는 몇 개의 단어를 삭제하고 베네데티 대사의 제안을 단호하게 거절한 것으로 바꾸어버린다. 비스마르크는 이런 형태의 변조는 프랑스 사람들을 자극할 수 있음을 이미 알고 있었다. 이 변조된 거절 텍스트에 프랑스 대사는 흥분했고 비스마르크는 정치적인 위기를 벗어났으며 프랑스가 전쟁을 하도록 결정하는 데 기폭제가 되었다(엠

스 전보 사건, 1870년 7월 13일). 정치적인 성명이나 서한에서 표현을 바꾸고 줄여서 요약하거나 위조하는 일들이 종종 있는데 비스마르크는 이를 교묘하게 프로이센에 정치적으로 유리한 상황으로 이끌었다.

자면 제국 밖에 놓여 있는 공작령 프로이센 — 후에 동프로이센 — 과 관계된 것이었다. 이 명칭은 사람들이 편지나 서류에서 브란덴부르크 프로이센(Brandenburg Preussen) 그리고 그냥 프로이센(Preussen)이라고 언급했던 때까지만 존속했다.

이를 계기로 프랑스가 1866년 7월 19일 선전포고를 하였을 때 뮌헨 등 남부 국가들도 프랑스에 대항해 싸울 것을 과감하게 결의하였다. 영국은 중립이었고 프랑스는 오스트리아와 이탈리아에 희망을 걸었다. 그러나 러시아는 오스트리아가 중립을 지키지 않으면 공격하겠다고 으름장을 놓았다. 이탈리아는 망설이고 있었다.

전쟁이 시작되었을 때, 프랑스는 지지부진하게 전쟁을 수행하였으나, 프로이센은 몰트케를 중심으로 신속하게 전쟁을 수행해서 메스와 세당 전투에서 프랑스 군대를 패퇴시켰다. 이 전투에서 나폴레옹 3세는 프로이센의 포로가 되고 1870년 9월 4일에 프랑스 군주체제가 무너졌고 이를 계기로 1871년 1월 프랑스는 항복했다. 프로이센이 승리하자, 이탈리아는 어부지리를 얻게 되었는데 프랑스 군대가 점령했던 로마를 다시 찾게 되었고 이탈리아의 수도가 되었다. 프로이센은 그렇게 염원하던 프랑스와의 전쟁을 승리한 후에 노획지로 알자스 로렌 지방을 차지하게 되었다.

프로이센 제국이 프랑스와 전쟁을 승리로 이끌고 나서 통일된 독일 제국으로의 과정이 차근차근 진행되었다.

베르사유에서 독일제국 선포

- 1871년 1월 새로운 헌법 시행.
- 1871년 4월 독일 제국의회 결성.
- 1871년 4월 제국헌법(1867년에 제정된 북독일연방 헌법 확대) 발표.
- 1871년 5월 평화조약이 프랑크푸르트에서 체결.

　독불전쟁의 결과 얻게 된 이득은 소독일국가의 건국(독일제국 건국)과 남부 독일 국가들의 민족주의 운동이 자극되었다는 것이다. 남부 4개 국의 독일 연방은 프로이센에 편입되었고, 바이에른 공국의 루트비히 왕은 프로이센 빌헬름 왕을 독일 황제로 추천하였으며, 그에 대한 대가로 비스마르크는 그에게 연금 지급을 보장하였다.

대외 정책

새로이 탄생한 독일제국은 프랑스, 영국, 러시아와 같은 강대국들 사이에서 살아남기 위해 현명하고 지혜로운 외교정책을 펼쳐야 했다. 비스마르크는 일단은 평화 우호 정책을 선택해야 했으며 인접 국가와 논란을 불러일으키는 영토 확장은 당분간 자제해야 했다. 그리고 항상 모든 나라와 적이 아닌 친구로 지내야 했다. 그래서 독일제국은 융통성과 평화로 무장한 공격적인 대외정책이 필요했다. 독일제국과 인근 국가에서 한편으로는 비스마르크를 외골수의 철혈재상으로 이해하지만 실은 유럽의 외무 실무를 담당하는 모든 외교관들은 그가 행한 독일제국 이후의 모든 대외정치를 평화와 안정으로 이해했다.

프랑스가 독불전쟁의 패배로 인해 복수의 칼을 갈고 있으므로 독일제국에게는 프랑스의 우방을 차단하는 일이 급선무였다. 그래서 러시아와의 연합이 비스마르크에게는 최우선적인 과제였다. 먼 앞날을 위해 프로이센은 동족상잔의 전쟁을 했던 오스트리아 제국과도 연합을 해야 했다. 그래서 독일을 중심으로 오스트리아와 러시아를 묶어 삼제동맹을 1873년 10월 체결하였다.

다행히도 당시에 영국, 스페인, 프랑스와 같은 강대국들이 식민정책으로 서로서로 충돌하고 있었다. 당시에 영국과 프랑스는 이집트 문제로 치열하게 다투고 있었고, 근동과 아시아 패권을 위해 러시아와 영국이 서로 싸웠고, 튀니지를 쟁취하기 위해 프랑스와 이탈리아는 전투를 벌였다. 이런 상황이 새로이 둥지를 튼 독일이 안전하게 국가의 틀을 마련할 수 있게 해주었다.

1880년대에야 독일은 식민지 구축을 했는데, 남아프리카, 서아프리카, 카메룬, 토고 등에 진출하게 되었다. 1887년에는 비스마르크가 영국, 오스트리아, 이탈리아 사이의 지중해 조약을 체결하는 데 주도적인 역할을 하였다. 오스트리아와 러시아가 강력하게 대립하고 있었기에 삼제 동맹이 언제 깨질지 알 수 없었기 때문이었다. 그럼에도 비스마르크는 러시아와는 배후 안전 조약을 체결하였다. 조약의 내용은 발칸 반도에서 러시아 권리를 인정하고, 불가리아에서 러시아 주도권 인정하며, 러시아가 흑해에 진출할 경우 독일이 지원하겠다는 것 등을 서로 약조하였다.

이러한 연합, 동맹 관계 등은 순수하게 비스마르크의 전략과 외교전술 그리고 지혜로부터 나온 것이었다. 그래서 그가 실각하자마자 이러한 공조가 다 깨지고 독일제국은 25년 동안 고립상태에 있게 된다. 비스마르크의 노선에 반대되는 정치의 결과로, 독일은 1914년에 오스트리아, 헝가리 그리고 터키와 연합하여 1차 세계대전을 일으켰다. 1890년에서 1914년까지 독일의 외교정책이 완전히 실패한 결과 독일은 고립되었고, 비스마르크의 대외정치가 얼마나 위대한 업적이었나가 증명되었다.

실각과 은퇴

1888년 3월 빌헬름 1세가 죽고 황태자 프리드리히 3세가 등극하지만 99일 천하로 끝나고 빌헬름 2세가 황제가 되었다. 참을성이 없고 독선적인 빌헬름 2세와 비스마르크는 이런저런 일로 자주 충돌하였다. 그러다가 사회정책에서 그들의 갈등은 극적으로 표출되었다. 비스마르크는 1889년 베스트팔렌에서 광부들이 파업을 했을 때 고용주 입장에서 접근하였고 황제는 노동자 편을 들었다. 황제는 가난한 자의 왕이 되어야 한다고 이상주의적으로 자신을 생각했다. 비스마르크는 인기 야합적인 황제의 행동을 비난했다. 설상가상으로 1890년 2월 20일 제국의회 선거에서 사민당은 그전보다 두 배나 많은 표를 얻었고 연합정당은 많은 표를 잃었으며 소수정당으로 추락했다. 가톨릭 중앙당이 보수당 좌파와 연합하여 제국의회에서 과반수를 만들었다. 비스마르크는 제국의회에 대항하는 투쟁을 전개시켰다. 그러나 황제는 인기를 잃기 싫어 그를 반대하였다. 비스마르크는 점차 실각의 문 앞에 서게 되었다. 황제, 가톨릭당 그리고 사회민주당이 다 그의 적이 되어 버렸다. 그는 자신의 권력을 유지하기 위해 여러 가지 수단을 동원했지만 실패하고 결국은 황제로부터 사직서를 작성하도록 요구받았다. 비스마르크의 해임(1890년 3월 20일)은 독일제국의 대외정책으로 보아서 매우 슬프고 불행한 일이었다. 비스마르크가 실각 후 독일은 그를 "제국의 적"이라고 불렀다. 그러나 그가 실각된 뒤에 제국은 비현실적인 대외정책으로 인해 몰락의 길을 가고 있었다.

1898년 7월 30일 작센 숲에 있는 프리드리히스루에서 비스마르크는 딸이 보는 가운데 영면하였다.

비스마르크는 '열정적인 사람'이었다. 그는 모험심이 많았으며, 앞일을 예견하기도 하였고, 정보를 조합하고 합성하여 창의적인 생각을 제공하였으며 현실주의자였지만 현실에 안주하지 않는 열정적이고 적극적인 사람이었다. 그래서 그는 언제나 현실을 직시하여 모든 사람과 사태에 힘과 생산력을 제공하였다. 비스마르크의 정치는 민족적인 성향을 띠었으며, 외교는 국익 우선이었지만 전쟁과 평화를 지혜롭게 조정하였다. 당시에 그에게 결핍되어 있었던 것은 독일이라는 민족이 공유하며 살아야 할 영토였다. 그는 평생 이 결핍을 채우기 위해 노력했다. 하지만 이러한 결핍을 채우는 데 있어서 그에게 두 개의 적대자가 공존하고 있었다. 그것은 국내적으로는 마르크스 등이 당시에 펼치고 있었던 노동운동과 가톨릭 세력이었고, 그리고 국외적으로는 오스트리아와 프랑스였다. 비스마르크는 당시의 프로이센 제국의 수상으로서 한편으로는 노동자 탄압법을 만들어 노동자들을 억제하기도 했지만, 다른 한편으로는 노동자 복지제도를 만들어 그들의 삶을 개선하려고 노력하였다. 그리고 가톨릭 세력과는 투쟁과 화해를 조화시켜 자신의 정치적인 위기를 극복하였다. 대외적으로 그를 방해했던 프랑스와 오스트리아에 대하여는, 프로이센 황제였던 빌헬름 1세의 도움과 몰트케라는 장군의 지휘력을 통하여 자신의 결핍을 채울 수 있었으며 결국 독일제국을 완성할 수 있었다.

참고한 책과 더 읽어야 할 책 ―――――――――――――――

Augstein, Rudolf, *Otto von Bismarck*, Hain, Frankfurt am Main, 1990.

Epkenhans, Michael, Lappenküper, Ulrich & Seggern, Andreas von, *Otto von Bismarck. Aufbruch in die Moderne*, Bucher, München, 2015.

Gall, Lothar, *Bismarck. Der weiße Revolutionär. 2. Auflage*, Ullstein, Berlin, 2002.

Heidenreich, Bernd & Kroll, Frank-Lothar(Hrsg.), *Bismarck und die Deutschen*, Berliner Wissenschaftsverlag, Berlin, 2005.

Krockow, Christian von, *Bismarck. Eine Biographie*, Deutsche Verlagsanstalt, Stuttgart, 1997.

Stern, Fritz, *Gold und Eisen. Bismarck und sein Bankier Bleichröder*, Aus dem Englischen von Otto Weith, Rowohlt, Reinbek bei Hamburg, 1988.

Ullrich, Volker, *Otto von Bismarck*, Rowohlt, Reinbek bei Hamburg, 1998.

김장수,『비스마르크』, 살림, 2011.

빌헬름 몰젠,『비스마르크』, 최경은 역, 한길사, 1997.

https://de.wikipedia.org/wiki/Otto_von_Bismarck

https://de.wikipedia.org/wiki/Wilhelm_I._(Deutsches_Reich)

독일 역사 시대 구분

게르만 부족 시대	9세기	토이토부르크 전투에서 로마군을 패퇴시키고 라인 강, 도나우강 북쪽을 게르만족의 근거지로 확정함.
중세 초기 메로빙거 가문		프랑크족이 세운 메로빙거 왕조가 독일 땅에서 여러 부족에게 강한 영향력을 미침.
	687	궁재 피핀이 권력을 잡음
카롤링거 가문	751	피핀 3세 즉위
	768	피핀 사망, 카를 대제 즉위
	800	카를 대제가 로마 황제의 관을 받음
	814	카를 대제 사망
	843	베르됭 조약으로 3개의 제국으로 분할(서프랑크-카를루스 대머리왕, 동프랑크-루트비히 2세, 이탈리아-로타르 1세)
오토 가문	919	하인리히 1세 즉위
	936	오토 대제 즉위
중세 중기 잘리어 가문	1024	콘라트 2세 즉위
	1039	하인리히 3세 즉위
	1056	하인리히 4세 즉위
	1077	카노사의 굴욕(하인리히 4세가 교황 그레고리 7세에게 굴복함)

호헨슈타우펜 가문	1138	콘라트 3세 즉위
	1152	바르바로사 프리드리히 1세 즉위
	1190	하인리히 6세 즉위
	1208	오토 4세 즉위
	1250	콘라트 4세 즉위
대공위 시대	1273	루돌프 1세 즉위
	1308	하인리히 7세 즉위
	1314	루트비히 4세 즉위
	1346	카를 4세 즉위
합스부르크 가문	1438	알브레히트 2세 즉위
	1450	구텐베르크의 성서 출판
	1493	막시밀리안 1세 즉위
종교개혁 시대	1517	루터의 95개 조항 반박문
	1519	카를 5세 즉위
	1522–1523	기사들의 전쟁
	1525	농민전쟁
	1531	개신교도들의 슈말칼덴 동맹 결성
	1555	아우크스부르크 화의
	1556	페르디난트 2세 즉위
30년전쟁 (1618~1648)	1618	30년전쟁 발발
	1648	베스트팔렌 조약으로 30년전쟁 종말
	1658	레오폴트 1세 즉위

독일 역사 시대 구분

프로이센과 절대주의	1700	브란덴부르크 선제후 프리드리히 3세가 프로이센의 왕 프리드리히 1세로 즉위하며 프로이센 왕국이 탄생됨
	1713	프리드리히 1세를 이어서 프리드리히 빌헬름 즉위
	1740	프리드리히 빌헬름의 아들인 프리드리히 2세 즉위
	1756	7년전쟁 발발
	1806	프로이센이 나폴레옹군에 패배, 라인 연방 창설
독일연방	1815	프란츠 2세 즉위
	1834	관세동맹 결성
	1835	페르디난트 1세 즉위
	1848	요세프 1세 즉위
산업화와 전쟁의 시대	1848	베를린에서 혁명
	1862	비스마르크 수상 임명
	1866	오스트리아와 전쟁
	1870-1871	프랑스와 전쟁
독일 통일의 시대	1871	독일 통일, 빌헬름 1세 즉위
	1888	빌헬름 2세 즉위
	1890	비스마르크 사임
제1차 세계대전과 바이마르 공화국 시대	1914	페르디난트 대공이 사라예보에서 암살됨, 독일이 벨기에 침공
	1918	독일 황제 망명, 정전협상 체결, 바이마르 공화국 선포
	1919	베르사유 조약 체결
	1923	프랑스 군대의 루르 지방 점령

나치 시대	1933	히틀러가 수상이 됨
	1935	뉘른베르크 반유대 법안 통과
	1938	오스트리아 합병
	1939	폴란드 침공
	1940	파리 입성
	1941	소련 침공
	1942	스탈린그라드 전투에서 독일군 패배
	1945	히틀러 자살, 정전협정
분단 시대	1949	동·서독으로 분할, 아데나워 서독 수상 취임
	1961	베를린 장벽 설치
	1969	브란트 서독 수상 취임
	1974	슈미트 서독 수상 취임
	1982	콜 서독 수상 취임
	1989	베를린 장벽 붕괴
	1990	독일 통일
통일 시대	1990-현재	

독일 역사 시대 구분

용어 및 도서

인명

세상을 변화시킨 **독일인들**

세상을
변화시킨
독일인들

안정오